小学校

教師用指導資料

体育

（運動領域）

高
学年

令和4年3月
スポーツ庁

指導の手引
楽しく身に付く体育の授業

目次（高学年）

小学校体育（運動領域）指導の手引
〜楽しく身に付く体育の授業〜

1．はじめに

　本手引は、小学校の先生方を対象に、体育科の運動領域（以下、体育という。）の授業で役立ててもらうために作成しました。特に、初めて教壇に立たれた先生や、「体育の授業は少し苦手だな」と感じながらも、日々授業づくりに奮闘しておられる先生方に届けたいと思って作成しました。先生方が、できるだけ短時間で効率よく授業の準備を行うことができ、かつ学習指導要領を網羅した内容を目指したつもりです。

　手引の見方は、次の項で詳細を示していますので、ここでは、体育の授業を進める上での基本的な考え方をまとめます。

2．体育って何を教える教科なんだろう？

　「なぜ、体育の授業に跳び箱運動の学習があるのですか？」児童にこのように問われたら、先生方は何と答えますか？「大人になるとほとんど跳び箱運動をする機会がないのに…」という素朴な疑問がきっと児童の中にあるのだと思います。しかし、指導する先生方にも「なぜ、跳び箱の指導をする必要があるのだろう？」と疑問に思いつつ指導していては、児童の疑問に答えられないばかりか、指導の一つ一つも曖昧になりかねません。

　体育の授業で跳び箱運動のアスリートを育てているわけではありません。

　跳び箱運動の学習を通して、「知識及び技能」、「思考力、判断力、表現力等」、「学びに向かう力、人間性等」の資質・能力の三つの柱を育成していくことが求められます。そして、この資質・能力の三つの柱こそが、体育科の究極的な目標である、生涯にわたって心身の健康を保持増進し豊かなスポーツライフを実現するための資質・能力を指しているのです。つまり、技の完成度を高めることだけであったり、高さに挑戦することだけを目指すのではなく、「知識及び技能」の習得とともに、「思考力、判断力、表現力等」を育成し、「学びに向かう力、人間性等」を涵養することが重要なのです。この資質・能力の育成に適しているからこそ、跳び箱運動の学習が位置付けられているのです。

　そして、この資質・能力の三つの柱を偏りなく育むためには、単元など内容や時間のまとまりを見通しながら、主体的・対話的で深い学びの実現に向けた授業改善が求められるのです。

3．指導と評価の一体化

　資質・能力の三つの柱を育むことができているかを確認するためには、児童の姿をもとにした評価が求められます。

　なお、今回の学習指導要領改訂を踏まえ、評価の観点は以下の3つに各教科等で統一されました。
・「知識・技能」
・「思考・判断・表現」
・「主体的に学習に取り組む態度」

　観点の具体的な内容については、本手引の各単元を参照して頂きたいのですが、ここでは、「運動が苦手な児童への配慮」「運動に意欲的でない児童への配慮」と「評価」との関連について述べたいと思います。クラスの中には、「鉄棒は苦手だな…」「体育の授業は好きではないな…」と思う児童がいるのではないでしょうか？しかし、そういった児童に対して、「できない」「意欲的でない」とすぐに評価をしてしまっては、資質・能力の三つの柱を育成することは望めそうにありません。大切なのは、具体的な指導・支援を行うことです。その後、評価

を行い、次の指導に生かしていく。このような指導と評価の一体化を図ることが、児童の確かな資質・能力の育成につながっていくのです。そのようなプロセスを本手引では具体的に示していますので、ぜひ、クラスの実態に合わせて実践してみてください。

4．安全

　最後に安全について触れたいと思います。体育の授業で安全は何よりも大事です。指導者にとって細心の注意が求められます。

　本手引でも安全に配慮した場の設定や、準備物を示しています。

　しかし、それらはあくまでも一例であり、本手引を読まれた先生方の学級の人数や施設の広さ、また用具の劣化状況等により、適切な配慮をしながら授業に臨むことが求められます。

　そのためにも、単元の学習が始まる前に、教師自身による場の設定や用具の確認を行うことが重要です。

　とは言っても、担任一人が事前に全ての場づくりを行うことは、時間もかかり効率的ではありません。しかし、同じ学年の先生や、体育部の先生方と複数で行うことで、短時間で行うことができるばかりか、より安全で効果的な場づくりが行えたり、用具の確認を入念に行ったりすることができます。また、場合によっては、先生方がその場を活用してみることで、児童の困りや思いに寄り添った指導も期待できます。本手引でも安全への配慮等を具体的に示していますので、ぜひ参考にしてください。

5．おわりに

　本手引のサブタイトルを「楽しく身に付く体育の授業」としました。このサブタイトルには、児童が楽しく夢中になって体育の授業に取り組む中で、今、求められている資質・能力がバランスよく身に付く体育の授業を目指してほしいという願いを込めました。

　ぜひ、本手引を参考にしながら、児童にとって「楽しく身に付く体育の授業」を目指してください。

本手引においては、以下について、それぞれ略称を用いて表記しています。
・学習指導要領：小学校学習指導要領（平成 29 年告示）
・解説：小学校学習指導要領（平成 29 年告示）解説　体育編

本手引の見方

本手引は、以下のページで構成しています。

単元のページ　●単元の目標、単元の評価規準、指導と評価の計画
　　　　　　　●本時の目標と展開（①、②、③、④）
　　　　　　　●2学年にわたって取り扱う場合
資料のページ … 各領域で取り扱う運動などについて、詳しく示した資料を掲載しています。

単元の目標、単元の評価規準、指導と評価の計画

このページは、単元全体に関することを示しています。

単元の目標
(1)は「知識及び技能（運動）」、(2)は「思考力、判断力、表現力等」、(3)は「学びに向かう力、人間性等」に関する目標です。

単元の評価規準
例として示していますので、児童の実態等に適した評価規準を作成する際の参考としてください。

㋐　㋑

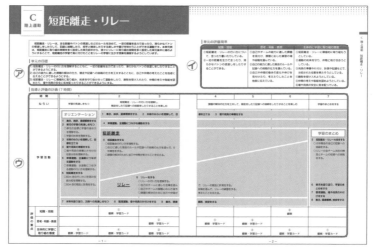

指導と評価の計画
㋒
・例として示していますので、時間数を学校の年間指導計画に合わせて修正するなどの工夫をしてください。
・「ねらい」は、学習の方向性を示しています。
・「学習活動」は、大まかに示していますので、詳しくは「本時の展開」のページで確認してください。
・「評価の重点」の丸数字は、「単元の評価規準」に示している番号です。評価方法は、「観察」と「学習カード」を示していますが、児童の実態等に応じて適切な方法を用いるようにしてください。

本時の目標と展開（①、②、③、④）

　このページは、1時間の授業に関することを示しています。単元の全時間のうち、①は最初の1時間目、②は単元前半のいずれかの1時間、③は単元後半のいずれかの1時間、④は単元の最後の1時間のものです。

ア　本時の目標
本時の評価の重点にしている目標は、オレンジ色で示しています。

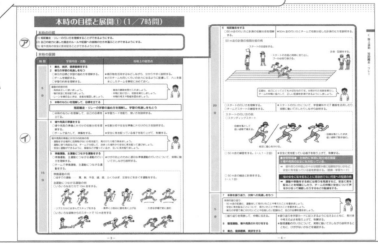

イ　本時の展開
・児童が行う「学習内容・活動」と、教師が行う「指導上の留意点」を分けて示しています。
・本時の評価の重点にしている評価規準は、オレンジ色の枠で、指導における「運動が苦手な児童、運動に意欲的でない児童への配慮の例」は、紺色の枠で示しています。

2学年間にわたって取り扱う場合

　本手引に示した「指導と評価の計画」や「本時の展開」などは、低学年では第2学年、中学年では第4学年、高学年では第6学年で指導する例を示しています。このページは、2学年間にわたって取り扱う場合の低学年では第1学年、中学年では第3学年、高学年では第5学年の単元全体に関することを示しています。

・2学年間にわたって取り扱う場合の、低学年では第1学年、中学年では第3学年、高学年では第5学年での学習活動などを大まかに示していますので、授業を計画する際の参考としてください。

・2学年間のいずれかの学年で指導する場合は、このページと「単元の目標、単元の評価規準、指導と評価の計画」のページを合わせて、授業を計画する際の参考としてください。

・2学年間にわたって取り扱うものとしている「体つくり運動系」の単元では、ここで各内容の取扱いについて示しています。

A 体つくり運動
体ほぐしの運動（第5学年）

> 体ほぐしの運動は，手軽な運動を行い，体を動かす楽しさや心地よさを味わうことを通して，心と体との関係に気付いたり，仲間と関わり合ったりする運動です。本単元例は，心と体の状態を確認してから運動をしたり，運動をしてから心と体の変化を確かめたりする活動をしたり，仲間と関わり合って運動をしたりすることで，心と体が関係し合っていることに気付いたり自他の心と体に違いがあることを理解したりすることができる授業を展開するようにしています。

単元の目標

(1) 体ほぐしの運動の行い方を理解するとともに，手軽な運動を行い，心と体の関係に気付いたり，仲間と関わり合ったりすることができるようにする。
(2) 自己の体の状態に応じて，運動の行い方を工夫するとともに，自己や仲間の考えたことを他者に伝えることができるようにする。
(3) 体ほぐしの運動に積極的に取り組み，約束を守り助け合って運動をしたり，仲間の考えや取組を認めたり，場や用具の安全に気を配ったりすることができるようにする。

指導と評価の計画〔3時間（体つくり運動の12時間のうち）〕

時　間		1	2	3	4
ねらい		体ほぐしの運動の学習の見通しをもつ	体ほぐしの運動の行い方を理解し，行い方を工夫して，心と体の関係に気付いたり仲間と関わり合ったりすることを楽しむ		体の動きを高める運動の学習の見通しをもつ
学習活動		**オリエンテーション** 1　集合，挨拶，健康観察をする 2　単元の学習の見通しをもつ ○単元の目標と学習の進め方を理解する。 ○学習の約束を理解する。 3　本時のねらいを理解して，目標を立てる 4　場や用具の準備をする ○場や用具の準備や片付けの役割分担を理解する。 5　準備運動をする ○準備運動の行い方を理解する。 6　体ほぐしの運動をする ○体ほぐしの運動の行い方を理解する。 ○学級全体やペア，グループで体ほぐしの運動をする。	1　集合，挨拶，健康観察をする 2　本時のねらいを理解して，目標を立てる 3　場や用具の準備をする 4　心と体の関係に気付く 5　準備運動をする。 6　体ほぐしの運動をする ○学級全体やペア，グループで体ほぐしの運動をする。 ○心と体の関係グラフで，自己や仲間の心と体の関係に気付く。 ○体ほぐしの運動の工夫の仕方を理解する。 ○自己の心と体の状態に応じた運動の行い方を選んで，体ほぐしの運動をする。 ○運動の行い方の工夫について，自己や仲間が考えたことを伝える。		**オリエンテーション** 1　集合，挨拶，健康観察をする 2　単元の学習の見通しをもつ ○単元の目標と学習の進め方を理解する。 ○学習の約束を理解する。 3　本時のねらいを理解して，目標を立てる 4　場や用具の準備をする ○場や用具の準備や片付けの役割分担を理解する。 5　準備運動，体ほぐしの運動をする ○準備運動，体ほぐしの運動の行い方を理解する。 6　体の動きを高める運動をする ○体の動きを高める運動の行い方を理解する。 ○ペアやグループで体の動きを高める運動をする。
		7　本時を振り返り，次時への見通しをもつ　　8　整理運動，場や用具の片付けをする　　9　集合，健康			
評価の重点	知識・技能	① 観察・学習カード			② 観察・学習カード
	思考・判断・表現		① 観察・学習カード	③ 観察・学習カード	
	主体的に学習に取り組む態度		① 観察・学習カード		⑥ 観察・学習カード

単元の評価規準

知識・技能	思考・判断・表現	主体的に学習に取り組む態度
①体ほぐしの運動の行い方について，言ったり書いたりしている。 ②体の動きを高める運動の行い方について，言ったり書いたりしている。 ③体の柔らかさを高めるための運動をすることができる。 ④巧みな動きを高めるための運動をすることができる。 ⑤力強い動きを高めるための運動をすることができる。 ⑥動きを持続する能力を高めるための運動をすることができる。	①自己の体の状態に応じて運動の課題や行い方を選んでいる。 ②自己の体力に応じて運動の課題や行い方を選んでいる。 ③体をほぐすために自己やグループで考えた運動の行い方を他者に伝えている。 ④体の動きを高めるために自己やグループで考えた運動の行い方を他者に伝えている。	①体ほぐしの運動に積極的に取り組もうとしている。 ②体の動きを高める運動に積極的に取り組もうとしている。 ③約束を守り，仲間と助け合おうとしている。 ④場の設定や用具の片付けなどで，分担された役割を果たそうとしている。 ⑤仲間の気付きや考え，取組のよさを認めようとしている。 ⑥場や用具，周囲の安全に気を配っている。

5	6	7	8	9	10	11	12

体の動きを高めるための運動の行い方を理解し，運動の行い方を工夫して，体の動きを高めることを楽しむ（5〜10）／自己の体力に応じた課題や行い方を工夫して，運動をすることを楽しむ（11）／学習のまとめをする（12）

1　集合，挨拶，健康観察をする　　2　本時のねらいを理解して，目標を立てる　　3　場や用具の準備をする

4　準備運動，体ほぐしの運動をする

5〜6	7〜8	9〜10	11	12
5　巧みな動きを高めるための運動をする ○運動の行い方を理解する。 ○ペアやグループで運動をする。 ○運動の工夫の仕方を理解する。 ○自己の体力に応じた運動の行い方を選んで運動をする。 ○運動の行い方の工夫について，自己や仲間が考えたことを伝える。 **6　力強い動きを高めるための運動をする** ○運動の行い方を理解する。 ○ペアやグループで運動をする。 ○運動の工夫の仕方を理解する。 ○自己の体力に応じた運動の行い方を選んで運動をする。 ○運動の行い方の工夫について，自己や仲間が考えたことを伝える。	**5　体の柔らかさを高めるための運動をする** ○運動の行い方を理解する。 ○ペアやグループで運動をする。 ○運動の工夫の仕方を理解する。 ○自己の体力に応じた運動の行い方を選んで運動をする。 ○運動の行い方の工夫について，自己や仲間が考えたことを伝える。 **6　動きを持続する能力を高めるための運動をする** ○運動の行い方を理解する。 ○ペアやグループで運動をする。 ○運動の工夫の仕方を理解する。 ○自己の体力に応じた運動の行い方を選んで運動をする。 ○運動の行い方の工夫について，自己や仲間が考えたことを伝える。	**5　自己の体力に応じた運動をする** ○これまでに学習した運動の中から，自己の体力に応じた運動の課題や行い方を選んで運動をする。 **6　自己の体力に応じた運動を工夫する** ○自己の体力に応じた運動の行い方を工夫する。 ○運動の行い方の工夫について，自己や仲間が考えたことを伝える。	**学習のまとめ** **5　体の動きを高める運動をする** ○自己の体力に応じて運動の課題や行い方を選ぶ。 ○運動の行い方の工夫について，自己や仲間が考えたことを伝える。 **6　単元を振り返り，学習のまとめをする** **7　整理運動，場や用具の片付けをする** **8　集合，健康観察，挨拶をする**	

観察，挨拶をする

5	6	7	8	9	10	11	12
	④・⑤ 観察			③・⑥ 観察			
			④ 観察・学習カード			② 観察・学習カード	
③ 観察・学習カード	④ 観察・学習カード			⑤ 観察・学習カード			② 観察・学習カード

本時の目標と展開①（1／12時間）

本時の目標

(1) 体ほぐしの運動の行い方を理解することができるようにする。

(2) 自己の体の状態に応じて運動の課題や行い方を選ぶことができるようにする。

(3) 体ほぐしの運動に積極的に取り組むことができるようにする。

本時の展開

時間	学習内容・活動	指導上の留意点
5分	1　集合，挨拶，健康観察をする 2　単元の学習の見通しをもつ 　○単元の目標と学習の進め方を知る。 　○学習をするグループを確認する。 　○学習の約束を理解する。 学習の約束の例 ・用具は正しく使いましょう。 ・安全に気を配って運動をしましょう。 ・準備や片付けで分担した役割を果たしましょう。 ・約束を守り仲間と助け合いましょう。 ・グループの仲間の考えや取組を認めましょう。 3　本時のねらいを理解して，目標を立てる 体ほぐしの運動の学習の進め方を知り，学習の見通しをもとう 　○本時のねらいを理解して，自己の目標を立てる。	●掲示物を活用するなどしながら，分かりやすく説明する。 ●学習をするグループを事前に決めておく。 ●学習カードを配り，使い方を説明する。
10分	4　場や用具の準備をする 　○場や用具の準備と片付けの役割分担を理解する。 　○グループで協力して，準備をする。 場や用具の準備の仕方の例 ・活動をする場所に危険物がないか気を配り，見付けたら取り除きましょう。 ・運動に使う用具がある場所を確認し，グループで分担して取りに行ったり片付けたりしましょう。 ・安全に運動ができるように服装などが整っているか，仲間と互いに気を配りましょう。 5　準備運動をする 　○準備運動の行い方を理解する。 　○学級全体やグループで準備運動をする。 準備運動の行い方の例 　肩，腕，手首，腿，膝，ふくらはぎ，足首などをほぐす運動を行う。	●役割分担や安全な準備と片付けの仕方を説明する。 ●安全に気を配っている様子を取り上げて，称賛する。 ●けがの防止のために適切な準備運動の行い方について，実際に動いて示しながら説明する。
10分	6　体ほぐしの運動をする 　○体ほぐしの運動の行い方を理解する。 　○ペアやグループで体ほぐしの運動をする。 体ほぐしの運動の行い方の例 　○伸び伸びとした動作で全身を動かす運動	●体ほぐしの運動の行い方について，学習資料やICT機器を活用したり，実際に動いて示したりしながら説明する。

二人組でいろいろな姿勢でボールを渡す。　　　　グループでボールを落とさないようにする。

— 12 —

	○自己や仲間の心と体の関係に気付く。	● 自己や仲間の心と体の関係について気付いたことを聞くとともに，気付きのよさを取り上げて，称賛する。

体の動かし方と心の変化には，どのような関係がありますか。
➡ 運動をすると心が軽くなったり，体の力を抜くとリラックスできたり，体の動かし方によって気持ちも異なることなどに気付くようにする。

◎心と体の関係に気付くことが苦手な児童への配慮の例
➡ 二人組で気持ちや体の変化を話し合う場面をつくったり，運動を通して感じたことを確かめるような言葉がけをしたりするなどの配慮をする。

| 15分 | ○体ほぐしの運動の行い方を理解する。
○学級全体で体ほぐしの運動をする。 | ● 体ほぐしの運動の行い方について，学習資料やICT機器を活用したり，実際に動いて示したりしながら説明する。
● 音楽に合わせて運動をするなど工夫をする。 |

体ほぐしの運動の行い方の例
○動作や人数などの条件を変えて，歩いたり走ったりする運動

先頭のまねをして歩く。　　　　　　　　　二人組での鬼ごっこ

◎仲間と関わり合いながら運動をすることが苦手な児童への配慮の例
➡ 協力や助け合いが必要になる運動を仕組み，仲間とともに運動することのよさが実感できるような言葉がけをするなどの配慮をする。

7　本時を振り返り，次時への見通しをもつ

本時の振り返り
・体ほぐしの運動の行い方について，理解したことを書きましょう。
・体の動かし方と心の変化の関係について，気付いたことや考えたことを書きましょう。
・単元の学習で身に付けたいことやできるようになりたいことなど，自己の目標を書きましょう。

| 5分 | ○振り返りを発表して，仲間に伝える。 | ● 振り返りを学習カードに記入するように伝えるとともに，気付きや考えのよさを取り上げて，称賛する。 |

◆学習評価◆　知識・技能
①体ほぐしの運動の行い方について，言ったり書いたりしている。
➡ 心と体の関係に気付いたり，仲間と関わり合ったりする体ほぐしの運動の行い方について，発表したり学習カードに記入したりしていることを評価する。（観察・学習カード）

◎体ほぐしの運動の行い方を理解することが苦手な児童への配慮の例
➡ 個別に関わり，体ほぐしの運動の行い方のポイントについて対話をしながら確認をするなどの配慮をする。

| | **8　整理運動，場や用具の片付けをする** | ● 整理運動の行い方について，実際に動いて示しながら説明するとともに，けががないかなどを確認する。 |
| | **9　集合，健康観察，挨拶をする** | |

本時の目標と展開②（2／12時間）

本時の目標

(1) 体ほぐしの運動の行い方を理解することができるようにする。
(2) 自己の体の状態に応じて運動の課題や行い方を選ぶことができるようにする。
(3) 体ほぐしの運動に積極的に取り組むことができるようにする。

本時の展開

時間	学習内容・活動	指導上の留意点
10分	**1　集合，挨拶，健康観察をする** **2　本時のねらいを理解して，目標を立てる** 　**体ほぐしの運動の行い方を理解し，行い方を工夫して運動をしよう** ○本時のねらいを理解して，自己の目標を立てる。 **3　場や用具の準備をする** ○グループで協力して，準備をする。 **4　心と体の関係に気付く** ○心と体の関係グラフで，自己や仲間の心と体の状態に気付く。 〈心〉軽い／軽い／重い〈体〉／重い **5　準備運動をする** ○グループで準備運動をする。	●学習カードを配り，立てた目標を記入するように伝える。 ●役割分担や安全な準備の仕方を確認する。 ●学習カードに示した心と体の関係グラフの使い方を説明する。 今の自己の心と体の状態を，心と体の関係グラフの中に示しましょう。 ●けがの防止のために適切な準備運動を行うように伝える。
15分	**6　体ほぐしの運動をする** ○体ほぐしの運動の行い方を理解する。 ○ペアやグループで体ほぐしの運動をする。	●体ほぐしの運動の行い方について，学習資料やICT機器を活用したり，実際に動いて示したりしながら説明する。

体ほぐしの運動の行い方の例
○ペアになって互いの心や体の状態に気付き合いながら体を揺らす運動
ペアストレッチ　　リラクゼーション

○グループや学級の仲間と力を合わせて挑戦する運動
平均台を使った運動　　短なわを使った運動

	○自己や仲間の心と体の関係に気付く。	●自己や仲間の心と体の関係について気付いたことを聞くとともに，気付きのよさを取り上げて，称賛する。

> 体の動かし方と心の変化には，どのような関係がありますか。
> ➡ 運動をすると心が軽くなったり，体の力を抜くとリラックスできたり，体の動かし方によって気持ちも異なることなどに気付くようにする。

15分

○体ほぐしの運動の工夫の仕方を理解する。
○自己の心と体の状態に応じた運動の行い方を選んで，体ほぐしの運動をする。

●体ほぐしの運動の工夫の仕方について，学習資料やICT機器を活用したり，実際に動いて示したりしながら説明する。
●工夫した運動の行い方を選んでいることを取り上げて，称賛する。

体ほぐしの運動の行い方の工夫の仕方の例

○ペアになって互いの心や体の状態に気付き合いながら体を揺らす運動

○グループや学級の仲間と力を合わせて挑戦する運動

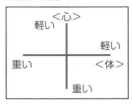

◆学習評価◆　思考・判断・表現
①自己の体の状態に応じて運動の課題や行い方を選んでいる。
➡ 心と体の関係に気付くことや仲間との関わり合いが深まることなどの自己の課題を解決するための運動の課題や行い方を選んだり工夫したりしている姿を評価する。（観察・学習カード）

◎運動の課題や行い方を選ぶことが苦手な児童への配慮の例
➡ 体と心の関係を確認して自己の課題に気付くようにしたり，仲間が選んだ行い方を一緒に試して自己に適した工夫を見付けるようにしたりするなどの配慮をする。

●体ほぐしの運動に積極的に取り組もうとしている様子を取り上げて，称賛する。

◆学習評価◆　主体的に学習に取り組む態度
①体ほぐしの運動に積極的に取り組もうとしている。
➡ 体ほぐしの運動で心と体の関係に気付いたり，仲間と関わり合ったりすることなどに積極的に取り組もうとしている姿を評価する。（観察・学習カード）

○運動の行い方の工夫について，自己や仲間が考えたことを伝える。

●考えたことを伝えていることを取り上げて，称賛する。

5分

7　本時を振り返り，次時への見通しをもつ
○心と体の関係グラフで，自己や仲間の心と体の関係に気付く。

```
           ＜心＞
      軽い
               軽い
  重い         ＜体＞

           重い
```

> **本時の振り返り**
> ・体の動かし方と心の変化の関係について，気付いたことや考えたことを書きましょう。
> ・見付けた自己の課題と，その課題の解決のために運動を工夫したことを書きましょう。
> ・運動を工夫して，気付いたことや考えたことを書きましょう。

○振り返りを発表して，仲間に伝える。
●振り返りを学習カードに記入するように伝えるとともに，気付きや考えのよさを取り上げて，称賛する。

8　整理運動，場や用具の片付けをする
●適切な整理運動を行うように伝えるとともに，けががないかなどを確認する。

9　集合，健康観察，挨拶をする

本時の目標と展開③（3／12時間）

本時の目標

(1) 体ほぐしの運動の行い方を理解することができるようにする。
(2) 体をほぐすために自己やグループで考えた運動の行い方を他者に伝えることができるようにする。
(3) 体ほぐしの運動に積極的に取り組むことができるようにする。

本時の展開

時間	学習内容・活動	指導上の留意点
10分	1　集合，挨拶，健康観察をする 2　本時のねらいを知り，目標を立てる **体ほぐしの運動の工夫した行い方を伝え合い，仲間と関わり合いながら運動をして，学習のまとめをしよう** ○本時のねらいを理解して自己の目標を立てる。 3　場や用具の準備をする ○グループで協力して，準備をする。 4　心と体の関係に気付く ○心と体の関係グラフで，自己や仲間の心と体の状態に気付く。 5　準備運動をする ○グループで準備運動をする。	●学習カードを配り，立てた目標を記入するように伝える。 ●役割分担や安全な準備の仕方を確認する。 ●心と体の関係グラフの使い方を確認する。 ●けがの防止のために適切な準備運動を行うように伝える。
25分	6　体ほぐしの運動をする ○ペアやグループで行いたい運動を選んで，体ほぐしの運動をする。 ○体ほぐしの運動の行い方を理解する。 ○学級全体で体ほぐしの運動をする。 ○運動の行い方の工夫について，自己や仲間が考えたことを伝える。 体ほぐしの運動の行い方の例 ○リズムに乗って，心が弾むような動作での運動 ○心と体の関係グラフで，自己や仲間の心と体の関係に気付く。	●体ほぐしの運動の行い方について，学習資料やICT機器を活用したり，実際に動いて示したりしながら説明する。 ●考えたことを伝えていることを取り上げて，称賛する。 **◆学習評価◆　思考・判断・表現** ③楽しく運動をしながら心と体の変化に気付いたことや，仲間と関わり合うための運動の行い方について，考えたことや見付けたことを仲間に伝えている。 ➡　自己の課題を解決するための運動の行い方を選んだり工夫したりして考えたことや見付けたことを仲間に伝えている姿を評価する。（観察・学習カード） **◎考えたことや見付けたことをを伝えることが苦手な児童への配慮の例** ➡　個別に関わり，行い方を選んだり工夫したりして気付いたことや考えたことを聞き取って，仲間に伝えることを支援するなどの配慮をする。 ●心と体の関係について気付いたことを聞くとともに，気付きのよさを取り上げて，称賛する。
10分	7　単元を振り返り，学習のまとめをする 単元の学習の振り返り ・単元の学習の目標で，達成したことを書きましょう。 ・学習したことで，今後の学習や生活の中で取り組んでいきたいことを書きましょう。 ○振り返りを発表して，仲間に伝える。 8　整理運動，場や用具の片付けをする 9　集合，健康観察，挨拶をする	●振り返りを学習カードに記入するように伝えるとともに，気付きや考えのよさを取り上げて，称賛する。 ●適切な整理運動を行うように伝えるとともに，けががないかなどを確認する。

体ほぐしの運動の取扱い

【第5学年における指導と評価の計画（例）】

時間	1	2・3	4	5~7	8~10	11	12
ねらい	学習の見通しをもつ	運動の行い方を工夫して体ほぐしの運動を楽しむ	学習の見通しをもつ	運動の行い方を工夫して体の動きを高める運動を楽しむ		自己の体力に応じた運動を選んで楽しむ	学習のまとめをする
学習活動	オリエンテーション ○学習の見通しをもつ ・学習の進め方 ・学習の約束 ○体ほぐしの運動 学級全体で運動をする	体ほぐしの運動 ○体ほぐしの運動 ・自己や仲間の心と体との関係に気付く ・仲間と豊かに関わり合う ○学習のまとめをする	オリエンテーション ○学習の見通しをもつ ・学習の進め方 ・学習の約束 ○体の動きを高める運動 学級全体で運動をする	体の動きを高める運動 ○巧みな動きを高めるための運動 ・いろいろな運動をする ・体力に応じて行い方を選ぶ ○力強い動きを高めるための運動 ・いろいろな運動をする ・体力に応じて行い方を選ぶ	体の動きを高める運動 ○体の柔らかさを高めるための運動 ・いろいろな運動をする ・体力に応じて行い方を選ぶ ○動きを持続する能力を高めるための運動 ・いろいろな運動をする ・体力に応じて行い方を選ぶ	体の動きを高める運動 ○自己の体力に応じた運動をする ・体力に応じて行い方を選ぶ ○自己の体力に応じた運動を工夫する ・自己に適した課題や行い方を工夫する	学習のまとめ ○自己の体力に応じた運動をする ○単元のまとめをする
評価の重点 — 知識・技能	① 観察・学習カード		② 観察・学習カード	④・⑤ 観察	③・⑥ 観察		
評価の重点 — 思考・判断・表現		①・③ 観察・学習カード				② 観察・学習カード	④ 観察・学習カード
評価の重点 — 主体的に学習に取り組む態度		① 観察・学習カード	⑥ 観察・学習カード	④ 観察・学習カード	③ 観察・学習カード	② 観察・学習カード	⑤ 観察・学習カード

【体ほぐしの運動の内容の取扱い】

● 2学年間にわたって指導すること

小学校学習指導要領に『「A 体つくりの運動」については，2学年間にわたって指導するものとする。』とあるように，高学年の「体ほぐしの運動」は，第5学年と第6学年の両方で指導するように年間指導計画を作成しましょう。

第5学年は，行い方が易しく，自己や仲間の心と体との関係に気付いたり仲間と豊かに関わり合ったりしやすい体ほぐしの運動ができるよう，本手引を参考にするなどして第5学年に適した運動を選んで取り扱うようにしましょう。

● 体ほぐしの運動の趣旨を生かした指導ができること

体ほぐしの運動の「手軽な運動を行い，心と体との関係に気付いたり，仲間と関わり合ったりすること」などの趣旨を生かした指導は，体つくり運動以外の領域においても行うことができます。本手引では，その一例として，『表現「激しい感じの題材」』及び『フォークダンス』の指導と評価の計画の中で，主運動である表現やフォークダンスに取り組む前に，体ほぐしの運動の趣旨を生かした指導を行う場面を設けました。このことを参考にするなどして，他の領域においても体ほぐしの運動の趣旨を生かした指導が必要な場合は，効果的に取り入れるようにしましょう。

● 保健「心の健康」の学習と相互の関連を図って指導すること

体つくり運動に限らず，各運動領域の内容と保健の内容とを関連して指導するようにしましょう。特に，体ほぐしの運動の学習では，保健「心の健康」において不安や悩みへの対処として体ほぐしの運動について学習することから，保健で学習したことを踏まえて実践し，理解を深めるようにしましょう。

【体ほぐしの運動の評価】

● 技能に関する評価規準は設定しないこと

体ほぐしの運動の指導内容は，「知識及び運動」「思考力，判断力，表現力等」「学びに向かう力，人間性等」としています。これは，体ほぐしの運動は，心と体との関係に気付いたり，仲間と関わり合ったりすることが主なねらいであり，特定の技能を示すものではないことから，各領域と同じ「知識及び技能」ではなく，「知識及び運動」としているものです。

そのため，評価においても，技能に関する評価規準は設定しないこととしています。評価の観点の名称は，各領域と同じ「知識・技能」ですが，そこには，体ほぐしの運動の行い方を理解していることを評価する，知識に関する評価規準のみを設定しましょう。

体の動きを高める運動（第5学年）

体の動きを高める運動は，運動の楽しさや喜びを味わうとともに，ねらいに応じて，体の柔らかさ，巧みな動き，力強い動き，動きを持続する能力を高めるための運動をして，体の様々な動きを高める運動です。本単元例は，1時間の中で二つの運動から行い方を選んで取り組む時間と，四つの運動から課題を選んで取り組む時間を設定することで，自己の体力に応じて工夫して運動に取り組むことができる授業を展開するようにしています。

単元の目標

(1) 体の動きを高める運動の行い方を理解するとともに，ねらいに応じて，体の柔らかさ，巧みな動き，力強い動き，動きを持続する能力を高めるための運動をすることができるようにする。
(2) 自己の体力に応じて，運動の行い方を工夫するとともに，自己や仲間の考えたことを他者に伝えることができるようにする。
(3) 体の動きを高める運動に積極的に取り組み，約束を守り助け合って運動をしたり，仲間の考えや取組を認めたり，場や用具の安全に気を配ったりすることができるようにする。

指導と評価の計画〔9時間（体つくり運動の12時間のうち）〕

時　間		1	2	3	4
ねらい		体ほぐしの運動の学習の見通しをもつ	体ほぐしの運動の行い方を理解し，行い方を工夫して，心と体の関係に気付いたり仲間と関わり合ったりすることを楽しむ		体の動きを高める運動の学習の見通しをもつ
学習活動		オリエンテーション 1　集合，挨拶，健康観察をする 2　単元の学習の見通しをもつ ○単元の目標と学習の進め方を理解する。 ○学習の約束を理解する。 3　本時のねらいを理解して，目標を立てる 4　場や用具の準備をする ○場や用具の準備や片付けの役割分担を理解する。 5　準備運動をする ○準備運動の行い方を理解する。 6　体ほぐしの運動をする ○体ほぐしの運動の行い方を理解する。 ○学級全体やペア，グループで体ほぐしの運動をする。	1　集合，挨拶，健康観察をする 2　本時のねらいを理解して，目標を立てる 3　場や用具の準備をする 4　心と体の関係に気付く 5　準備運動をする。 6　体ほぐしの運動をする ○学級全体やペア，グループで体ほぐしの運動をする。 ○心と体の関係グラフで，自己や仲間の心と体の関係に気付く。 ○体ほぐしの運動の工夫の仕方を理解する。 ○自己の心と体の状態に応じた運動の行い方を選んで，体ほぐしの運動をする。 ○運動の行い方の工夫について，自己や仲間が考えたことを伝える。		オリエンテーション 1　集合，挨拶，健康観察をする 2　単元の学習の見通しをもつ ○単元の目標と学習の進め方を理解する。 ○学習の約束を理解する。 3　本時のねらいを理解して，目標を立てる 4　場や用具の準備をする ○場や用具の準備や片付けの役割分担を理解する。 5　準備運動，体ほぐしの運動をする ○準備運動，体ほぐしの運動の行い方を理解する。 6　体の動きを高める運動をする ○体の動きを高める運動の行い方を理解する。 ○ペアやグループで体の動きを高める運動をする。
		7　本時を振り返り，次時への見通しをもつ　　8　整理運動，場や用具の片付けをする　　9　集合，健康			
評価の重点	知識・技能	① 観察・学習カード			② 観察・学習カード
	思考・判断・表現		① 観察・学習カード	③ 観察・学習カード	
	主体的に学習に取り組む態度		① 観察・学習カード		⑥ 観察・学習カード

単元の評価規準

知識・技能	思考・判断・表現	主体的に学習に取り組む態度
①体ほぐしの運動の行い方について，言ったり書いたりしている。 ②体の動きを高める運動の行い方について，言ったり書いたりしている。 ③体の柔らかさを高めるための運動をすることができる。 ④巧みな動きを高めるための運動をすることができる。 ⑤力強い動きを高めるための運動をすることができる。 ⑥動きを持続する能力を高めるための運動をすることができる。	①自己の体の状態に応じて運動の課題や行い方を選んでいる。 ②自己の体力に応じて運動の課題や行い方を選んでいる。 ③体をほぐすために自己やグループで考えた運動の行い方を他者に伝えている。 ④体の動きを高めるために自己やグループで考えた運動の行い方を他者に伝えている。	①体ほぐしの運動に積極的に取り組もうとしている。 ②体の動きを高める運動に積極的に取り組もうとしている。 ③約束を守り，仲間と助け合おうとしている。 ④場の設定や用具の片付けなどで，分担された役割を果たそうとしている。 ⑤仲間の気付きや考え，取組のよさを認めようとしている。 ⑥場や用具，周囲の安全に気を配っている。

5	6	7	8	9	10	11	12
体の動きを高めるための運動の行い方を理解し，運動の行い方を工夫して，体の動きを高めることを楽しむ						自己の体力に応じた課題や行い方を工夫して，運動をすることを楽しむ	学習のまとめをする

1　集合，挨拶，健康観察をする　2　本時のねらいを理解して，目標を立てる　3　場や用具の準備をする

4　準備運動，体ほぐしの運動をする

（左ブロック：5〜7）

5　巧みな動きを高めるための運動をする
- ○運動の行い方を理解する。
- ○ペアやグループで運動をする。
- ○運動の工夫の仕方を理解する。
- ○自己の体力に応じた運動の行い方を選んで運動をする。
- ○運動の行い方の工夫について，自己や仲間が考えたことを伝える。

6　力強い動きを高めるための運動をする
- ○運動の行い方を理解する。
- ○ペアやグループで運動をする。
- ○運動の工夫の仕方を理解する。
- ○自己の体力に応じた運動の行い方を選んで運動をする。
- ○運動の行い方の工夫について，自己や仲間が考えたことを伝える。

（中ブロック：8〜10）

5　体の柔らかさを高めるための運動をする
- ○運動の行い方を理解する。
- ○ペアやグループで運動をする。
- ○運動の工夫の仕方を理解する。
- ○自己の体力に応じた運動の行い方を選んで運動をする。
- ○運動の行い方の工夫について，自己や仲間が考えたことを伝える。

6　動きを持続する能力を高めるための運動をする
- ○運動の行い方を理解する。
- ○ペアやグループで運動をする。
- ○運動の工夫の仕方を理解する。
- ○自己の体力に応じた運動の行い方を選んで運動をする。
- ○運動の行い方の工夫について，自己や仲間が考えたことを伝える。

（右ブロック：11）

5　自己の体力に応じた運動をする
- ○これまでに学習した運動の中から，自己の体力に応じた運動の課題や行い方を選んで運動をする。

6　自己の体力に応じた運動を工夫する
- ○自己の体力に応じた運動の行い方を工夫する。
- ○運動の行い方の工夫について，自己や仲間が考えたことを伝える。

（12）

学習のまとめ

5　体の動きを高める運動をする
- ○自己の体力に応じて運動の課題や行い方を選ぶ。
- ○運動の行い方の工夫について，自己や仲間が考えたことを伝える。

6　単元を振り返り，学習のまとめをする

7　整理運動，場や用具の片付けをする

8　集合，健康観察，挨拶をする

観察，挨拶をする

5	6	7	8	9	10	11	12
	④・⑤ 観察			③・⑥ 観察			
			④ 観察・学習カード			② 観察・学習カード	
③ 観察・学習カード	④ 観察・学習カード			⑤ 観察・学習カード			② 観察・学習カード

本時の目標

(1) 体の動きを高める運動の行い方を理解することができるようにする。
(2) 自己の体力に応じて運動の課題や行い方を選ぶことができるようにする。
(3) 場の危険物を取り除くとともに，安全に気を配ることができるようにする。

本時の展開

時間	学習内容・活動	指導上の留意点
5分	1　集合，挨拶，健康観察をする 2　単元の学習の見通しをもつ ○単元の目標と学習の進め方を理解する。 ○学習をするグループを確認する。 ○学習の約束を理解する。	●掲示物を活用するなどしながら，分かりやすく説明する。 ●学習をするグループを事前に決めておく。

学習の約束の例
・用具は正しく使いましょう。
・安全に気を配りましょう。
・準備や片付けでは分担した役割を果たしましょう。
・約束を守り，仲間と助け合いましょう。
・仲間の考えや取組を認めましょう。

時間	学習内容・活動	指導上の留意点
	3　本時のねらいを理解して，目標を立てる	

体の動きを高める運動の学習の進め方を理解して，学習の見通しをもとう

時間	学習内容・活動	指導上の留意点
	○本時のねらいを理解して，自己の目標を立てる。	●学習カードを配り，使い方を説明する。
15分	4　場や用具の準備をする ○場や用具の準備と片付けの仕方を知る。 ○グループで協力して，準備をする。	●役割分担や安全な準備と片付けの仕方を説明する。 ●安全に気を配っている様子を取り上げて，称賛する。

場や用具の準備の仕方の例
・活動をする場所に危険物がないか気を配り，見付けたら取り除きましょう。
・運動に使う用具がある場所を確認し，グループで分担して取りに行ったり片付けたりしましょう。
・安全に運動ができるように服装などが整っているか，仲間と互いに気を配りましょう。

時間	学習内容・活動	指導上の留意点
	5　準備運動，体ほぐしの運動をする ○準備運動，体ほぐしの運動の行い方を知る。 ○学級全体やグループで準備運動，体ほぐしの運動をする。	●けがの防止のために適切な準備運動の行い方について，実際に動いて示しながら説明する。

準備運動の行い方の例
　　肩，腕，手首，腿，膝，ふくらはぎ，足首などをほぐす運動を行う。

体ほぐしの運動の行い方の例

・二人組での鬼ごっこ　　　　　　　　　　　　　　　・ペアストレッチ

◎**仲間と共に活動することに意欲的でない児童への配慮の例**

➡　仲間と一緒に運動すると楽しさが増すことを体験できるようにしたり，気持ちも弾んで心の状態が軽やかになることを感じることができるよう言葉がけをしたりするなどの配慮をする。

20分	**6　体の動きを高める運動をする** ○体の動きを高める運動の行い方を理解する。 ○ペアやグループで体の動きを高める運動をする。

● 体の動きを高める運動の行い方について，学習資料やICT機器を活用したり，実際に動いて示したりしながら説明する。

体の動きを高める運動の行い方の例

○体の柔らかさを高めるための運動

・体の各部位を大きく広げたり曲げたりする姿勢を維持する。

・全身や各部位を振ったり，回したり，ねじったりする。

○力強い動きを高めるための運動

・いろいろな姿勢での腕立て伏臥腕屈伸をする。

○巧みな動きを高めるための運動

・馬跳びで跳んだり，馬の下をくぐったりする。

・マーカーをタッチしながらの往復走をする。

○動きを持続する能力を高めるための運動

・短なわを用いての跳躍をする。

● 安全に気を配っている様子を取り上げて，称賛する。

◆学習評価◆　主体的に学習に取り組む態度
⑥場の危険物を取り除くとともに，安全に気を配っている。
➡　運動の場の危険物を取り除くとともに，用具の使い方や周囲の安全に気を配っている姿を評価する。（観察・学習カード）

◎安全に気を配ることに意欲的でない児童への配慮の例
➡　場の危険物や用具の使い方など，安全のために気を配ることを明確にしたり，グループの仲間と安全について声をかけ合ったり確認したりするなどの配慮をする。

7　本時を振り返り，次時への見通しをもつ

本時の振り返り
・体の動きを高める運動の行い方について，理解したことを書きましょう。
・単元の学習で身に付けたいことなど，自己の目標を書きましょう。

5分	○振り返りを発表して，仲間に伝える。

● 振り返りを学習カードに記入するように伝えるとともに，気付きや考えのよさを取り上げて，称賛する。

◆学習評価◆　知識・技能
②体の動きを高める運動の行い方について，言ったり書いたりしている。
➡　体力の必要性や体の動きを高める運動の行い方について，発表したり学習カードに記入したりしていることを評価する。（観察・学習カード）

◎体の動きを高める運動の行い方を知ることが苦手な児童への配慮の例
➡　個別に関わり，行い方のポイントについて対話をしながら確認をするなどの配慮をする。

8　整理運動，場や用具の片付けをする

● 整理運動の行い方について，実際に動いて示しながら説明するとともに，けががないかなどを確認する。

9　集合，健康観察，挨拶をする

本時の目標と展開② (5／12時間)

本時の目標

(1) 巧みな動きを高めるための運動，力強い動きを高めるための運動をすることができるようにする。

(2) 体の動きを高めるために自己やグループで考えた運動の行い方を他者に伝えることができるようにする。

(3) 約束を守り，仲間と助け合うことができるようにする。

本時の展開

時間	学習内容・活動	指導上の留意点
10分	1　集合，挨拶，健康観察をする 2　本時のねらいを理解して，目標を立てる **巧みな動きを高めるための運動と力強い動きを高めるための運動に取り組もう** ○本時のねらいを理解して，自己の目標を立てる。 3　場や用具の準備をする ○グループで協力して，準備をする。 4　準備運動，体ほぐしの運動をする ○グループで準備運動をする。 ○ペアやグループで体ほぐしの運動をする。	●学習カードを配り，立てた目標を記入するように伝える。 ●役割分担や安全な準備の仕方を確認する。 ●けがの防止のために適切な準備運動を行うように伝える。 ●学習した運動の中から選んだ体ほぐしの運動の行い方について，実際に動いて示しながら説明する。
15分	5　巧みな動きを高めるための運動をする ○巧みな動きを高めるための運動の行い方を理解する。 ○ペアやグループで巧みな動きを高めるための運動をする。	●巧みな動きを高めるための運動の行い方について，学習資料やICT機器を活用したり，実際に動いて示したりしながら説明する。

巧みな動きを高めるための運動の行い方の例
○人や物の動き，場の状況に対応した運動　　○用具などを用いた運動
・開脚，閉脚を繰り返しながら跳ぶ。
・フープを転がす。
・短なわや長なわを用いていろいろな跳び方で跳ぶ。

時間	学習内容・活動	指導上の留意点
15分	○巧みな動きを高めるための運動の工夫の仕方を理解する。 ○自己の体力に応じて運動の行い方を選んで，巧みな動きを高めるための運動をする。	●巧みな動きを高めるための運動の工夫の仕方について，学習資料やＩＣＴ機器を活用したり，実際に動いて示したりしながら説明する。 **◎巧みな動きを高めるための運動が苦手な児童への配慮の例** ➡　動きをリードする児童が動作に合わせた言葉がけをしたりゆっくりとした動作をしたりするなどの配慮をする。

巧みな動きを高めるための運動の工夫の仕方の例
○人や物の動き，場の状況に対応した運動　　○用具などを用いた運動
・リズミカルに開脚，閉脚を繰り返しながら跳ぶ。
・回転しているフープの中をくぐり抜けたり跳び越したりする。
・なわ跳びをしながらボールを操作する。

時間	学習内容・活動	指導上の留意点
	○体の動きを高めるために自己や仲間が考えたことを伝える。	●考えたことを伝えていることを取り上げて，称賛する。

15分	6 力強い動きを高めるための運動をする ○力強い動きを高めるための運動の行い方を理解する。 ○ペアやグループで力強い動きを高めるための運動をする。	●力強い動きを高めるための運動の行い方について，学習資料やICT機器を活用したり，実際に動いて示したりしながら説明する。

力強い動きを高める運動の行い方の例
○人や物の重さなどを用いた運動

 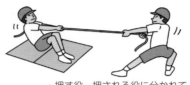 

・二人組，三人組で互いに持ち上げたり運んだりする。

・押す役，押される役に分かれてすもうをする。

・跳び箱などの用具を押す。

◎**力強い動きを高めるための運動が苦手な児童への配慮の例**
➡ 軽い重さの物から取り組み，力を出しやすい動き方に気付くように，徐々に力強い動きに挑戦するなどの配慮をする。

	○力強い動きを高めるための運動の工夫の仕方を理解する。 ○自己の体力に応じて運動の行い方を選んで，力強い動きを高めるための運動をする。	●力強い動きを高めるための運動の工夫の仕方について，学習資料やICT機器を活用したり，実際に動いて示したりしながら説明する。

◆**学習評価**◆ 主体的に学習に取り組む態度
③約束を守り，仲間と助け合おうとしている。

➡ 運動を行う際の約束を守り，互いの運動を観察し合ったり，必要に応じて運動の手助けをしたりするなど仲間と助け合おうとしている姿を評価する。（観察・学習カード）

◎**仲間と助け合うことに意欲的でない児童への配慮の例**
➡ 運動を観察するポイントや位置を示し，気付いたことなどを仲間に伝える時間や場を設定するなどの配慮をする。

力強い動きを高める運動の工夫の仕方の例
○人や物の重さなどを用いた運動

・二人組，三人組で互いに持ち上げたり運んだりしながらじゃんけんをする。

・押し，寄りを用いてすもうをする。

	○体の動きを高めるために自己や仲間が考えたことを伝える。	●考えたことを伝えていることを取り上げて，称賛する。

5分	7 本時を振り返り，次時への見通しをもつ	

本時の振り返り
・自己の体力に応じて選んだ運動と，できた回数などの成果を書きましょう。
・運動の行い方を工夫することについて，気付いたことや考えたことを書きましょう。
・安全に気を配ることについて，気付いたことや考えたことを書きましょう。

	○振り返りを発表して，仲間に伝える。	●振り返りを学習カードに記入するように伝えるとともに，気付きや考えのよさを取り上げて，称賛する。

◎**場や用具の片付けなどで分担された役割を果たすことに意欲的でない児童への配慮の例**
➡ 個別に関わり，自己の役割を確認してその行い方を説明したり，グループの仲間や教師と一緒に行ったりして役割を果たすようにするなどの配慮をする。

	8 整理運動，場や用具の片付けをする 9 集合，健康観察，挨拶をする	●適切な整理運動を行うように伝えるとともに，けががないかなどを確認する。

本時の目標と展開③（8／12時間）

本時の目標

(1) 体の柔らかさを高めるための運動，動きを持続する能力を高めるための運動をすることができるようにする。

(2) 体の動きを高めるために自己やグループで考えた運動の行い方を他者に伝えることができるようにする。

(3) 仲間の気付きや考え，取組のよさを認めることができるようにする。

本時の展開

時間	学習内容・活動	指導上の留意点
10分	1　集合，挨拶，健康観察をする 2　本時のねらいを理解して，目標を立てる **体の柔らかさを高めるための運動と動きを持続する能力を高めるための運動に取り組もう** ○本時のねらいを理解して，自己の目標を立てる。 3　場や用具の準備をする ○グループで協力して，準備をする。 4　準備運動，体ほぐしの運動をする ○グループで準備運動をする。 ○ペアやグループで体ほぐしの運動をする。	●学習カードを配り，立てた目標を記入するように伝える。 ●役割分担や安全な準備の仕方を確認する。 ●けがの防止のために適切な準備運動を行うように伝える。 ●学習した運動の中から選んだ体ほぐしの運動の行い方について，実際に動いて示しながら説明する。
15分	5　体の柔らかさを高めるための運動をする ○体の柔らかさを高めるための運動の行い方を理解する。 ○ペアやグループで体の柔らかさを高めるための運動をする。	●体の柔らかさを高めるための運動の行い方について，学習資料やICT機器を活用したり，実際に動いて示したりしながら説明する。

体の柔らかさを高めるための運動の行い方の例

○徒手での運動

・2人組で背中合わせになったり，交互に引っ張り合って状態を前屈したりする。

○用具などを用いた運動

・棒の下や輪の中をくぐり抜ける。

・長座の姿勢で上体を曲げ，体の周りでボールを転がす。

	○体の柔らかさを高めるための運動の工夫の仕方を理解する。 ○自己の体力に応じて運動の行い方を選んで，体の柔らかさを高めるための運動をする。	●体の柔らかさを高めるための運動の工夫の仕方について，学習資料やICT機器を活用したり，実際に動いて示したりしながら説明する。

◎**体の柔らかさを高めるための運動が苦手な児童への配慮の例**

➡　息を吐きながら体の力を抜き，ゆっくりと体を伸ばしたり曲げたりするように言葉がけをするなどの配慮をする。

体の柔らかさを高めるための運動の工夫の仕方の例

○徒手での運動

・息を吐きながら，ゆっくりと前屈したり仲間に背中を押してもらい前屈をしたりする。

○用具などを用いた運動

・ゴムひもを張りめぐらせてつくった空間でくぐり抜ける。

	○体の動きを高めるために自己や仲間が考えたことを伝える。	●考えたことを伝えていることを取り上げて，称賛する。

	6　動きを持続する能力を高めるための運動をする ○動きを持続する能力を高めるための運動の行い方を理解する。 ○ペアやグループで動きを持続する能力を高めるための運動をする。

6　動きを持続する能力を高めるための運動をする

○動きを持続する能力を高めるための運動の行い方を理解する。

○ペアやグループで動きを持続する能力を高めるための運動をする。

●動きを持続する能力を高めるための運動の行い方について，学習資料やICT機器を活用したり，実際に動いて示したりしながら説明する。

> **動きを持続する能力を高めるための運動の行い方の例**
> ○時間やコースを決めて行う全身運動
>
> ・長なわを用いての跳躍
>
> ・無理のない速さでの5〜6分程度の持久走

15分

○動きを持続する能力を高めるための運動の工夫の仕方を理解する。

○自己の体力に応じて運動の行い方を選んで，動きを持続する能力を高めるための運動をする。

> ◎**動きを持続する能力を高めるための運動が苦手な児童への配慮の例**
> ➡　自己が運動を続けることができる回数や時間などで行い，徐々に回数や時間などを増やすようにするなどの配慮をする。

●動きを持続する能力を高めるための運動の工夫の仕方について，学習資料やICT機器を活用したり，実際に動いて示したりしながら説明する。

> ◆**学習評価◆　思考・判断・表現**
> ④体の動きを高めるために自己やグループで考えた運動の行い方を他者に伝えている。
> ➡　自己やグループで工夫した運動の行い方を仲間に例示して見せたり言葉で伝えたり，言葉のかけ方や運動の条件を工夫したことを他のグループに説明したりしている姿を評価する。（観察・学習カード）

> **動きを持続する能力を高めるための運動の工夫の仕方の例**
> ○時間やコースを決めて行う全身運動
>
> ・時間を決めて連続で跳ぶ長なわを用いての跳躍
> ・息をしっかり吐いたり，腕をリズムよく振ったりして行う無理のない速さでの5〜6分程度の持久走

> ◎**考えたことを伝えることに意欲的でない児童への配慮の例**
> ➡　個別に関わり，仲間のよい取組を見付けたり仲間のよい考えに気付いたりしたことを聞き取って，仲間に伝えることを支援するなどの配慮をする。

○体の動きを高めるために自己や仲間が考えたことを伝える。

●考えたことを伝えていることを取り上げて，称賛する。

7　本時を振り返り，次時への見通しをもつ

> **本時の振り返り**
> ・自己の体力に応じて選んだ運動と，できた回数などの成果を書きましょう。
> ・運動の行い方を工夫することについて，気付いたことや考えたことを書きましょう。

5分

○振り返りを発表して，仲間に伝える。

●振り返りを学習カードに記入するように伝えるとともに，気付きや考えのよさを取り上げて，称賛する。

> ◎**仲間の考えや取組を認めることに意欲的でない児童への配慮の例**
> ➡　発表を聞こうとしなかったり，仲間の取組を否定することを言ったりする児童には，人はそれぞれ違いがあり，それを認めることが大切であることを伝えるとともに，自己の体力に応じた課題や行い方を選んでいるそれぞれの取組のよさを取り上げて，気付くようにするなどの配慮をする。

8　整理運動，場や用具の片付けをする

●適切な整理運動を行うように伝えるとともに，けががないかなどを確認する。

9　集合，健康観察，挨拶をする

本時の目標と展開④（12／12時間）

本時の目標

(1) ねらいに応じて，体の動きを高めるための運動をすることができるようにする。
(2) 自己の体力に応じて運動の課題や行い方を選ぶことができるようにする。
(3) 体の動きを高める運動に積極的に取り組むことができるようにする。

本時の展開

時 間	学習内容・活動	指導上の留意点
10分	1　集合，挨拶，健康観察をする 2　本時のねらいを理解して，目標を立てる **自己の体力に応じた課題や行い方を選んで運動に取り組み，学習のまとめをしよう** ○本時のねらいを理解して，自己の目標を立てる。 3　場や用具の準備をする ○グループで協力して，準備をする。 4　準備運動，体ほぐしの運動をする ○グループで準備運動をする。 ○ペアやグループで体ほぐしの運動をする。	●学習カードを配り，立てた目標を記入するように伝える。 ●役割分担や安全な準備の仕方を確認する。 ●けがの防止のために適切な準備運動を行うように伝える。 ●学習した運動の中から選んだ体ほぐしの運動を，実際に動いて示しながら説明する。
25分	5　体の動きを高める運動をする ○自己の体力に応じて運動の課題や行い方を選んで，体の動きを高める運動をする。 場の設定の仕方の例 柔　体の柔らかさを高めるための運動 巧みな動きを高めるための運動　巧 力強い動きを高めるための運動　力 動きを持続する能力を高めるための運動　持 ○体の動きを高めるために自己や仲間が考えたことを伝える。	●体の動きを高める運動に積極的に取り組もうとしている様子を取り上げて，称賛する。 ◆**学習評価**◆　主体的に学習に取り組む態度 ④体の動きを高める運動に積極的に取り組もうとしている。 ➡　ねらいに応じて，体の柔らかさ，巧みな動き，力強い動き，動きを持続する能力を高める運動に積極艇に取り組もうとしている姿を評価する。（観察・学習カード） ●考えたことを伝えていることを取り上げて，称賛する。
10分	6　単元を振り返り，学習のまとめをする 単元の振り返り ・自己の体力に応じて選んだ運動と，できた回数などの成果を書きましょう。 ・単元の学習の目標で，達成したことを書きましょう。 ・学習したことで，今後の学習や生活の中で取り組んでいきたいことを書きましょう。 ○振り返りを発表して，仲間に伝える。 7　整理運動，場や用具の片付けをする 8　集合，健康観察，挨拶をする	●振り返りを学習カードに記入するように伝えるとともに，気付きや考えのよさを取り上げて，称賛する。 ●適切な整理運動を行うように伝えるとともに，けががないかなどを確認する。

体の動きを高める運動の取扱い

【第5学年における指導と評価の計画（例）】

時間	1	2・3	4	5～7	8～10	11	12
ねらい	学習の見通しをもつ	運動の行い方を工夫して体ほぐしの運動を楽しむ	学習の見通しをもつ	運動の行い方を工夫して体の動きを高める運動を楽しむ		自己の体力に応じた運動を選んで楽しむ	学習のまとめをする
学習活動	**オリエンテーション** ○学習の見通しをもつ ・学習の進め方 ・学習の約束 ○体ほぐしの運動 学級全体で運動をする	**体ほぐしの運動** ○体ほぐしの運動 ・自己や仲間の心と体との関係に気付く ・仲間と豊かに関わり合う ○学習のまとめをする	**オリエンテーション** ○学習の見通しをもつ ・学習の進め方 ・学習の約束 ○体の動きを高める運動 学級全体で運動をする	**体の動きを高める運動** ○巧みな動きを高めるための運動 ・いろいろな運動をする ・体力に応じて行い方を選ぶ ○力強い動きを高めるための運動 ・いろいろな運動をする ・体力に応じて行い方を選ぶ	**体の動きを高める運動** ○体の柔らかさを高めるための運動 ・いろいろな運動をする ・体力に応じて行い方を選ぶ ○動きを持続する能力を高めるための運動 ・いろいろな運動をする ・体力に応じて行い方を選ぶ	**体の動きを高める運動** ○自己の体力に応じた運動をする ・体力に応じて行い方を選ぶ ○自己の体力に応じた運動を工夫する ・自己に適した課題や行い方を工夫する	**学習のまとめ** ○自己の体力に応じた運動をする ○単元のまとめをする
評価の重点：知識・技能		① 観察・学習カード	② 観察・学習カード	④・⑤ 観察	③・⑥ 観察		
評価の重点：思考・判断・表現		①・③ 観察・学習カード				② 観察・学習カード	④ 観察・学習カード
評価の重点：主体的に学習に取り組む態度		① 観察・学習カード	⑥ 観察・学習カード	④ 観察・学習カード	③ 観察・学習カード	② 観察・学習カード	⑤ 観察・学習カード

【体の動きを高める運動の単元の取扱い】

●年間を通して指導すること

本手引きでは，体ほぐしの運動と体の動きを高める運動を合わせた指導と評価の計画を示していますが，上記の計画を参考に授業を行う際は，学校の実態などに応じてある程度の時間で数回に分けて年間指導計画の中に位置付けるなどの工夫をしましょう。

【体の動きを高める運動の内容の取扱い】

●2学年間にわたって指導すること

小学校学習指導要領に『「A 体つくりの運動」については，2学年間にわたって指導するものとする。』とあるように，高学年の「体の動きを高める運動」は，第5学年と第6学年の両方で指導するように年間指導計画を作成しましょう。

第5学年は，行い方が易しく，自己の課題を踏まえ，体力の向上をねらいとして体の動きを高めるために取り組みやすい運動ができるよう，本手引を参考にするなどして第5学年に適した運動を選んで取り扱うようにしましょう。

●体の柔らかさ及び巧みな動きを高めることに重点を置いて指導すること

体の動きを高める運動は，直接的に体力の向上をねらいとして，体の柔らかさ，巧みな動き，力強い動き，動きを持続する能力を高めるための運動を行いますが，高学年は児童の発達の段階を踏まえ，体の柔らかさ及び巧みな動きを高めるための運動に重点を置いて指導するようにしましょう。

●自己の課題をもち楽しく運動をしながら体の動きを高めること

体の動きを高める運動は，体の動きを高めることによって直接的に体力の向上をねらいとしていますが，児童が必要感のないまま運動を繰り返す活動にならないように留意して，自己の課題をもち楽しく運動をしながら体の動きを高めるとともに，学んだことを生かして授業以外でも取り組むことができるようにしましょう。なお，楽しく運動に取り組むためには，音楽に合わせて運動をするなど，指導の工夫をしましょう。

【体の動きを高める運動の評価】

●各領域と同じく，技能に関する評価規準を設定すること

体の動きを高める運動の指導内容は，「知識及び運動」「思考力，判断力，表現力等」「学びに向かう力，人間性等」としています。これは，体の動きを高める運動は，体の様々な動きを高めることが主なねらいであり，特定の技能を示すものではないことから，各領域と同じ「知識及び技能」ではなく，「知識及び運動」としているものです。

一方で，評価においては，各領域と同じく「知識・技能」の評価の観点に技能に関する評価規準を設定して，体の動きを高める運動で培う様々な体の動きができることを評価しましょう。

体ほぐしの運動（第6学年）

体ほぐしの運動は，手軽な運動を行い，体を動かす楽しさや心地よさを味わうことを通して，心と体との関係に気付いたり，仲間と関わり合ったりする運動です。本単元例は，心と体の状態を確認してから運動をしたり，運動をしてから心と体の変化を確かめたりする活動をしたり，仲間と関わり合って運動をしたりすることで，心と体が関係し合っていることに気付いたり自他の心と体に違いがあることを理解したりすることができる授業を展開するようにしています。

単元の目標

(1) 体ほぐしの運動の行い方を理解するとともに，手軽な運動を行い，心と体の関係に気付いたり，仲間と関わり合ったりすることができるようにする。
(2) 自己の体の状態に応じて，運動の行い方を工夫するとともに，自己や仲間の考えたことを他者に伝えることができるようにする。
(3) 体ほぐしの運動に積極的に取り組み，約束を守り助け合って運動をしたり，仲間の考えや取組を認めたり，場や用具の安全に気を配ったりすることができるようにする。

指導と評価の計画〔3時間（体つくり運動の12時間のうち）〕

時　間		1	2	3	4
ね　ら　い		体ほぐしの運動の学習の見通しをもつ	体ほぐしの運動の行い方を理解し，行い方を工夫して，心と体の関係に気付いたり仲間と関わり合ったりすることを楽しむ		体の動きを高める運動の学習の見通しをもつ
学　習　活　動		オリエンテーション 1 集合，挨拶，健康観察をする 2 単元の学習の見通しをもつ ○単元の目標と学習の進め方を理解する。 ○学習の約束を理解する。 3 本時のねらいを理解して，目標を立てる 4 場や用具の準備をする ○場や用具の準備や片付けの役割分担を理解する。 5 準備運動をする ○準備運動の行い方を理解する。 6 体ほぐしの運動をする ○体ほぐしの運動の行い方を理解する。 ○学級全体やペア，グループで体ほぐしの運動をする。	1 集合，挨拶，健康観察をする 2 本時のねらいを理解して，目標を立てる 3 場や用具の準備をする 4 心と体の関係に気付く 5 準備運動をする。 6 体ほぐしの運動をする ○学級全体やペア，グループで体ほぐしの運動をする。 ○心と体の関係グラフで，自己や仲間の心と体の関係に気付く。 ○体ほぐしの運動の工夫の仕方を理解する。 ○自己の心と体の状態に応じた運動の行い方を選んで，体ほぐしの運動をする。 ○運動の行い方の工夫について，自己や仲間が考えたことを伝える。		オリエンテーション 1 集合，挨拶，健康観察をする 2 単元の学習の見通しをもつ ○単元の目標と学習の進め方を理解する。 ○学習の約束を理解する。 3 本時のねらいを理解して，目標を立てる 4 場や用具の準備をする ○場や用具の準備や片付けの役割分担を理解する。 5 準備運動，体ほぐしの運動をする ○準備運動，体ほぐしの運動の行い方を理解する。 6 体の動きを高める運動をする ○体の動きを高める運動の行い方を理解する。 ○ペアやグループで体の動きを高める運動をする。
		7 本時を振り返り，次時への見通しをもつ　　8 整理運動，場や用具の片付けをする　　9 集合，健康			
評価の重点	知識・技能	① 観察・学習カード			② 観察・学習カード
	思考・判断・表現		① 観察・学習カード	③ 観察・学習カード	
	主体的に学習に取り組む態度		① 観察・学習カード		⑥ 観察・学習カード

単元の評価規準

知識・技能	思考・判断・表現	主体的に学習に取り組む態度
①体ほぐしの運動の行い方について，言ったり書いたりしている。 ②体の動きを高める運動の行い方について，言ったり書いたりしている。 ③体の柔らかさを高めるための運動をすることができる。 ④巧みな動きを高めるための運動をすることができる。 ⑤力強い動きを高めるための運動をすることができる。 ⑥動きを持続する能力を高めるための運動をすることができる。	①自己の体の状態に応じて運動の課題や行い方を選んでいる。 ②自己の体力に応じて運動の課題や行い方を選んでいる。 ③体をほぐすために自己やグループで考えた運動の行い方を他者に伝えている。 ④体の動きを高めるために自己やグループで考えた運動の行い方を他者に伝えている。	①体ほぐしの運動に積極的に取り組もうとしている。 ②体の動きを高める運動に積極的に取り組もうとしている。 ③約束を守り，仲間と助け合おうとしている。 ④場の設定や用具の片付けなどで，分担された役割を果たそうとしている。 ⑤仲間の気付きや考え，取組のよさを認めようとしている。 ⑥場や用具，周囲の安全に気を配っている。

5	6	7	8	9	10	11	12
体の動きを高めるための運動の行い方を理解し， 運動の行い方を工夫して，体の動きを高めることを楽しむ				自己の体力に応じた課題や行い方を 工夫して，運動をすることを楽しむ			学習のまとめをする

1　集合，挨拶，健康観察をする　　2　本時のねらいを理解して，目標を立てる　　3　場や用具の準備をする

4　準備運動，体ほぐしの運動をする

| 5　巧みな動きを高めるための運動をする
○運動の行い方を理解する。
○ペアやグループで運動をする。
○運動の工夫の仕方を理解する。
○自己の体力に応じた運動の行い方を選んで，運動をする。
○運動の行い方の工夫について，自己や仲間が考えたことを伝える。 | 5　体の柔らかさを高めるための運動をする
○運動の行い方を理解する。
○ペアやグループで運動をする。
○運動の工夫の仕方を理解する。
○自己の体力に応じた運動の行い方を選んで，運動をする。
○運動の行い方の工夫について，自己や仲間が考えたことを伝える。 | 5　自己の体力に応じた運動をする
○これまでに学習した運動の中から，自己の体力に応じた運動の課題や行い方を選んで運動をする。
6　自己の体力に応じた運動を工夫する
○自己の体力に応じた運動の行い方を工夫する。
○運動の行い方の工夫について，自己や仲間が考えたことを伝える。 | **学習のまとめ**
5　体の動きを高める運動をする
○自己の体力に応じて運動の課題や行い方を選ぶ。
○運動の行い方の工夫について，自己や仲間が考えたことを伝える。
6　単元を振り返り，学習のまとめをする
7　整理運動，場や用具の片付けをする
8　集合，健康観察，挨拶をする |
| 6　力強い動きを高めるための運動をする
○運動の行い方を理解する。
○ペアやグループで運動をする。
○運動の工夫の仕方を理解する。
○自己の体力に応じた運動の行い方を選んで，運動をする。
○運動の行い方の工夫について，自己や仲間が考えたことを伝える。 | 6　動きを持続する能力を高めるための運動をする
○運動の行い方を理解する。
○ペアやグループで運動をする。
○運動の工夫の仕方を理解する。
○自己の体力に応じた運動の行い方を選んで，運動をする。
○運動の行い方の工夫について，自己や仲間が考えたことを伝える。 | | |

観察，挨拶をする

5	6	7	8	9	10	11	12
④・⑤ 観察		③・⑥ 観察					
				② 観察・学習カード		④ 観察・学習カード	
④ 観察・学習カード		③ 観察・学習カード			⑤ 観察・学習カード		② 観察・学習カード

本時の目標と展開① (1／12時間)

本時の目標

(1) 体ほぐしの運動の行い方を理解することができるようにする。
(2) 自己の体の状態に応じて運動の課題や行い方を選ぶことができるようにする。
(3) 体ほぐしの運動に積極的に取り組むことができるようにする。

本時の展開

時間	学習内容・活動	指導上の留意点
5分	1 集合，挨拶，健康観察をする 2 単元の学習の見通しをもつ 　○単元の目標と学習の進め方を知る。 　○学習をするグループを確認する。 　○学習の約束を理解する。	●掲示物を活用するなどしながら，分かりやすく説明する。 ●学習をするグループを事前に決めておく。
	学習の約束の例 ・用具は正しく使いましょう。 ・安全に気を配って運動をしましょう。 ・準備や片付けで分担した役割を果たしましょう。 ・約束を守り仲間と助け合いましょう。 ・グループの仲間の考えや取組を認めましょう。	
	3 本時のねらいを理解して，目標を立てる	
	体ほぐしの運動の学習の進め方を知り，学習の見通しをもとう	
	○本時のねらいを理解して，自己の目標を立てる。	●学習カードを配り，使い方を説明する。
10分	4 場や用具の準備をする 　○場や用具の準備と片付けの役割分担を理解する。 　○グループで協力して，準備をする。	●役割分担や安全な準備と片付けの仕方を説明する。 ●安全に気を配っている様子を取り上げて，称賛する。
	場や用具の準備の仕方の例 ・活動をする場所に危険物がないか気を配り，見付けたら取り除きましょう。 ・運動に使う用具がある場所を確認し，グループで分担して取りに行ったり片付けたりしましょう。 ・安全に運動ができるように服装などが整っているか，仲間と互いに気を配りましょう。	
	5 準備運動をする 　○準備運動の行い方を理解する。 　○学級全体やグループで準備運動をする。	●けがの防止のために適切な準備運動の行い方について，実際に動いて示しながら説明する。
	準備運動の行い方の例 　肩，腕，手首，腿，膝，ふくらはぎ，足首などをほぐす運動を行う。	
10分	6 体ほぐしの運動をする 　○体ほぐしの運動の行い方を理解する。 　○学級全体で体ほぐしの運動をする。	●体ほぐしの運動の行い方について，学習資料やICT機器を活用したり，実際に動いて示したりしながら説明する。 ●音楽に合わせて運動をするなど工夫をする。
	体ほぐしの運動の行い方の例 　○リズムに乗って，心が弾むような動作で行う運動 二人組で　　　　　　　　　　　グループや学級全体で	

	○自己や仲間の心と体の関係に気付く。	●自己や仲間の心と体の関係について気付いたことを聞くとともに，気付きのよさを取り上げて，称賛する。

体の動かし方と心の変化には，どのような関係がありますか。
➡ 運動をすると心が軽くなったり，体の力を抜くとリラックスできたり，体の動かし方によって気持ちも異なることなどに気付くようにする。

◎**心と体の関係に気付くことが苦手な児童への配慮の例**

➡ 二人組で気持ちや体の変化を話し合う場面をつくったり，運動を通して感じたことを確かめるような言葉がけをしたりするなどの配慮をする。

○ペアやグループで体ほぐしの運動をする。	●体ほぐしの運動の行い方について，学習資料やICT機器を活用したり，実際に動いて示したりしながら説明する。

15分

体ほぐしの運動の行い方の例
○ペアになって互いの心や体の状態に気付き合いながら体を揺らす運動

ペアストレッチ

リラクゼーション

◎**仲間と関わり合いながら運動をすることが苦手な児童への配慮の例**

➡ 協力や助け合いが必要になる運動を仕組み，仲間とともに運動することのよさが実感できるような言葉がけをするなどの配慮をする。

---

7 本時を振り返り，次時への見通しをもつ

本時の振り返り
・体ほぐしの運動の行い方について，理解したことを書きましょう。
・体の動かし方と心の変化の関係について，気付いたことや考えたことを書きましょう。
・単元の学習で身に付けたいことやできるようになりたいことなど，自己の目標を書きましょう。

○振り返りを発表して，仲間に伝える。	●振り返りを学習カードに記入するように伝えるとともに，気付きや考えのよさを取り上げて，称賛する。

5分

◆**学習評価◆　知識・技能**
①体ほぐしの運動の行い方について，言ったり書いたりしている。

➡ 心と体の関係に気付いたり，仲間と関わり合ったりする体ほぐしの運動の行い方について，発表したり学習カードに記入したりしていることを評価する。（観察・学習カード）

◎**体ほぐしの運動の行い方を理解することが苦手な児童への配慮の例**

➡ 個別に関わり，体ほぐしの運動の行い方のポイントについて対話をしながら確認をするなどの配慮をする。

8 整理運動，場や用具の片付けをする	●整理運動の行い方について，実際に動いて示しながら説明するとともに，けががないかなどを確認する。
9 集合，健康観察，挨拶をする	

本時の目標と展開② （2／12時間）

本時の目標

(1) 体ほぐしの運動の行い方を理解することができるようにする。
(2) 自己の体の状態に応じて運動の課題や行い方を選ぶことができるようにする。
(3) 体ほぐしの運動に積極的に取り組むことができるようにする。

本時の展開

時間	学習内容・活動	指導上の留意点
10分	1　集合，挨拶，健康観察をする 2　本時のねらいを理解して，目標を立てる **体ほぐしの運動の行い方を理解し，課題の解決のための活動を工夫して運動をしよう** ○本時のねらいを理解して，自己の目標を立てる。 3　場や用具の準備をする ○グループで協力して，準備をする。 4　心と体の関係に気付く ○心と体の関係グラフで，自己や仲間の心と体の状態に気付く。 <心> 軽い 　　　軽い 重い　　<体> 　重い 5　準備運動をする ○グループで準備運動をする。	●学習カードを配り，立てた目標を記入するように伝える。 ●役割分担や安全な準備の仕方を確認する。 ●学習カードに示した心と体の関係グラフの使い方を説明する。 今の自己の心と体の状態を，心と体の関係グラフの中に示しましょう。 ●けがの防止のために適切な準備運動を行うように伝える。
15分	6　体ほぐしの運動をする ○体ほぐしの運動の行い方を理解する。 ○ペアやグループで体ほぐしの運動をする。 **体ほぐしの運動の行い方の例** ○動作や人数などの条件を変えて，歩いたり走ったりする運動 ラインの上を歩いたり走ったりする。 隊列を崩さずに歩く。 ○伸び伸びとした動作で用具を用いた運動 複数の人数で雑巾がけ 手をつないだまま，グループで風船を落とさないようにする。	●体ほぐしの運動の行い方について，学習資料やICT機器を活用したり，実際に動いて示したりしながら説明する。

	○自己や仲間の心と体の関係に気付く。	●自己や仲間の心と体の関係について気付いたことを聞くとともに，気付きのよさを取り上げて，称賛する。

体の動かし方と心の変化には，どのような関係がありますか。
➡ 運動をすると心が軽くなったり，体の力を抜くとリラックスできたり，体の動かし方によって気持ちも異なることなどに気付くようにする。

15分	○体ほぐしの運動の工夫の仕方を理解する。 ○自己の心と体の状態に応じた運動の行い方を選んで，体ほぐしの運動をする。	●体ほぐしの運動の工夫の仕方について，学習資料やICT機器を活用したり，実際に動いて示したりしながら説明する。 ●工夫した運動の行い方を選んでいることを取り上げて，称賛する。

◆学習評価◆　思考・判断・表現
①自己の体の状態に応じて運動の課題や行い方を選んでいる。

➡ 心と体の関係に気付くことや仲間との関わり合いが深まることなどの自己の課題を解決するための運動の課題や行い方を選んだり工夫したりしている姿を評価する。（観察・学習カード）

◎運動の課題や行い方を選ぶことが苦手な児童への配慮の例

➡ 心と体の関係を確認して自己の課題に気付くようにしたり，仲間が選んだ行い方を一緒に試して自己に適した工夫を見付けるようにしたりするなどの配慮をする。

●体ほぐしの運動に積極的に取り組もうとしている様子を取り上げて，称賛する。

◆学習評価◆　主体的に学習に取り組む態度
①体ほぐしの運動に積極的に取り組もうとしている。

➡ 体ほぐしの運動で心と体の関係に気付いたり，仲間と関わり合ったりすることなどに積極的に取り組もうとしている姿を評価する。（観察・学習カード）

体ほぐしの運動の行い方の工夫の仕方の例
○動作や人数などの条件を変えて，歩いたり走ったりする運動

人数を増やして

○伸び伸びとした動作で用具を用いた運動

風船の数を増やして

	○運動の行い方の工夫について，自己や仲間が考えたことを伝える。	●考えたことを伝えていることを取り上げて，称賛する。

5分	**7　本時を振り返り，次時への見通しをもつ** ○心と体の関係グラフで，自己や仲間の心と体の関係に気付く。	

```
        <心>
   軽い
              軽い
   重い      <体>
        重い
```

本時の振り返り
・体の動かし方と心の変化の関係について，気付いたことや考えたことを書きましょう。
・見付けた自己の課題と，その課題の解決のために運動を工夫したことを書きましょう。
・運動を工夫して，気付いたことや考えたことを書きましょう。

	○振り返りを発表して，仲間に伝える。	●振り返りを学習カードに記入するように伝えるとともに，気付きや考えのよさを取り上げて，称賛する。
	8　整理運動，場や用具の片付けをする	●適切な整理運動を行うように伝えるとともに，けががないかなどを確認する。
	9　集合，健康観察，挨拶をする	

本時の目標と展開③ (3／12時間)

本時の目標

(1) 体ほぐしの運動の行い方を理解することができるようにする。
(2) 体をほぐすために自己やグループで考えた運動の行い方を他者に伝えることができるようにする。
(3) 体ほぐしの運動に積極的に取り組むことができるようにする。

本時の展開

時 間	学習内容・活動	指導上の留意点
10 分	1 集合，挨拶，健康観察をする 2 本時のねらいを知り，目標を立てる **体ほぐしの運動の工夫した行い方を伝え合い，仲間と関わり合いながら運動をして，学習のまとめをしよう** ○本時のねらいを理解して自己の目標を立てる。 3 **場や用具の準備をする** ○グループで協力して，準備をする。 4 **心と体の関係に気付く** ○心と体の関係グラフで，自己や仲間の心と体の状態に気付く。 5 **準備運動をする** ○グループで準備運動をする。	●学習カードを配り，立てた目標を記入するように伝える。 ●役割分担や安全な準備の仕方を確認する。 ●心と体の関係グラフの使い方を確認する。 ●けがの防止のために適切な準備運動を行うように伝える。
25 分	6 **体ほぐしの運動をする** ○ペアやグループで行いたい運動を選んで，体ほぐしの運動をする。 ○体ほぐしの運動の行い方を理解する。 ○学級全体で体ほぐしの運動をする。 ○運動の行い方の工夫について，自己や仲間が考えたことを伝える。 体ほぐしの運動の行い方の例 ○仲間と力を合わせて挑戦する運動 壁登り　　　シンクロ跳び ○心と体の関係グラフで，自己や仲間の心と体の関係に気付く。	●体ほぐしの運動の行い方について，学習資料やICT機器を活用したり，実際に動いて示したりしながら説明する。 ●考えたことを伝えていることを取り上げて，称賛する。 **◆学習評価◆　思考・判断・表現** **③体をほぐすために自己やグループで考えた運動の行い方を他者に伝えている。** ➡ 自己の課題を解決するための運動の行い方を選んだり工夫したりして気付いたことや考えたことを仲間に伝えている姿を評価する。（観察・学習カード） **◎考えたことを伝えることが苦手な児童への配慮の例** ➡ 個別に関わり，行い方を選んだり工夫したりして気付いたことや考えたことを聞き取って，仲間に伝えることを支援するなどの配慮をする。 ●心と体の関係について気付いたことを聞くとともに，気付きのよさを取り上げて，称賛する。
10 分	7 **単元を振り返り，学習のまとめをする** 単元の学習の振り返り ・単元の学習の目標で，達成したことを書きましょう。 ・学習したことで，今後の学習や生活の中で取り組んでいきたいことを書きましょう。 ○振り返りを発表して，仲間に伝える。 8 **整理運動，場や用具の片付けをする** 9 **集合，健康観察，挨拶をする**	●振り返りを学習カードに記入するように伝えるとともに，気付きや考えのよさを取り上げて，称賛する。 ●適切な整理運動を行うように伝えるとともに，けががないかなどを確認する。

体ほぐしの運動の取扱い

【第6学年における指導と評価の計画（例）】

時間		1	2・3	4	5・6	7・8	9〜11	12
ねらい		学習の見通しをもつ	運動の行い方を工夫して体ほぐしの運動を楽しむ	学習の見通しをもつ	運動の行い方を工夫して体の動きを高める運動を楽しむ		自己の体力に応じた運動を選んで楽しむ	学習のまとめをする
学習活動		**オリエンテーション** ○学習の見通しをもつ ・学習の進め方 ・学習の約束 ○体ほぐしの運動 学級全体で運動をする	**体ほぐしの運動** ○体ほぐしの運動 ・自己や仲間の心と体との関係に気付く ・仲間と豊かに関わり合う ○学習のまとめをする	**オリエンテーション** ○学習の見通しをもつ ・学習の進め方 ・学習の約束 ○体の動きを高める運動 学級全体で運動をする	**体の動きを高める運動** ○巧みな動きを高めるための運動 ・いろいろな運動をする ・体力に応じて行い方を選ぶ ○力強い動きを高めるための運動 ・いろいろな運動をする ・体力に応じて行い方を選ぶ	**体の動きを高める運動** ○体の柔らかさを高めるための運動 ・いろいろな運動をする ・体力に応じて行い方を選ぶ ○動きを持続する能力を高めるための運動 ・いろいろな運動をする ・体力に応じて行い方を選ぶ	**体の動きを高める運動** ○自己の体力に応じた運動をする ・体力に応じて行い方を選ぶ ○自己の体力に応じた運動を工夫する ・自己に適した課題や行い方を工夫する	**学習のまとめ** ○自己の体力に応じた運動をする ○単元のまとめをする
評価の重点	知識・技能	① 観察・学習カード		② 観察・学習カード	③・⑤ 観察	④・⑥ 観察		
	思考・判断・表現		①・③ 観察・学習カード				② 観察・学習カード	④ 観察・学習カード
	主体的に学習に取り組む態度		① 観察・学習カード	⑥ 観察・学習カード	④ 観察・学習カード	③ 観察・学習カード	② 観察・学習カード	⑤ 観察・学習カード

【体ほぐしの運動の内容の取扱い】

● **2学年間にわたって指導すること**

　小学校学習指導要領に『「A体つくりの運動」については，2学年間にわたって指導するものとする。』とあるように，高学年の「体ほぐしの運動」は，第5学年と第6学年の両方で指導するように学校の年間指導計画を作成しましょう。

　第6学年は，第5学年で取り扱った運動を行うことでこれまでの学習を思い起こしたり，新たな運動を行ったりするなど，本手引を参考にするなどして第6学年に適した運動を選んで取り扱うようにしましょう。

● **体ほぐしの運動の趣旨を生かした指導ができること**

　体ほぐしの運動の「手軽な運動を行い，心と体との関係に気付いたり，仲間と関わり合ったりすること」などの趣旨を生かした指導は，体つくり運動以外の領域においても行うことができます。本手引では，その一例として，『表現「激しい感じの題材」』及び『フォークダンス』の指導と評価の計画の中で，主運動である表現やフォークダンスに取り組む前に，体ほぐしの運動の趣旨を生かした指導を行う場面を設けました。このことを参考にするなどして，他の領域においても体ほぐしの運動の趣旨を生かした指導が必要な場合は，効果的に取り入れるようにしましょう。

● **運動領域と保健領域との関連を図る指導に留意すること**

　体つくり運動に限らず，各運動領域の内容と保健「病気の予防」の内容とを関連付けて指導するようにしましょう。特に，全身を使った運動を日常的に行うことが，現在のみならず大人になってからの病気の予防の方法としても重要であることを理解することと，各運動領域において学習したことを基に日常的に運動に親しむことを関連付けるなど，児童が運動と健康が密接に関連していることに考えをもてるように指導しましょう。

【体ほぐしの運動の評価】

● **技能に関する評価規準は設定しないこと**

　体ほぐしの運動の指導内容は，「知識及び運動」「思考力，判断力，表現力等」「学びに向かう力，人間性等」としています。これは，体ほぐしの運動は，心と体との関係に気付いたり，仲間と関わり合ったりすることが主なねらいであり，特定の技能を示すものではないことから，各領域と同じ「知識及び技能」ではなく，「知識及び運動」としているものです。

　そのため，評価においても，技能に関する評価規準は設定しないこととしています。評価の観点の名称は，各領域と同じ「知識・技能」ですが，そこには，体ほぐしの運動の行い方を理解していることを評価する，知識に関する評価規準のみを設定しましょう。

<table>
| | A 体つくり運動 |
</table>

A 体つくり運動 — 体の動きを高める運動（第6学年）

体の動きを高める運動は，運動の楽しさや喜びを味わうとともに，ねらいに応じて，体の柔らかさ，巧みな動き，力強い動き，動きを持続する能力を高めるための運動をして，体の様々な動きを高める運動です。本単元例は，1時間の中で二つの運動から行い方を選んで取り組む時間と，四つの運動から課題を選んで取り組む時間を設定することで，自己の体力に応じて工夫して運動に取り組むことができる授業を展開するようにしています。

単元の目標

(1) 体の動きを高める運動の行い方を理解するとともに，ねらいに応じて，体の柔らかさ，巧みな動き，力強い動き，動きを持続する能力を高めるための運動をすることができるようにする。
(2) 自己の体力に応じて，運動の行い方を工夫するとともに，自己や仲間の考えたことを他者に伝えることができるようにする。
(3) 体の動きを高める運動に積極的に取り組み，約束を守り助け合って運動をしたり，仲間の考えや取組を認めたり，場や用具の安全に気を配ったりすることができるようにする。

指導と評価の計画〔9時間（体つくり運動の12時間のうち）〕

時　間		1	2	3	4
ねらい		体ほぐしの運動の学習の見通しをもつ	体ほぐしの運動の行い方を理解し，行い方を工夫して，心と体の関係に気付いたり仲間と関わり合ったりすることを楽しむ		体の動きを高める運動の学習の見通しをもつ
学習活動		**オリエンテーション** 1　集合，挨拶，健康観察をする 2　単元の学習の見通しをもつ ○単元の目標と学習の進め方を理解する。 ○学習の約束を理解する。 3　本時のねらいを理解して，目標を立てる 4　場や用具の準備をする ○場や用具の準備や片付けの役割分担を理解する。 5　準備運動をする ○準備運動の行い方を理解する。 6　体ほぐしの運動をする ○体ほぐしの運動の行い方を理解する。 ○学級全体やペア，グループで体ほぐしの運動をする。	1　集合，挨拶，健康観察をする 2　本時のねらいを理解して，目標を立てる 3　場や用具の準備をする 4　心と体の関係に気付く 5　準備運動をする。 6　体ほぐしの運動をする ○学級全体やペア，グループで体ほぐしの運動をする。 ○心と体の関係グラフで，自己や仲間の心と体の関係に気付く。 ○体ほぐしの運動の工夫の仕方を理解する。 ○自己の心と体の状態に応じた運動の行い方を選んで，体ほぐしの運動をする。 ○運動の行い方の工夫について，自己や仲間が考えたことを伝える。		**オリエンテーション** 1　集合，挨拶，健康観察をする 2　単元の学習の見通しをもつ ○単元の目標と学習の進め方を理解する。 ○学習の約束を理解する。 3　本時のねらいを理解し，目標を立てる 4　場や用具の準備をする ○場や用具の準備や片付けの役割分担を理解する。 5　準備運動，体ほぐしの運動をする ○準備運動，体ほぐしの運動の行い方を理解する。 6　体の動きを高める運動をする ○体の動きを高める運動の行い方を理解する。 ○ペアやグループで体の動きを高める運動をする。
		7　本時を振り返り，次時への見通しをもつ	8　整理運動，場や用具の片付けをする		9　集合，健康
評価の重点	知識・技能	① 観察・学習カード			② 観察・学習カード
	思考・判断・表現		① 観察・学習カード	③ 観察・学習カード	
	主体的に学習に取り組む態度		① 観察・学習カード		⑥ 観察・学習カード

単元の評価規準

知識・技能	思考・判断・表現	主体的に学習に取り組む態度
①体ほぐしの運動の行い方について，言ったり書いたりしている。 ②体の動きを高める運動の行い方について，言ったり書いたりしている。 ③体の柔らかさを高めるための運動をすることができる。 ④巧みな動きを高めるための運動をすることができる。 ⑤力強い動きを高めるための運動をすることができる。 ⑥動きを持続する能力を高めるための運動をすることができる。	①自己の体の状態に応じて運動の課題や行い方を選んでいる。 ②自己の体力に応じて運動の課題や行い方を選んでいる。 ③体をほぐすために自己やグループで考えた運動の行い方を他者に伝えている。 ④体の動きを高めるために自己やグループで考えた運動の行い方を他者に伝えている。	①体ほぐしの運動に積極的に取り組もうとしている。 ②体の動きを高める運動に積極的に取り組もうとしている。 ③約束を守り，仲間と助け合おうとしている。 ④場の設定や用具の片付けなどで，分担された役割を果たそうとしている。 ⑤仲間の気付きや考え，取組のよさを認めようとしている。 ⑥場や用具，周囲の安全に気を配っている。

5	6	7	8	9	10	11	12
体の動きを高めるための運動の行い方を理解し，運動の行い方を工夫して，体の動きを高めることを楽しむ				自己の体力に応じた課題や行い方を工夫して，運動をすることを楽しむ			学習のまとめをする

1　集合，挨拶，健康観察をする　　2　本時のねらいを理解して，目標を立てる　　3　場や用具の準備をする

4　準備運動，体ほぐしの運動をする

5　体の柔らかさを高めるための運動をする ○運動の行い方を理解する。 ○ペアやグループで運動をする。 ○運動の工夫の仕方を理解する。 ○自己の体力に応じた運動の行い方を選んで，運動をする。 ○運動の行い方の工夫について，自己や仲間が考えたことを伝える。	**5　巧みな動きを高めるための運動をする** ○運動の行い方を理解する。 ○ペアやグループで運動をする。 ○運動の工夫の仕方を理解する。 ○自己の体力に応じた運動の行い方を選んで，運動をする。 ○運動の行い方の工夫について，自己や仲間が考えたことを伝える。	**5　自己の体力に応じた運動をする** ○これまでに学習した運動の中から，自己の体力に応じた運動の課題や行い方を選んで運動をする。 **6　自己の体力に応じた運動を工夫する** ○自己の体力に応じた運動の行い方を工夫する。 ○運動の行い方の工夫について，自己や仲間が考えたことを伝える。	**学習のまとめ** **5　体の動きを高める運動をする** ○自己の体力に応じて運動の課題や行い方を選ぶ。 ○運動の行い方の工夫について，自己や仲間が考えたことを伝える。 **6　単元を振り返り，学習のまとめをする** **7　整理運動，場や用具の片付けをする** **8　集合，健康観察，挨拶をする**
6　力強い動きを高めるための運動をする ○運動の行い方を理解する。 ○ペアやグループで運動をする。 ○運動の工夫の仕方を理解する。 ○自己の体力に応じた運動の行い方を選んで，運動をする。 ○運動の行い方の工夫について，自己や仲間が考えたことを伝える。	**6　動きを持続する能力を高めるための運動をする** ○運動の行い方を理解する。 ○ペアやグループで運動をする。 ○運動の工夫の仕方を理解する。 ○自己の体力に応じた運動の行い方を選んで，運動をする。 ○運動の行い方の工夫について，自己や仲間が考えたことを伝える。		

観察，挨拶をする

5	6	7	8	9	10	11	12
③・⑤ 観察		④・⑥ 観察					
				② 観察・学習カード		④ 観察・学習カード	
④ 観察・学習カード		③ 観察・学習カード			⑤ 観察・学習カード		② 観察・学習カード

— 37 —

本時の目標と展開①（4／12時間）

本時の目標

(1) 体の動きを高める運動の行い方を理解することができるようにする。

(2) 自己の体力に応じて運動の課題や行い方を選ぶことができるようにする。

(3) 場の危険物を取り除くとともに，安全に気を配ることができるようにする。

本時の展開

時間	学習内容・活動	指導上の留意点
5分	1　集合，挨拶，健康観察をする 2　単元の学習の見通しをもつ 　○単元の目標と学習の進め方を理解する。 　○学習をするグループを確認する。 　○学習の約束を理解する。	●掲示物を活用するなどしながら，分かりやすく説明する。 ●学習をするグループを事前に決めておく。
	学習の約束の例 ・用具は正しく使いましょう。 ・安全に気を配りましょう。 ・準備や片付けでは分担した役割を果たしましょう。 ・約束を守り，仲間と助け合いましょう。 ・仲間の考えや取組を認めましょう。	
	3　本時のねらいを理解して，目標を立てる	
	体の動きを高める運動の学習の進め方を理解して，学習の見通しをもとう	
	○本時のねらいを理解して，自己の目標を立てる。	●学習カードを配り，使い方を説明する。
15分	4　場や用具の準備をする 　○場や用具の準備と片付けの仕方を知る。 　○グループで協力して，準備をする。	●役割分担や安全な準備と片付けの仕方を説明する。 ●安全に気を配っている様子を取り上げて，称賛する。
	場や用具の準備の仕方の例 ・活動をする場所に危険物がないか気を配り，見付けたら取り除きましょう。 ・運動に使う用具がある場所を確認し，グループで分担して取りに行ったり片付けたりしましょう。 ・安全に運動ができるように服装などが整っているか，仲間と互いに気を配りましょう。	
	5　準備運動，体ほぐしの運動をする 　○準備運動，体ほぐしの運動の行い方を知る。 　○学級全体やグループで準備運動，体ほぐしの運動をする。	●けがの防止のために適切な準備運動の行い方について，実際に動いて示しながら説明する。
	準備運動の行い方の例 　肩，腕，手首，腿，膝，ふくらはぎ，足首などをほぐす運動を行う。 体ほぐしの運動の行い方の例 ・ラインの上を歩いたり走ったりする。　　・バランス崩し	
	◎仲間と共に活動することに意欲的でない児童への配慮の例 ➡　仲間と一緒に運動すると楽しさが増すことを体験できるようにしたり，気持ちも弾んで心の状態が軽やかになることを感じることができるよう言葉がけをしたりするなどの配慮をする。	

20分	**6　体の動きを高める運動をする** ○体の動きを高める運動の行い方を理解する。 ○ペアやグループで体の動きを高める運動をする。	●体の動きを高める運動の行い方について，学習資料やICT機器を活用したり，実際に動いて示したりしながら説明する。

体の動きを高める運動の行い方の例

○体の柔らかさを高めるための運動
・体の各部位を大きく広げたり曲げたりする姿勢を維持する。

○力強い動きを高めるための運動

・いろいろな姿勢での腕立て伏臥腕屈伸をする。

○巧みな動きを高めるための運動

・馬跳びで跳んだり，馬の下をくぐったりする。

・短なわや長なわを用いていろいろな跳び方で跳ぶ。

○動きを持続する能力を高めるための運動

・長なわを用いての跳躍

●安全に気を配っている様子を取り上げて，称賛する。

◆学習評価◆　主体的に学習に取り組む態度
⑥場の危険物を取り除くとともに，安全に気を配っている。

➡　運動の場の危険物を取り除くとともに，用具の使い方や周囲の安全に気を配っている姿を評価する。（観察・学習カード）

◎安全に気を配ることに意欲的でない児童への配慮の例

➡　場の危険物や用具の使い方など，安全のために気を配ることを明確にしたり，グループの仲間と安全について声をかけ合ったり確認したりするなどの配慮をする。

5分	**7　本時を振り返り，次時への見通しをもつ**	

本時の振り返り
・体の動きを高める運動の行い方について，理解したことを書きましょう。
・単元の学習で身に付けたいことなど，自己の目標を書きましょう。

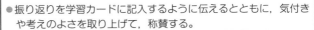

	○振り返りを発表して，仲間に伝える。	●振り返りを学習カードに記入するように伝えるとともに，気付きや考えのよさを取り上げて，称賛する。

◆学習評価◆　知識・技能
②体の動きを高める運動の行い方について，言ったり書いたりしている。

➡　体力の必要性や体の動きを高める運動の行い方について，発表したり学習カードに記入したりしていることを評価する。（観察・学習カード）

◎体の動きを高める運動の行い方を理解することが苦手な児童への配慮の例

➡　個別に関わり，行い方のポイントについて対話をしながら確認をするなどの配慮をする。

	8　整理運動，場や用具の片付けをする	●整理運動の行い方について，実際に動いて示しながら説明するとともに，けががないかなどを確認する。
	9　集合，健康観察，挨拶をする	

本時の目標と展開②（6／12時間）

本時の目標

(1) 体の柔らかさを高めるための運動，力強い動きを高めるための運動をすることができる。
(2) 自己の体力に応じて運動の課題や行い方を選ぶことができるようにする。
(3) 約束を守り，仲間と助け合うことができるようにする。

本時の展開

時間	学習内容・活動	指導上の留意点
10分	1　集合，挨拶，健康観察をする 2　本時のねらいを理解して，目標を立てる **体の柔らかさを高めるための運動と力強い動きを高めるための運動に取り組もう** ○本時のねらいを理解して，自己の目標を立てる。 3　場や用具の準備をする ○グループで協力して，準備をする。 4　準備運動，体ほぐしの運動をする ○グループで準備運動をする。 ○ペアやグループで体ほぐしの運動をする。	●学習カードを配り，立てた目標を記入するように伝える。 ●役割分担や安全な準備の仕方を確認する。 ●けがの防止のために適切な準備運動を行うように伝える。 ●学習した運動の中から選んだ体ほぐしの運動の行い方について，実際に動いて示しながら説明する。
15分	5　体の柔らかさを高めるための運動をする ○体の柔らかさを高めるための運動の行い方を理解する。 ○ペアやグループで体の柔らかさを高めるための運動をする。	●体の柔らかさを高めるための運動の行い方について，学習資料やICT機器を活用したり，実際に動いて示したりしながら説明する。

体の柔らかさを高めるための運動の行い方の例
○徒手での運動　　　　　　　　　　○用具などを用いた運動

・2人組で背中合わせになったり，交互に引っ張り合って上体を前屈したりする。　・長座の姿勢で上体を曲げ，体の周りでボールを転がす。　・短なわを折り曲げて，両手で足の下・背中・頭上・腹部を通過させる。

○体の柔らかさを高めるための運動の工夫の仕方を理解する。 ○自己の体力に応じて運動の行い方を選んで，体の柔らかさを高めるための運動をする。	●体の柔らかさを高めるための運動の工夫の仕方について，学習資料やICT機器を活用したり，実際に動いて示したりしながら説明する。 ◆学習評価◆　知識・技能 ③体の柔らかさを高めるための運動をすることができる。 ➡　自己の課題を踏まえ，体の柔らかさを高めるための運動をしている姿を評価する。（観察） ◎体の柔らかさを高めるための運動が苦手な児童への配慮の例 ➡　空間を広げたり，十分な曲げ伸ばしができなくても操作しやすい用具を用いたりするなどの配慮をする。

体の柔らかさを高めるための運動の
工夫の仕方の例
○用具などを用いた運動

・息を吐きながらゆっくりと上体を曲げ，体の近くでボールを転がす。

○体の動きを高めるために自己や仲間が考えたことを伝える。	●考えたことを伝えていることを取り上げて，称賛する。

15分	**6　力強い動きを高めるための運動をする** ○力強い動きを高めるための運動の行い方を理解する。 ○ペアやグループで力強い動きを高めるための運動をする。

○力強い動きを高めるための運動の行い方について，学習資料やICT機器を活用したり，実際に動いて示したりしながら説明する。

力強い動きを高めるための運動の行い方の例
○人や物の重さなどを用いた運動

・二人組，三人組で互いに持ち上げたり運んだりする。

・全身に力を込めて登り棒につかまったり，肋木や雲梯でぶら下がったりする。

◎課題の解決の仕方が分からないために意欲的でない児童への配慮の例
➡　自己の課題を仲間に伝え，仲間からの助言を受けたり，同じような課題をもっている仲間の行い方の真似をしたりすることができるよう，ペアやグループの編成の仕方を工夫するなどの配慮をする。

○力強い動きを高めるための運動の工夫の仕方を理解する。
○自己の体力に応じて運動の行い方を選んで，力強い動きを高めるための運動をする。

●力強い動きを高めるための運動の工夫の仕方について，学習資料やICT機器を活用したり，実際に動いて示したりしながら説明する。

力強い動きを高めるための運動の工夫の仕方の例
○人や物の重さなどを用いた運動

・二人組，三人組で互いに持ち上げたり運んだりしながらじゃんけんをする。

・姿勢を変えて，全身に力を込めて登り棒につかまったり，肋木や雲梯でぶら下がったりする。

◆学習評価◆　主体的に学習に取り組む態度
⑤力強い動きを高めるための運動をすることができる。
➡　自己の課題を踏まえ，力強い動きを高めるための運動をしている姿を評価する。（観察）

◎力強い動きを高めるための運動が苦手な児童への配慮の例
➡　自己ができる距離や時間などで行い，徐々に距離や時間などを増やすようにするなどの配慮をする。

○体の動きを高めるために自己や仲間が考えたことを伝える。

●考えたことを伝えていることを取り上げて，称賛する。

5分	**7　本時を振り返り，次時への見通しをもつ**

本時の振り返り
・自己の体力に応じて選んだ運動と，できた回数などの成果を書きましょう。
・運動の行い方を工夫することについて，気付いたことや考えたことを書きましょう。

○振り返りを発表して，仲間に伝える。

●振り返りを学習カードに記入するように伝えるとともに，気付きや考えのよさを取り上げて，称賛する。

◎考えたことを伝えることが苦手な児童への配慮の例
➡　個別に関わり，仲間のよい取組を見付けたり仲間のよい考えに気付いたりしたことを聞き取って，仲間に伝えることを支援するなどの配慮をする。

8　整理運動，場や用具の片付けをする

●適切な整理運動を行うように伝えるとともに，けががないかなどを確認する。

9　集合，健康観察，挨拶をする

本時の目標と展開③（8／12時間）

本時の目標

(1) 巧みな動きを高めるための運動，動きを持続する能力を高めるための運動をすることができるようにする。

(2) 自己の体力に応じて運動の課題や行い方を選ぶことができるようにする。

(3) 仲間の気付きや考え，取組のよさを認めることができるようにする。

本時の展開

時間	学習内容・活動	指導上の留意点
10分	1　集合，挨拶，健康観察をする 2　本時のねらいを理解して，目標を立てる **巧みな動きを高めるための運動と動きを持続する能力を高めるための運動に取り組もう** ○本時のねらいを理解して，自己の目標を立てる。 3　場や用具の準備をする ○グループで協力して，準備をする。 4　準備運動，体ほぐしの運動をする ○グループで準備運動をする。 ○ペアやグループで体ほぐしの運動をする。	●学習カードを配り，立てた目標を記入するように伝える。 ●役割分担や安全な準備の仕方を確認する。 ●けがの防止のために適切な準備運動を行うように伝える。 ●学習した運動の中から選んだ体ほぐしの運動の行い方について，実際に動いて示しながら説明する。
15分	5　巧みな動きを高めるための運動をする ○巧みな動きを高めるための運動の行い方を理解する。 ○ペアやグループで巧みな動きを高めるための運動をする。 巧みな動きを高めるための運動の行い方の例 ○人や物の動き，場の状況に対応した運動　　○用具などを用いた運動 ・グループで一斉に跳んだり，リズムを変えながら跳んだりする。　・投げ上げたボールを姿勢や位置を変えて捕球する。　・用具をコントロールしながら投げる，捕る，回す，転がすなどする。 ○巧みな動きを高めるための運動の工夫の仕方を理解する。 ○自己の体力に応じて運動の行い方を選んで，巧みな動きを高めるための運動をする。 巧みな動きを高めるための運動の工夫の仕方の例 ○用具などを用いた運動 ・投げ上げたボールを前転して捕球する。 ○体の動きを高めるために自己や仲間が考えたことを伝える。	●巧みな動きを高めるための運動の行い方について，学習資料やICT機器を活用したり，実際に動いて示したりしながら説明する。 ●巧みな動きを高めるための運動の工夫の仕方について，学習資料やICT機器を活用したり，実際に動いて示したりしながら説明する。 **◆学習評価◆　知識・技能** **④巧みな動きを高めるための運動をすることができる。** ➡　自己の課題を踏まえ，巧みな動きを高めるための運動をしている姿を評価する。（観察） **◎巧みな動きを高めるための運動が苦手な児童への配慮の例** ➡　用具や行い方を変えながら繰り返し行い，易しい動きから徐々に動きが高まっていくようにするなどの配慮をする。 ●自己の体力に応じた運動の行い方を選んでいることや，考えたことを伝えていることを取り上げて，称賛する。

	6　動きを持続する能力を高めるための運動をする	●動きを持続する能力を高めるための運動の行い方について，学習資料や ICT 機器を活用したり，実際に動いて示したりしながら説明する。

○動きを持続する能力を高めるための運動の行い方を理解する。
○ペアやグループで動きを持続する能力を高めるための運動をする。

動きを持続する能力を高めるための運動の行い方の例
○時間やコースを決めて行う全身運動

・先生が示したステップやジャンプなどの運動でエアロビクスを行う。

・一定のコースをかけ足で移動する。

◎**達成感をもてないために意欲的でない児童への配慮の例**

➡　運動の記録をとるようにしたり，わずかな変化を見付けて称賛したりしながら，自己の体の動きが高まっていることに気付くことができるようにするなどの配慮をする。

15分

○動きを持続する能力を高めるための運動の工夫の仕方を理解する。
○自己の体力に応じて運動の行い方を選んで，動きを持続する能力を高めるための運動をする。

●動きを持続する能力を高めるための運動の工夫の仕方について，学習資料や ICT 機器を活用したり，実際に動いて示したりしながら説明する。

◆**学習評価**◆　知識・技能
⑥動きを持続する能力を高めるための運動をすることができる。

➡　自己の課題を踏まえ，動きを持続する能力を高めるための運動をしている姿を評価する。（観察）

◎**動きを持続する能力を高めるための運動が苦手な児童への配慮の例**

➡　自己が運動を続けることができる回数や時間などで行い，徐々に回数や時間などを増やすようにするなどの配慮をする。

動きを持続する能力を高めるための運動の工夫の仕方の例
○時間やコースを決めて行う全身運動

・取り上げる運動や反復回数を増やして，一定のコースをかけ足で移動する。

○体の動きを高めるために自己や仲間が考えたことを伝える。

●考えたことを伝えていることを取り上げて，称賛する。

7　本時を振り返り，次時への見通しをもつ

本時の振り返り
・自己の体力に応じて選んだ運動と，できた回数などの成果を書きましょう。
・運動の行い方を工夫することについて，気付いたことや考えたことを書きましょう。

○振り返りを発表して，仲間に伝える。

●振り返りを学習カードに記入するように伝えるとともに，気付きや考えのよさを取り上げて，称賛する。

◎**仲間の考えや取組を認めることに意欲的でない児童への配慮の例**

➡　発表を聞こうとしなかったり，仲間の取組を否定することを言ったりする児童には，人はそれぞれ違いがあり，それを認めることが大切であることを伝えるとともに，自己の体力に応じた課題や行い方を選んでいるそれぞれの取組のよさを取り上げて，気付くようにするなどの配慮をする。

5分

8　整理運動，場や用具の片付けをする

●適切な整理運動を行うように伝えるとともに，けががないかなどを確認する。

9　集合，健康観察，挨拶をする

本時の目標と展開④（12／12時間）

本時の目標

(1) ねらいに応じて，体の動きを高めるための運動をすることができるようにする。
(2) 体の動きを高めるために自己やグループで考えた運動の行い方を他者に伝えることができるようにする。
(3) 体の動きを高める運動に積極的に取り組むことができるようにする。

本時の展開

時間	学習内容・活動	指導上の留意点
10分	1　集合，挨拶，健康観察をする 2　本時のねらいを理解して，目標を立てる **自己の体力に応じた課題や行い方を選んで運動に取り組み，学習のまとめをしよう** ○本時のねらいを理解して，自己の目標を立てる。 3　場や用具の準備をする ○グループで協力して，準備をする。 4　準備運動，体ほぐしの運動をする ○グループで準備運動をする。 ○ペアやグループで体ほぐしの運動をする。	●学習カードを配り，立てた目標を記入するように伝える。 ●役割分担や安全な準備の仕方を確認する。 ●けがの防止のために適切な準備運動を行うように伝える。 ●学習した運動の中から選んだ体ほぐしの運動を，実際に動いて示しながら説明する。
25分	5　体の動きを高める運動をする ○自己の体力に応じて運動の課題や行い方を選んで，体の動きを高める運動をする。 場の設定の仕方の例 柔　体の柔らかさを高めるための運動 巧　巧みな動きを高めるための運動 力　力強い動きを高めるための運動 持　動きを持続する能力を高めるための運動 ○体の動きを高めるために自己や仲間が考えたことを伝える。	 ●体の動きを高める運動に積極的に取り組もうとしている様子を取り上げて，称賛する。 ◆学習評価◆　主体的に学習に取り組む態度 ④体の動きを高める運動に積極的に取り組もうとしている。 ➡　ねらいに応じて，体の柔らかさ，巧みな動き，力強い動き，動きを持続する能力を高める運動に積極艇に取り組もうとしている姿を評価する。（観察・学習カード） ●考えたことを伝えていることを取り上げて，称賛する。
10分	6　単元を振り返り，学習のまとめをする 単元の振り返り ・自己の体力に応じて選んだ運動と，できた回数などの成果を書きましょう。 ・単元の学習の目標で，達成したことを書きましょう。 ・学習したことで，今後の学習や生活の中で取り組んでいきたいことを書きましょう。 ○振り返りを発表して，仲間に伝える。 7　整理運動，場や用具の片付けをする 8　集合，健康観察，挨拶をする	 ●振り返りを学習カードに記入するように伝えるとともに，気付きや考えのよさを取り上げて，称賛する。 ●適切な整理運動を行うように伝えるとともに，けががないかなどを確認する。

体の動きを高める運動の取扱い

【第6学年における指導と評価の計画（例）】

時間	1	2・3	4	5・6	7・8	9〜11	12
ねらい	学習の見通しをもつ	運動の行い方を工夫して体ほぐしの運動を楽しむ	学習の見通しをもつ	運動の行い方を工夫して体の動きを高める運動を楽しむ		自己の体力に応じた運動を選んで楽しむ	学習のまとめをする
学習活動	オリエンテーション ○学習の見通しをもつ ・学習の進め方 ・学習の約束 ○体ほぐしの運動 学級全体で運動をする	体ほぐしの運動 ○体ほぐしの運動 ・自己や仲間の心と体との関係に気付く ・仲間と豊かに関わり合う ○学習のまとめをする	オリエンテーション ○学習の見通しをもつ ・学習の進め方 ・学習の約束 ○体の動きを高める運動 学級全体で運動をする	体の動きを高める運動 ○巧みな動きを高めるための運動 ・いろいろな運動をする ・体力に応じて行い方を選ぶ ○力強い動きを高めるための運動 ・いろいろな運動をする ・体力に応じて行い方を選ぶ	体の動きを高める運動 ○体の柔らかさを高めるための運動 ・いろいろな運動をする ・体力に応じて行い方を選ぶ ○動きを持続する能力を高めるための運動 ・いろいろな運動をする ・体力に応じて行い方を選ぶ	体の動きを高める運動 ○自己の体力に応じた運動をする ・体力に応じて行い方を選ぶ ○自己の体力に応じた運動を工夫する ・自己に適した課題や行い方を工夫する	学習のまとめ ○自己の体力に応じた運動をする ○単元のまとめをする
評価の重点 — 知識・技能	① 観察・学習カード		② 観察・学習カード	③・⑤ 観察	④・⑥ 観察		
評価の重点 — 思考・判断・表現		①・③ 観察・学習カード				② 観察・学習カード	④ 観察・学習カード
評価の重点 — 主体的に学習に取り組む態度		① 観察・学習カード	⑥ 観察・学習カード	④ 観察・学習カード	③ 観察・学習カード	② 観察・学習カード	⑤ 観察・学習カード

【体の動きを高める運動の単元の取扱い】

● 年間を通して指導すること

　本手引では，体ほぐしの運動と体の動きを高める運動を合わせた指導と評価の計画を示していますが，上記の計画を参考に授業を行う際は，学校の実態などに応じてある程度の時間で数回に分けて年間指導計画の中に位置付けるなどの工夫をしましょう。

【体の動きを高める運動の内容の取扱い】

● 2学年間にわたって指導すること

　小学校学習指導要領に『「A 体つくりの運動」については，2学年間にわたって指導するものとする。』とあるように，高学年の「体の動きを高める運動」は，第5学年と第6学年の両方で指導するように学校の年間指導計画を作成しましょう。

　第6学年は，第5学年で取り扱った運動を行うことでこれまでの学習を思い起こしたり，新たな運動を行ったりするなど，本手引を参考にするなどして第6学年に適した運動を選んで取り扱うようにするとともに，自己の体力に応じた運動の課題や行い方を選んで活動をする時間を十分に設けるようにしましょう。

● 体の柔らかさ及び巧みな動きを高めることに重点を置いて指導すること

　体の動きを高める運動は，直接的に体力の向上をねらいとして，体の柔らかさ，巧みな動き，力強い動き，動きを持続する能力を高まるための運動を行いますが，高学年は児童の発達の段階を踏まえ，体の柔らかさ及び巧みな動きを高めるための運動に重点を置いて指導するようにしましょう。

● 運動領域と保健領域との関連を図る指導に留意すること

　体の動きを高める運動に限らず，各運動領域の内容と保健「病気の予防」の内容とを関連付けて指導するようにしましょう。特に，全身を使った運動を日常的に行うことが，現在のみならず大人になってからの病気の予防の方法としても重要であることを理解することと，各運動領域において学習したことを基に日常的に運動に親しむことを関連付けるなど，児童が運動と健康が密接に関連していることに考えをもてるように指導しましょう。

【体の動きを高める運動の評価】

● 各領域と同じく，技能に関する評価規準を設定すること

　体の動きを高める運動の指導内容は，「知識及び運動」「思考力，判断力，表現力等」「学びに向かう力，人間性等」としています。これは，体の動きを高める運動は，体の様々な動きを高めることが主なねらいであり，特定の技能を示すものではないことから，各領域と同じ「知識及び技能」ではなく，「知識及び運動」としているものです。

　一方で，評価においては，各領域と同じく「知識・技能」の評価の観点に技能に関する評価規準を設定して，体の動きを高める運動で培う様々な体の動きができることを評価しましょう。

マット運動

マット運動は，回転系や巧技系の基本的な技を安定して行ったり，その発展技を行ったり，それらの技を繰り返したり組み合わせたりして，その技ができる楽しさや喜びを味わうことができる運動です。本単元例は，技を繰り返したり組み合わせたりすることに取り組む時間を多く設定した単元前半に更にできるようになりたい技を見付け，それらの技に挑戦する時間を多く設定した単元後半に進むようにすることで，自己の能力に適した技に積極的に取り組むことができる授業を展開するようにしています。

単元の目標

(1) マット運動の行い方を理解するとともに，回転系や巧技系の基本的な技を安定して行ったり，その発展技を行ったり，それらを繰り返したり組み合わせたりすることができるようにする。
(2) 自己の能力に適した課題の解決の仕方や技の組合せ方を工夫するとともに，自己や仲間の考えたことを他者に伝えることができるようにする。
(3) マット運動に積極的に取り組み，約束を守り助け合って運動をしたり，仲間の考えや取組を認めたり，場や器械・器具の安全に気を配ったりすることができるようにする。

指導と評価の計画（8時間）

時　間		1	2	3	4
ねらい		学習の見通しをもつ	発展技の行い方や技の組み合わせ方を理解して，発展技を行ったり技を組み合わせたりすることを楽しむ		
学習活動		オリエンテーション 1 集合，挨拶，健康観察をする 2 単元の学習の見通しをもつ ○単元の目標と学習の進め方を理解する。 ○学習の約束を理解する。 3 本時のねらいを理解して，目標を立てる 4 場や器械・器具の準備をする ○場や器械・器具の準備と片付けの役割分担を理解する。 5 準備運動，主運動につながる運動をする ○準備運動，主運動につながる運動の行い方を理解する。 6 マット運動をする ○回転系や巧技系の基本的な技の行い方を確認する。 ○自己の能力に適した技を選んで行う。	1 集合，挨拶，健康観察をする　2 本時のねらいを理解し 4 準備運動，主運動につながる運動をする 5 マット運動の発展技に取り組む ○回転系や巧技系の発展技の行い方を理解する。 ○自己の能力に適した技を選んで行う。 6 マット運動の技を組み合わせる ○技の組み合わせ方を理解する。 ○自己の能力に適した技を選んで組み合わせる。	5 マット運動のできる技を組み合 ○自己の能力に適した技を選ん ○課題解決のために自己や仲間 6 マット運動の自己の能力に適し ○課題に応じた練習の場や段階 ○課題解決のために自己や仲間	
		7 本時を振り返り，次時への見通しをもつ　　8 整理運動，場や器械・器具の片付けをする			
評価の重点	知識・技能		① 観察・学習カード		① 観察・学習カード
	思考・判断・表現				① 観察・学習カード
	主体的に学習に取り組む態度	⑤ 観察・学習カード	② 観察・学習カード	③ 観察・学習カード	

単元の評価規準

知識・技能	思考・判断・表現	主体的に学習に取り組む態度
①マット運動の行い方について、言ったり書いたりしている。 ②自己の能力に適した回転系や巧技系の基本的な技を安定して行ったり、その発展技を行ったりすることができる。 ③選んだ技を自己やグループで繰り返したり、組み合わせたりすることができる。	①自己の能力に適した課題を見付け、その課題の解決の仕方を考えたり、課題に応じた練習の場や段階を選んだりしている。 ②課題の解決のために自己や仲間の考えたことを他者に伝えている。	①マット運動に積極的に取り組もうとしている。 ②学習の仕方や約束を守り、仲間と助け合おうとしている。 ③器械・器具の準備や片付けなどで、分担された役割を果たそうとしている。 ④仲間の考えや取組を認めようとしている。 ⑤互いの服装、髪形や場、器械・器具の安全に気を配っている。

5	6	7	8
課題の解決の仕方を工夫して技に挑戦したり、 技の組み合わせ方を工夫したりすることを楽しむ			学習のまとめをする

て、目標を立てる 　3　場や器械・器具の準備をする

わせる

で組み合わせる。

が考えたことを伝える。

学習のまとめ

5　マット運動発表会をする
　○発表する演技の練習をする。
　○グループで演技を見せ合う。
6　単元を振り返り、学習のまとめをする
7　整理運動、場や器械・器具の片付けをする
8　集合、健康観察、挨拶をする

た技に挑戦する

を選んで、もう少しでできそうな技に挑戦する。

が考えたことを伝える。

9　集合、健康観察、挨拶をする

		7	8
		② 観察	③ 観察
	② 観察・学習カード		
④ 観察・学習カード		① 観察・学習カード	

本時の目標

(1) マット運動の行い方を理解することができるようにする。

(2) 自己の能力に適した課題を見付け，その課題の解決の仕方を考えたり，課題に応じた練習の場や段階を選んだりすることができるようにする。

(3) 互いの服装や髪形や場，器械・器具の安全に気を配ることができるようにする。

本時の展開

時間	学習内容・活動	指導上の留意点
5分	1　集合，挨拶，健康観察をする 2　単元の学習の見通しをもつ 　○単元の目標と学習の進め方を理解する。 　○学習をするグループを確認する。 　○学習の約束を理解する。	●掲示物を活用するなどしながら，分かりやすく説明する。 ●学習をするグループを事前に決めておく。

学習の約束の例
・器械・器具は正しく使いましょう。
・仲間と助け合い，分担した役割を果たしましょう。
・できる技から無理なく取り組み，できた技はその発展技にも挑戦しましょう。
・場の安全に気を配りましょう。
・仲間の考えや取組を認めましょう。

3　本時のねらいを理解して，目標を立てる

> マット運動の学習の進め方を理解して，学習の見通しをもとう

	○本時のねらいを理解して，自己の目標を立てる。	●学習カードを配り，使い方を説明する。
15分	4　場や器械・器具の準備をする 　○場や器械・器具の準備と片付けの役割分担を理解する。 　○グループで協力して，準備をする。	●役割分担や安全な準備と片付けの仕方を説明する。 ●安全に気を配っている様子を取り上げて，称賛する。

場や器械・器具の準備と片付けの約束の例
・運動をする場所に危険物がないか気を配り，見付けたら取り除きましょう。
・器械・器具などは、グループで分担して、決まった場所から安全に気を配って運びましょう。
・安全に運動ができるように、服装などが整っているか、互いに気を配りましょう。

	5　準備運動，主運動につながる運動をする 　○準備運動，主運動につながる運動の行い方を理解する。 　○学級全体やグループで準備運動，主運動につながる運動をする。	●けがの防止のために適切な準備運動の行い方について，実際に動いて示しながら説明する。

準備運動の例
　肩，首，腕，腰，手首，腿，膝，ふくらはぎ，足首などをほぐす運動を行う。

主運動につながる運動の例

○大きな動作でのゆりかご　　　○倒立で足の入れ替え　　　○仲間のブリッジをくぐる

・背支持倒立のように大きく伸びてから，回転と膝を曲げた勢いを使って立つ。

・先に上げた足を先に下ろす。

・仲間がくぐれるくらい腰を高く上げる。

20分	6　マット運動をする ○回転系や巧技系の基本的な技の行い方を確認する。 ○自己の能力に適した技を選んで行う。	●回転系や巧技系の基本的な技の行い方について，学習資料やICT機器を活用したり，実際に動いて示したりしながら説明する。

マット運動の回転系や巧技系の基本的な技の例

○前転

○易しい場での開脚前転

○後転

○開脚後転

○補助倒立ブリッジ

○側方倒立回転

○首はね起き

○壁倒立

○頭倒立

●安全に気を配っている様子を取り上げて，称賛する。

◆学習評価◆　主体的に学習に取り組む態度
⑤互いの服装，髪形や場，器械・器具の安全に気を配っている。

➡　試技の前後などに，互いの服装や髪形に気を付けたり，場の危険物を取り除いたりするとともに，器械・器具の安全に気を配っている姿を評価する。（観察・学習カード）

◎安全に気を配ることに意欲的でない児童への配慮の例

➡　仲間との間隔やマットの位置など，試技の開始前に安全に気を配ることを明確にしたり，グループの仲間と安全について声をかけ合って確認したりするなどの配慮をする。

5分	7　本時を振り返り，次時への見通しをもつ	

本時の振り返り
・回転系や巧技系の基本的な技で，できた技を書きましょう。
・安全に気を配ることについて，気付いたことや考えたことを書きましょう。
・単元の学習で身に付けたいことやできるようになりたい技など，自己の目標を書きましょう。

○振り返りを発表して，仲間に伝える。	●振り返りを学習カードに記入するように伝えるとともに，気付きや考えのよさ取り上げて，称賛する。
8　整理運動，場や器械・器具の片付けをする	●整理運動の行い方について，実際に動いて示しながら説明するとともに，けががないかなどを確認する。
9　集合，健康観察，挨拶をする	

本時の目標と展開② （2／8時間）

本時の目標

(1) マット運動の行い方を理解することができるようにする。

(2) 自己の能力に適した課題を見付け，その課題の解決の仕方を考えたり，課題に応じた練習の場や段階を選んだりすることができるようにする。

(3) 学習の仕方や約束を守り，仲間と助け合うことができるようにする。

本時の展開

時間	学習内容・活動	指導上の留意点
10分	1　集合，挨拶，健康観察をする 2　本時のねらいを理解して，目標を立てる **発展技の行い方や技の組み合わせ方を理解して，発展技を行ったり技を組み合わせたりしよう** ○本時のねらいを理解して，自己の目標を立てる。 3　場や器械・器具の準備をする ○グループで協力して，準備をする。 4　準備運動，主運動につながる運動をする ○学級全体やグループで準備運動，主運動につながる運動をする。	●学習カードを配り，立てた目標を記入するように伝える。 ●役割分担や安全な準備の仕方を確認する。 ●けがの防止のために適切な準備運動を行うように伝える。
20分	5　発展技の自己のできる技に取り組む ○回転系や巧技系の発展技の行い方を理解する。 ○自己の能力に適した技を選んで行う。 マット運動の回転系や巧技系の発展技の例 ○開脚前転　　　　　　　　　○補助倒立前転 ○伸膝後転 ○倒立ブリッジ　　　　　　　○ロンダート ○頭はね起き　　　　　　　　○補助倒立 ○課題解決のために自己や仲間が考えたことを伝える。	●回転系や巧技系の発展技の行い方について，学習資料やICT機器を活用したり，実際に動いて示したりしながら説明する。 基本的な技に十分に取り組んだ上で，その発展技に取り組みましょう。 ●考えたことを伝えていることを取り上げて，称賛する。

10分	6　自己のできる技を組み合わせる ○技の組み合わせ方を理解する。 ○自己の能力に適した技を選んで組み合わせる。	● マット運動の技の組み合わせ方について，学習資料や ICT 機器を活用したり，実際に動いて示したりしながら説明する。

マット運動の技の組み合わせ方の例
○ジャンプやバランス技で方向を変える

○技の開始や終末を本来の姿勢とは異なる条件に変える

● 仲間と助け合おうとしている様子を取り上げて，称賛する。

◆学習評価◆　主体的に学習に取り組む態度
②学習の仕方や約束を守り，仲間と助け合おうとしている。

➡　グループの仲間と互いの技を観察し合ったり，必要に応じてできる補助をしたりするなど，仲間と助け合おうとしている姿を評価する。（観察・学習カード）

◎仲間と助け合うことに意欲的でない児童への配慮の例

➡　技を観察するポイントや位置を示し，気付いたことなどを仲間に伝える時間や場を設定するなどの配慮をする。

○課題解決のために自己や仲間が考えたことを伝える。
● 考えたことを伝えていることを取り上げて，称賛する。

5分

7　本時を振り返り，次時への見通しをもつ

本時の振り返り
・発展技でできた技と，技の組合せでできた組合せ方を書きましょう。
・仲間と助け合うことについて，気付いたことや考えたことを書きましょう。
・マット運動の技の行い方や技の組合せ方について，理解したことを書きましょう。

○振り返りを発表して，仲間に伝える。
● 振り返りを学習カードに記入するように伝えるとともに，気付きや考えのよさを取り上げて，称賛する。

◆学習評価◆　知識・技能
①マット運動の行い方について，言ったり書いたりしている。

➡　マット運動の回転系や巧技系の基本的な技を安定して行ったり，その発展技を行ったり，それらを繰り返したり組み合わせたりする行い方について，発表したり学習カードに記入したりしていることを評価する。（観察・学習カード）

◎マット運動の行い方を理解することが苦手な児童への配慮の例

➡　個別に関わり，マット運動の行い方のポイントについて対話をしながら確認するなどの配慮をする。

8　整理運動，場や器械・器具の片付けをする
● 適切な整理運動を行うように伝えるとともに，けががないかなどを確認する。

9　集合，健康観察，挨拶をする

本時の目標

(1) 自己の能力に適した回転系や巧技系の基本的な技を安定して行ったり，その発展技をしたりすることができるようにする。

(2) 課題の解決のために自己や仲間の考えたことを他者に伝えることができるようにする。

(3) 仲間の考えや取組を認めることができるようにする。

本時の展開

時間	学習内容・活動	指導上の留意点
10分	1　集合，挨拶，健康観察をする 2　本時のねらいを理解して，目標を立てる **課題の解決の仕方を工夫して技に挑戦したり，技の組み合わせ方を工夫したりしよう** ○本時のねらいを理解して，自己の目標を立てる。 3　場や器械・器具の準備をする ○グループで協力して，準備をする。 4　準備運動，主運動につながる運動をする ○学級全体やグループで準備運動，主運動につながる運動をする。	●学習カードを配り，立てた目標を記入するように伝える。 ●役割分担や安全な準備の仕方を確認する。 ●けがの防止のために適切な準備運動の行い方を確認する。
10分	5　自己のできる技を組み合わせる ○自己の能力に適した技を選んで組み合わせる。	●行い方のポイントを押さえた組合せ方を取り上げて，称賛する。

マット運動の技の組み合わせ方の例
○3つの技を選び，技を組み合わせて演技をつくる

・はじめのポーズを技を始める合図にする　・進む方向が同じ技を続ける場合，それぞれの技を丁寧に行う。　・進む方向が変わるときは方向の変え方を工夫する。　・おわりのポーズで終了の合図にする。

○ペアやグループで動きを組み合わせて演技をつくる

・ペアで並び，タイミングを合わせて技を行う。　・グループで場を工夫して演技をつくる。

時間	学習内容・活動	指導上の留意点
	○課題解決のために自己や仲間が考えたことを伝える。	●仲間の考えや取組を認めようとしている様子を取り上げて，称賛する。 **◆学習評価◆　主体的に学習に取り組む態度** **④仲間の考えや取組を認めようとしている。** ➡　仲間の動きを見て考えたことを伝えたり取り組む技を選んで練習をしたりする際に，仲間の考えや取組を認めようとしている姿を評価する。（観察・学習カード） **◎仲間の考えや取組を認めることに意欲的でない児童への配慮の例** ➡　発表を聞こうとしなかったり仲間の取組を否定することを言ったりする児童には，人はそれぞれに考えに違いがありそれを認めることが大切であることを伝えるとともに，自己の能力に適した技を練習しているそれぞれの取組のよさを取り上げて，気付くようにするなどの配慮をする。

6　自己の能力に適した技に挑戦する ○更なる発展技の行い方を理解する。	●回転系や巧技系の更なる発展技の行い方について，学習資料やICT機器を活用したり，実際に動いて示したりしながら説明する。

マット運動の更なる発展技の例

○易しい場での伸膝前転

○跳び前転

○倒立前転

○後転倒立

○前方倒立回転

○前方倒立回転跳び

○課題に応じた練習の場や段階を選んで，もう少しでできそうな技に挑戦する。

◎マット運動の発展技が苦手な児童への配慮の例

➡　伸膝後転が苦手な児童には，勢いをつけて回転する動きが身に付くようにするなどの配慮をする。

・傾斜を利用して回転に勢いを付けて転がりやすくする。

➡　ロンダートが苦手な児童には，体をひねる動きが身に付くようにするなどの配慮をする。

・手や足を置く場所が分かるように目印を置く

➡　補助倒立前転が苦手な児童には，倒立の姿勢から前転をする動きが身に付くようにするなどの配慮をする。

・壁登り逆立ちから補助を受けながら前転をする。

➡　頭はね起きが苦手な児童には，体を反らし反動を利用して起き上がる動きが身に付くようにするなどの配慮をする。

・段差を利用して起き上がりやすくする

○課題解決のために自己や仲間が考えたことを伝える。	●考えたことを伝えていることを取り上げて，称賛する。

7　本時を振り返り，次時への見通しをもつ	

本時の振り返り
・本時の学習で，できるようになった技と，そのできばえを書きましょう。
・挑戦した技の課題と，その課題の解決のために選んだ練習の場を書きましょう。
・仲間の考えや取組を認めることについて，気付いたことや考えたことを書きましょう。

○振り返りを発表して，仲間に伝える。	●振り返りを学習カードに記入するように伝えるとともに，気付きや考えのよさを取り上げて，称賛する。
8　整理運動，場や器械・器具の片付けをする	●適切な整理運動を行うように伝えるとともに，けががないかなどを確認する。
9　集合，健康観察，挨拶をする	

（左欄）20分　　5分

本時の目標と展開④ （8／8時間）

本時の目標

(1) 選んだ技を自己やグループで繰り返したり組み合わせたりすることができるようにする。

(2) 課題の解決のために自己や仲間の考えたことを他者に伝えることができるようにする。

(3) マット運動に積極的に取り組むことができるようにする。

本時の展開

時 間	学習内容・活動	指導上の留意点
10 分	1　集合，挨拶，健康観察をする 2　本時のねらいを理解して，目標を立てる **マット運動発表会でできるようになった技を見せ合って，学習のまとめをしよう** ○本時のねらいを理解して，自己の目標を立てる。 3　場や用具の準備をする ○グループで協力して，準備をする。 4　準備運動，主運動につながる運動をする ○学級全体やグループで準備運動，主運動につながる運動をする。	●学習カードを配り，立てた目標を記入するように伝える。 ●役割分担や安全な準備の仕方を確認する。 ●けがの防止のために適切な準備運動を行うように伝える。
10 分	5　マット運動発表会をする ○マット運動発表会の行い方を知る。 マット運動発表会の行い方や約束の例 ・グループで一人ずつ順番に，できる技を組み合わせた演技を発表しましょう。 ・技を終えて，着地しておわりのポーズをしたら，拍手をしましょう。 ・仲間の発表をよく見て，発表会の終わりに技のできばえを伝えましょう。 ・最後にグループでつくった演技がある場合は，みんなの前で発表しましょう。 ○発表する演技の練習をする。	●マット運動発表会の行い方を説明する。 ●マット運動に積極的に取り組もうとしている様子を取り上げて，称賛する。
15 分	○グループで演技を見せ合う。 ○グループでつくった演技がある場合は，発表する。 ○課題解決のために自己や仲間が考えたことを伝える。	◆学習評価◆　知識・技能 ③選んだ技を自己やグループで繰り返したり組み合わせたりすることができる。 ➡　練習や発表の際に，自己の能力に適した基本的な技を安定して行ったり，その発展技や更なる発展技を行ったりしている姿を評価する。（観察） ●つくった演技があるグループが順番に発表するようにするとともに，グループが演技をするために選んだ場を学級全体で助け合って準備するように伝える。 ●考えたことを伝えていることを取り上げて，称賛する。
10 分	6　単元を振り返り，学習のまとめをする 単元の学習の振り返り ・単元の学習の目標で，達成したことを書きましょう。 ・学習したことで，今後の学習や日常生活の中で取り組んでいきたいことを書きましょう。 ○振り返りを発表して，仲間に伝える。 7　整理運動，場や器械・器具の片付けをする 8　集合，健康観察，挨拶をする	●振り返りを学習カードに記入するように伝えるとともに，気付きや考えのよさを取り上げて，それらを称賛する。 ●適切な整理運動を行うように伝えるとともに，けががないかなどを確認する。

2学年間にわたって取り扱う場合

【第5学年における指導と評価の計画（例）】

時間		1	2	3	4	5	6	7	8
ねらい		学習の見通しをもつ	技の行い方を理解して，できる技に取り組んだり，課題の解決の仕方を工夫して技に挑戦したりすることを楽しむ				技の組み合わせ方を理解して技を組み合わせることを楽しむ		学習のまとめをする
学習活動		オリエンテーション ○学習の見通しをもつ ・学習の進め方 ・学習の約束 ○マット運動 中学年で学習した基本的な技に取り組む	○自己のできる技に取り組む 自己のできる基本的な技を安定して行ったり，その発展技を行ったりする ○自己の能力に適した技に挑戦する 【巧技系倒立グループ】 ・補助倒立，倒立 【回転系倒立グループ】 ・倒立ブリッジ ・ロンダート ・頭はね起き		○自己の能力に適した技に挑戦する 【回転系前転グループ】 ・開脚前転，伸膝前転 ・補助倒立前転，倒立前転 ・跳び前転 【回転系後転グループ】 ・伸膝後転，後転倒立		○自己のできる技を組み合わせる 技の組み合わせ方や場を工夫して，自己のできる技を組み合わせる		学習のまとめ ○自己のできる技を組み合わせる ○学習のまとめをする
評価の重点	知識・技能				① 観察・学習カード		② 観察		③ 観察
	思考・判断・表現					① 観察・学習カード			
	主体的に学習に取り組む態度	⑤ 観察・学習カード	③ 観察・学習カード	② 観察・学習カード				① 観察・学習カード	

【中学年「マット運動」との円滑な接続を図るための工夫（例）】

●「回転系や巧技系の発展技に取り組む」ために

中学年では，自己の能力に適した基本的な技に取り組むことを楽しみました。高学年では，それらを安定して行ったりその発展技に取り組んだりすることができるようにします。

そのため高学年のはじめは，回転系や巧技系の発展技や更なる発展技の行い方を理解し，自己の能力に適した技に，傾斜や段差を利用した易しい場などから，課題に応じた場や段階を選んで挑戦することを楽しみましょう。

（例）回転系や巧技系の発展技に，課題に応じた場や段階を選んで挑戦する
・開脚前転や伸膝後転などは，立つために勢いをつけて回転することができるように，傾斜を利用した場を選ぶ。
・頭はね起きは，起き上がることができるように，起き上がる位置が低くなるような段差を利用した場を選ぶ。
・ロンダートは，手や足を着く場所が分かるように，目印を置いた場を選ぶ。

●「自己のできる技を組み合わせる」ために

中学年では，できるようになった基本的な技を繰り返したり組み合わせたりすることを楽しみました。高学年では，できる技を増やしていろいろな技群やグループ技で組み合わせることができるようにします。

そのため高学年のはじめは，技の組み合わせ方や場を工夫してできる技を組み合わせてみましょう。

（例）組み合わせのはじめの技と取り組む場を工夫する
・壁につけたマットの場で壁倒立から始める。片足ずつマットに下ろしながら向きを変えて，次の技につなげる。
・傾斜を利用した場で伸膝後転から始める。立ち上がったら向きを変えて，傾斜がなくてもできる技につなげる。

【第5学年において重点を置いて指導する内容（例）】

●知識及び技能

回転系や巧技系の発展技や更なる発展技の行い方を理解するとともに，自己の能力に適した技に易しい場で挑戦することができるようにしましょう。その際，取り組む発展技の基本的な技に，あらかじめ十分に取り組むようにしましょう。

●思考力，判断力，表現力等

自己の能力に適した技を選んで取り組むことができるようにしましょう。その際，課題に応じた練習の場や段階を選べるようにしましょう。また，技を組み合わせるときも，自己の能力に適した技や行う場を選ぶことができるようにしましょう。

●学びに向かう力，人間性等

高学年の学習では，自己の能力に適した技や場を選んで練習をするので，それぞれの場の準備や片付けなどで分担した役割を果たそうとしたり，仲間と助け合って練習をしようとしたりすることができるようにしましょう。また，けががないように，互いの服装や髪形に気を付けたり場の危険物を取り除いたりするとともに，試技の前後などに器械・器具の安全に気を配ることができるようにしましょう。

鉄棒運動

鉄棒運動は，支持系の基本的な技を安定して行ったり，その発展技を行ったり，それらの技を繰り返したり組み合わせたりして，その技ができる楽しさや喜びを味わうことができる運動です。本単元例は，技を繰り返したり組み合わせたりすることに取り組む時間を多く設定した単元前半に更にできるようになりたい技を見付け，それらの技に挑戦する時間を多く設定した単元後半に進むようにすることで，自己の能力に適した技に積極的に取り組むことができる授業を展開するようにしています。

単元の目標

(1) 鉄棒運動の行い方を理解するとともに，支持系の基本的な技を安定して行ったり，その発展技を行ったり，それらを繰り返したり組み合わせたりすることができるようにする。
(2) 自己の能力に適した課題の解決の仕方や技の組み合わせ方を工夫するとともに，自己や仲間の考えたことを他者に伝えることができるようにする。
(3) 鉄棒運動に積極的に取り組み，約束を守り助け合って運動をしたり，仲間の考えや取組を認めたり，場や器械・器具の安全に気を配ったりすることができるようにする。

指導と評価の計画（6時間）

時　間		1	2	3
ねらい		学習の見通しをもつ	発展技の行い方や技の組み合わせ方を理解して，発展技を行ったり技を組み合わせたりすることを楽しむ	
学習活動		**オリエンテーション** 1　集合，挨拶，健康観察をする 2　単元の学習の見通しをもつ 　○単元の目標と学習の進め方を理解する。 　○学習の約束を理解する。 3　本時のねらいを理解して，目標を立てる 4　場や器械・器具の準備をする 　○場や器械・器具の準備と片付けの役割分担を理解する。 5　準備運動，主運動につながる運動をする 　○準備運動，主運動につながる運動の行い方を理解する。 6　鉄棒運動をする 　○支持系の基本的な技の行い方を確認する。 　○自己の能力に適した技を選んで行う。	1　集合，挨拶，健康観察をする　　2　本時のねらいを理 4　準備運動，主運動につながる運動をする 5　鉄棒運動の発展技に取り組む 　○支持系の発展技の行い方を理解する。 　○自己の能力に適した技を選んで行う。 6　鉄棒運動の技を組み合わせる 　○技の組み合わせ方を理解する。 　○自己の能力に適した技を選んで組み合わせる。	5　鉄棒運動のできる技を組 　○自己の能力に適した技 　○課題解決のために自己 6　鉄棒運動の自己の能力に 　○課題に応じた練習の場 　○課題解決のために自己
		7　本時を振り返り，次時への見通しをもつ　　8　整理運動，場や器械・器具の片付けをする		
評価の重点	知識・技能		① 観察・学習カード	
	思考・判断・表現			① 観察・学習カード
	主体的に学習に取り組む態度	⑤ 観察・学習カード	② 観察・学習カード	③ 観察・学習カード

単元の評価規準

知識・技能	思考・判断・表現	主体的に学習に取り組む態度
①鉄棒運動の行い方について，言ったり書いたりしている。 ②自己の能力に適した支持系の基本的な技を安定して行ったり，その発展技を行ったりすることができる。 ③選んだ技を自己やグループで繰り返したり，組み合わせたりすることができる。	①自己の能力に適した課題を見付け，その課題の解決の仕方を考えたり，課題に応じた練習の場や段階を選んだりしている。 ②課題の解決のために自己や仲間の考えたことを他者に伝えている。	①鉄棒運動に積極的に取り組もうとしている。 ②学習の仕方や約束を守り，仲間と助け合おうとしている。 ③器械・器具の準備や片付けなどで，分担された役割を果たそうとしている。 ④仲間の考えや取組を認めようとしている。 ⑤互いの服装や髪形や場，器械・器具の安全に気を配っている。

4	5	6
課題の解決の仕方を工夫して技に挑戦したり， 技の組み合せ方を工夫したりすることを楽しむ		学習のまとめをする

解して，目標を立てる　　3　場や器械・器具の準備をする

み合わせる
を選んで組み合わせる。
や仲間の考えたことを伝える。

学習のまとめ

5　鉄棒運動発表会をする
　○発表する演技の練習をする。
　○グループで演技を見せ合う。
6　単元を振り返り，学習のまとめをする
7　整理運動，場や器械・器具の片付けをする
8　集合，健康観察，挨拶をする

適した技に挑戦する
や段階を選んで，もう少しでできそうな技に挑戦する。
や仲間の考えたことを伝える。

9　集合，健康観察，挨拶をする

	5	6
	② 観察	③ 観察
	② 観察・学習カード	
④ 観察・学習カード		① 観察・学習カード

本時の目標

(1) 鉄棒運動の行い方を理解することができるようにする。
(2) 自己の能力に適した課題を見付け，その課題の解決の仕方を考えたり，課題に応じた練習の場や段階を選んだりすることができるようにする。
(3) 互いの服装や髪形や場，器械・器具の安全に気を配ることができるようにする。

本時の展開

時間	学習内容・活動	指導上の留意点
5分	1　集合，挨拶，健康観察をする 2　単元の学習の見通しをもつ 　○単元の目標と学習の進め方を理解する。 　○学習をするグループを確認する。 　○学習の約束を理解する。	●掲示物を活用するなどしながら，分かりやすく説明する。 ●学習をするグループを事前に決めておく。
	学習の約束の例 ・器械・器具は正しく使いましょう。　　　　　　　　　　　・場の安全に気を配りましょう。 ・仲間と助け合い，分担した役割を果たしましょう。　　　・仲間の考えや取組を認めましょう。 ・できる技から無理なく取り組み，できた技はその発展技にも挑戦しましょう。	
	3　本時のねらいを理解して，目標を立てる	
	鉄棒運動の学習の進め方を理解して，学習の見通しをもとう	
	○本時のねらいを理解して，自己の目標を立てる。	●学習カードを配り，使い方を説明する。
15分	4　場や器械・器具の準備をする 　○場や器械・器具の準備と片付けの役割分担を理解する。 　○グループで協力して，準備をする。	●役割分担や安全な準備と片付けの仕方を説明する。 ●安全に気を配っている様子を取り上げて，称賛する。
	本時の振り返り ・活動をする場所に危険物がないか気を付けて，見付けたら取り除きましょう。 ・安全に運動ができるように，鉄棒の下にマットを敷く際は，グループで協力しましょう。 ・運動に使う用具がある場所を確認し，グループで分担して取りに行ったり片付けたりしましょう。 ・安全に運動ができるように服装などが整っているか，仲間と確かめ合いましょう。	
	5　準備運動，主運動につながる運動をする 　○準備運動，主運動につながる運動の行い方を理解する。 　○学級全体やグループで準備運動，主運動につながる運動をする。	●けがの防止のために適切な準備運動の行い方について，実際に動いて示しながら説明する。
	準備運動の例 　肩，首，腕，腰，手首，腿，膝，ふくらはぎ，足首などをほぐす運動を行う。 主運動につながる運動の例 ○足抜き回り（前・後）→ こうもりをして両手で前後に歩く → 両膝掛け倒立下り ○跳び上がり → ツバメ → 片膝を掛けて後方に倒れて揺れる → 膝を抜いて足抜き回り	

20分	**6　鉄棒運動をする** 　○支持系の基本的な技の行い方を確認する。 　○自己の能力に適した技を選んで行う。

●支持系の基本的な技の行い方について，学習資料やICT機器を活用したり，実際に動いて示したりしながら説明する。

鉄棒運動の支持系の基本的な技の例

○前回り下り

○かかえ込み前回り

○転向前下り

○膝掛け振り上がり

○前方片膝掛け回転

○補助逆上がり

○かかえ込み後ろ回り

○後方片膝掛け回転

○両膝掛け倒立下り

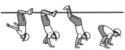

●安全に気を配っている様子を取り上げて，称賛する。

◆学習評価◆　主体的に学習に取り組む態度
⑤互いの服装や髪形や場，器械・器具の安全に気を配っている。

➡　試技の前後などに，互いの服装や髪形に気を付けたり，場の危険物を取り除いたりするとともに，器械・器具の安全に気を配っている姿を評価する。（観察・学習カード）

◎安全に気を配ることに意欲的でない児童への配慮の例

➡　仲間との間隔，マットの位置など，試技の開始前に気を配るポイントを伝えるようにするなどの配慮をする。
➡　グループの仲間と安全について声をかけ合ったり一緒に気を配ったりするなどの配慮をする。

5分	**7　本時を振り返り，次時への見通しをもつ** 本時の振り返り ・支持系の基本的な技で，できた技を書きましょう。 ・安全に気を配ることについて，気付いたことや考えたことを書きましょう。 ・単元の学習で身に付けたいことやできるようになりたい技など，自己の目標を書きましょう。 　○振り返りを発表して，仲間に伝える。 **8　整理運動，用具の片付けをする** **9　集合，健康観察，挨拶をする**

●振り返りを学習カードに記入するように伝えるとともに，気付きや考えのよさを取り上げて，称賛する。
●整理運動の行い方について，実際に動いて示しながら説明するとともに，けががないかなどを確認する。

本時の目標と展開② (2／6時間)

本時の目標

(1) 鉄棒運動の行い方を理解することができるようにする。
(2) 自己の能力に適した課題を見付け，その課題の解決の仕方を考えたり，課題に応じた練習の場や段階を選んだりすることができるようにする。
(3) 学習の仕方や約束を守り，仲間と助け合うことができるようにする。

本時の展開

時 間	学習内容・活動	指導上の留意点
10分	1　集合，挨拶，健康観察をする 2　本時のねらいを理解して，目標を立てる **発展技の行い方や技の組み合わせ方を理解して，発展技を行ったり技を組み合わせたりしよう** ○本時のねらいを理解して，自己の目標を立てる。 3　場や器械・器具の準備をする ○グループで協力して，準備をする。 4　準備運動，主運動につながる運動をする ○学級全体やグループで準備運動，主運動につながる運動をする。	●学習カードを配り，立てた目標を記入するように伝える。 ●役割分担や安全な準備の仕方を確認する。 ●けがの防止のために適切な準備運動を行うように伝える。
20分	5　鉄棒運動の発展技に取り組む ○支持系の発展技の行い方を理解する。 ○自己の能力に適した技を選んで行う。	●支持系の発展技の行い方について，学習資料やICT機器を活用したり，実際に動いて示したりしながら説明する。

鉄棒運動の発展技の例
○前方支持回転　　　　　　　　　　　　○片足踏み越し下り
○膝掛け上がり　　　　　　　　　　　　○前方もも掛け回転
○逆上がり　　　　　　　　　　　　　　○後方支持回転
○後方もも掛け回転　　　　　　　　　　○両膝掛け振動下り

	○課題解決のために自己や仲間が考えたことを伝える。	●考えたことを伝えていることを取り上げて，称賛する。

10分	**6 鉄棒運動の技を組み合わせる** ○技の組み合わせ方を理解する。 ○自己の能力に適した技を選んで組み合わせる。	●鉄棒運動の技の組み合わせ方について，学習資料やICT機器を活用したり，実際に動いて示したりしながら説明する。

鉄棒運動の技の組み合わせ方の例
○支持回転技を繰り返す

○上がり技と下り技を組み合わせる

●仲間と助け合おうとしている様子を取り上げて，称賛する。

◆学習評価◆　主体的に学習に取り組む態度
②学習の仕方や約束を守り，仲間と助け合おうとしている。

➡　グループの仲間と互いの技を観察し合ったり，必要に応じてできる補助をしたりするなど，仲間と助け合おうとしている姿を評価する。（観察・学習カード）

◎仲間と助け合うことに意欲的でない児童への配慮の例

➡　技を観察するポイントや位置を示し，気付いたことなどを仲間に伝える時間や場を設定するなどの配慮をする。

	○課題解決のために自己や仲間が考えたことを伝える。	●考えたことを伝えていることを取り上げて，称賛する。

7 本時を振り返り，次時への見通しをもつ

本時の振り返り
・発展技でできた技と，技の組み合わせでできた組み合わせ方を書きましょう。
・仲間と助け合うことについて，気付いたことや考えたことを書きましょう。
・鉄棒運動の技の行い方や技の組み合わせ方について，理解したことを書きましょう。

5分	○振り返りを発表して，仲間に伝える。	●振り返りを学習カードに記入するように伝えるとともに，気付きや考えのよさを取り上げて，称賛する。

◆学習評価◆　知識・技能
①鉄棒運動の行い方について，言ったり書いたりしている。

➡　鉄棒運動の支持系の基本的な技を安定して行ったり，その発展技を行ったり，それらを繰り返したり組み合わせたりする行い方について，発表したり学習カードに記入したりしていることを評価する。（観察・学習カード）

◎鉄棒動の行い方を理解することが苦手な児童への配慮の例

➡　個別に関わり，鉄棒運動の行い方のポイントについて対話をしながら確認するなどの配慮をする。

	8 整理運動，用具の片付けをする	●適切な整理運動を行うように伝えるとともに，けががないかなどを確認する。
	9 集合，健康観察，挨拶をする	

本時の目標と展開③（4／6時間）

本時の目標

(1) 自己の能力に適した支持系の基本的な技を安定して行ったり，その発展技を行ったりすることができるようにする。
(2) 課題の解決のために自己や仲間の考えたことを他者に伝えることができるようにする。
(3) 仲間の考えや取組を認めることができるようにする。

本時の展開

時間	学習内容・活動	指導上の留意点
10分	**1 集合，挨拶，健康観察をする** **2 本時のねらいを理解して，目標を立てる** **課題の解決の仕方を工夫して技に挑戦したり，技の組み合わせ方を工夫したりしよう** ○本時のねらいを理解して，自己の目標を立てる。 **3 場や器械・器具の準備をする** ○グループで協力して，準備をする。 **4 準備運動，主運動につながる運動をする** ○学級全体やグループで準備運動，主運動につながる運動をする。	 ●学習カードを配り，立てた目標を記入するように伝える。 ●役割分担や安全な準備の仕方を確認する。 ●けがの防止のために適切な準備運動を行うように伝える。
10分	**5 鉄棒運動の自己のできる技を組み合わせる** ○自己の能力に適した技を選んで組み合わせる。 鉄棒運動の技の組み合わせ方の例 ○上がり技・支持回転技・下り技の技を選び，技を組み合わせて演技をつくる ・はじめのポーズを技を始める合図にする。 ・進む方向が同じ技を続ける場合，それぞれの技を丁寧に行う。 ・進む方向が変わるときは方向の変え方を工夫する。 ・おわりのポーズで終了の合図にする。 ○ペアやグループで動きを組み合わせて演技をつくる グループで同じ技で同時に回るだけでなく，前後が逆の技で同時に回ったり，タイミングをずらして順番に回ったりするなど，工夫をしましょう。 ○課題解決のために自己や仲間が考えたことを伝える。	●行い方のポイントを押さえた組合せ方を取り上げて，称賛する。 ●仲間の考えや取組を認めようとしている様子を取り上げて，称賛する。 **◆学習評価◆ 主体的に学習に取り組む態度** **④仲間の考えや取組を認めようとしている。** ➡ 仲間の動きを見て考えたことを伝えたり取り組む技を選んで練習をしたりする際に，仲間の考えや取組を認めようとしている姿を評価する。（観察・学習カード） **◎仲間の考えや取組を認めることに意欲的でない児童への配慮の例** ➡ 発表を聞こうとしなかったり仲間の取組を否定することを言ったりする児童には，人はそれぞれに考えに違いがあり，それを認めることが大切であることを伝えるとともに，自己の能力に適した技を練習しているそれぞれの取組のよさを取り上げて，気付くようにするなどの配慮をする。

20分	**6　鉄棒運動の自己の能力に適した技に挑戦する** ○更なる発展技の行い方を理解する。	●支持系の更なる発展技の行い方について，学習資料やICT機器を活用したり，実際に動いて示したりしながら説明する。

鉄棒運動の更なる発展技の例
○前方伸膝支持回転　　　　　　　　　　　　　　　○横跳び越し下り

○もも掛け上がり

○後方伸膝支持回転

○課題に応じた練習の場や段階を選んで，もう少しでできそうな技に挑戦する。

◎鉄棒運動の発展技が苦手な児童への配慮の例

➡　前方支持回転，膝掛け上がり，後方支持回転が苦手な児童には，勢いのつけ方や勢いを利用する動きが身に付くようにするなどの配慮をする。

・補助を受けて回転する
（膝掛け上がり）。

・補助具をつけて回転しやすいようにする。

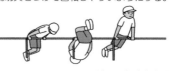

・ベルトは技の回転方向と同じ向きで2周させる。

・補助具を受けて回転する
（前方支持回転）。

➡　逆上がりが苦手な児童には，体を上昇させながら鉄棒に引き付け回転する動きが身に付くようにするなどの配慮をする。

・補助具を利用して足を振り上げながら後方回転をする。

➡　両膝掛け振動下りが苦手な児童には，前を見て両膝を外す動きが身に付くようにするなどの配慮をする。

・仲間と手をつないで体を前後に揺らして前を見る。

	○課題解決のために自己や仲間が考えたことを伝える。	●考えたことを伝えていることを取り上げて，称賛する。

5分	**7　本時を振り返り，次時への見通しをもつ** **本時の振り返り** ・本時の学習で，できるようになった技と，そのできばえを書きましょう。 ・挑戦した技の課題と，その課題の解決のために選んだ練習の場を書きましょう。 ・仲間の考えや取組を認めることについて，気付いたことや考えたことを書きましょう。 ○振り返りを発表して，仲間に伝える。 **8　整理運動，用具の片付けをする** **9　集合，健康観察，挨拶をする**	 ●振り返りを学習カードに記入するように伝えるとともに，気付きや考えのよさを取り上げて，称賛する。 ●適切な整理運動を行うように伝えるとともに，けががないかなどを確認する。

本時の目標と展開④（6／6時間）

本時の目標

(1) 選んだ技を自己やグループで繰り返したり組み合わせたりすることができるようにする。

(2) 課題の解決のために自己や仲間の考えたことを他者に伝えることができるようにする。

(3) 鉄棒運動に積極的に取り組むことができるようにする。

本時の展開

時間	学習内容・活動	指導上の留意点
10分	**1　集合，挨拶，健康観察をする** **2　本時のねらいを理解して，目標を立てる** **鉄棒運動発表会でできるようになった技を見せ合って，学習のまとめをしよう** ○本時のねらいを理解して，自己の目標を立てる。 **3　場や用具の準備をする** ○グループで協力して，準備をする。 **4　準備運動，主運動につながる運動をする** ○学級全体やグループで準備運動，主運動につながる運動をする。	●学習カードを配り，立てた目標を記入するように伝える。 ●役割分担や安全な準備の仕方を確認する。 ●けがの防止のために適切な準備運動を行うように伝える。
10分	**5　鉄棒運動発表会をする** ○鉄棒運動発表会の行い方を知る。 鉄棒運動発表会の行い方の約束の例 ・グループで一人ずつ順番に，できる技を組み合わせた演技を発表しましょう。 ・技を終え，着地しておわりのポーズをしたら，拍手をしましょう。 ・仲間の発表をよく見て，発表会の終わりに技のできばえを伝えましょう。 ・最後にグループでつくった演技がある場合は，みんなの前で発表しましょう。 ○発表する演技の練習をする。	●鉄棒運動発表会の行い方を説明する。 ●鉄棒運動に積極的に取り組もうとしている様子を取り上げて，称賛する。
15分	○グループで演技を見せ合う。 ○グループでつくった演技がある場合は，発表する。 ○課題解決のために自己や仲間が考えたことを伝える。	◆学習評価◆　主体的に学習に取り組む態度 ①鉄棒運動に積極的に取り組もうとしている。 ➡　鉄棒運動の技の練習や発表，課題を解決するための活動や技の組み合わせを工夫することなどに積極的に取り組もうとしている姿を評価する。（観察・学習カード） ◆学習評価◆　知識・技能 ③選んだ技を自己やグループで繰り返したり組み合わせたりすることができる。 ➡　練習や発表の際に，自己の能力に適した基本的な技を安定して行ったり，その発展技や更なる発展技を行ったりしている姿を評価する。（観察） ●つくった演技があるグループが順番に発表するようにする。 ●考えたことを伝えていることを取り上げて，称賛する。
10分	**6　単元を振り返り，学習のまとめをする** 単元の学習の振り返り ・単元の学習の目標で，達成したことを書きましょう。 ・学習したことで，今後の学習や日常生活の中で取り組んでいきたいとことを書きましょう。 ○振り返りを発表して，仲間に伝える。 **7　整理運動，器械・器具の片付けをする** **8　集合，健康観察，挨拶をする**	●振り返りを学習カードに記入するように伝えるとともに，気付きや考えのよさを取り上げて，それらを称賛する。 ●適切な整理運動を行うように伝えるとともに，けががないかなどを確認する。

2学年間にわたって取り扱う場合

【第5学年における指導と評価の計画（例）】

時間	1	2	3	4	5	6
ねらい	学習の見通しをもつ	技の行い方を理解して，できる技に取り組んだり，課題の解決の仕方を工夫して技に挑戦したりすることを楽しむ		技の組み合わせ方を理解して技を組み合わせることを楽しむ		学習のまとめをする
学習活動	オリエンテーション ○学習の見通しをもつ ・学習の進め方 ・学習の約束 ○鉄棒運動 中学年で学習した基本的な技に取り組む	○自己のできる技に取り組む 自己のできる基本的な技を安定して行ったり，その発展技を行ったりする ○自己の能力に適した技に挑戦する 【支持系の発展技】 ・前方支持回転　・片足踏み越し下り ・膝掛け上がり　・前方もも掛け回転 ・逆上がり　・後方支持回転 ・後方もも掛け回転 ・両膝掛け振動下り		○自己のできる技を組み合わせる 技の組み合わせ方を工夫して，自己のできる技を組み合わせる ○自己の能力に適した技に挑戦する 支持系の発展技，更なる発展技などから，技の組み合わせに入れたい技を選ぶ		学習のまとめ ○自己のできる技を組み合わせる ○学習のまとめをする
評価の重点 知識・技能			① 観察・学習カード		② 観察	③ 観察
評価の重点 思考・判断・表現				① 観察・学習カード	② 観察・学習カード	
評価の重点 主体的に学習に取り組む態度	⑤ 観察・学習カード	③ 観察・学習カード				① 観察・学習カード

【中学年「鉄棒運動」との円滑な接続を図るための工夫（例）】

● 「支持系の発展技に取り組む」ために

中学年では，自己の能力に適した基本的な技に取り組むことを楽しみました。高学年では，それらを安定して行ったりその発展技に取り組んだりすることができるようにします。

そのため高学年のはじめは，支持系の発展技や更なる発展技の行い方を理解し，自己の能力に適した技に，補助や補助具を利用するなどして挑戦することを楽しみましょう。

（例）支持系の発展技に，課題に応じた練習の段階を選んで挑戦する
・補助の行い方を理解するとともに，補助を受けて振ったり上がったり回転したりする。
・鉄棒に補助具をつけて，膝や腿を掛けた姿勢や支持の姿勢から振ったり回転したりする。
・ツバメ，ふとん干し，こうもり，足抜き回りなど，技につながる運動遊びで体の動きを確認する。

● 「自己のできる技を組み合わせる」ために

中学年では，できるようになった基本的な技を繰り返したり組み合わせたりすることを楽しみました。高学年では，できる技を増やして，上がり技−支持回転技−下り技で組み合わせることができるようにします。

そのため高学年のはじめは，補助や補助具を利用するなどして，できる技を組み合わせて行うことを楽しみましょう。

【第5学年において重点を置いて指導する内容（例）】

● 知識及び技能

支持系の発展技や更なる発展技の行い方を理解するとともに，自己の能力に適した技に補助や補助具を利用するなどして挑戦することができるようにしましょう。その際，取り組む発展技の基本的な技に，あらかじめ十分に取り組むようにしましょう。

● 思考力，判断力，表現力等

自己の能力に適した技を選んで取り組むことができるようにしましょう。その際，課題に応じた練習の段階を選べるようにしましょう。また，技を組み合わせるときも，自己の能力に適した技や行う場を選ぶことができるようにしましょう。

● 学びに向かう力，人間性等

高学年の学習では，自己の能力に適した段階を選んで練習をするので，補助具などの準備や片付けなどで分担した役割を果たそうとしたり，仲間と助け合って練習をしようとしたりすることができるようにしましょう。また，けががないように，互いの服装や髪形に気を付けたり場の危険物を取り除いたりするとともに，試技の前後などに器械・器具の安全に気を配ることができるようにしましょう。

跳び箱運動

　跳び箱運動は，切り返し系や回転系の基本的な技を安定して行ったり，その発展技を行ったりして，その技ができる楽しさや喜びを味わうことができる運動です。本単元例は，単元前半は切り返し系の技，単元後半は回転系の技に取り組むようにすることで児童が安全に運動ができるように配慮し，できる技に取り組んだり更にできるようになりたい技に挑戦したりすることで，自己の能力に適した技に積極的に取り組むことができる授業を展開するようにしています。

単元の目標

(1) 跳び箱運動の行い方を理解するとともに，切り返し系や回転系の基本的な技を安定して行ったり，その発展技を行ったりすることができるようにする。
(2) 自己の能力に適した課題の解決の仕方を工夫するとともに，自己や仲間の考えたことを他者に伝えることができるようにする。
(3) 跳び箱運動に積極的に取り組み，約束を守り助け合って運動をしたり，仲間の考えや取組を認めたり，場や器械・器具の安全に気を配ったりすることができるようにする。

指導と評価の計画（8時間）

時　間		1	2	3	4
ねらい		学習の見通しをもつ	切り返し系の発展技の行い方を理解し，課題の解決の仕方を工夫して，技に挑戦することを楽しむ		
学習活動		**オリエンテーション** 1　集合,挨拶,健康観察をする 2　単元の学習の見通しをもつ ○単元の目標と学習の進め方を理解する。 ○学習の約束を理解する。 3　本時のねらいを理解して，目標を立てる 4　場や器械・器具の準備をする ○場や器械・器具の準備と片付けの役割分担を理解する。 5　準備運動，主運動につながる運動をする ○準備運動，主運動につながる運動の行い方を理解する。 6　跳び箱運動をする ○切り返し系，回転系の基本的な技の行い方を確認する。	1　集合，挨拶，健康観察をする　　2　本時のねらいを理解し 4　準備運動，主運動につながる運動をする 5　切り返し系の自己のできる技に取り組む ○切り返し系の発展技や更なる発展技の行い方を理解する。 ○自己の能力に適した切り返し系の技を，自己の能力に適した段数の跳び箱を設置した場を選んで行う。 6　切り返し系の自己の能力に適した技に挑戦する ○課題に応じた練習の場や段階を選んで，もう少しでできそうな技に挑戦する。 ○課題解決のために自己や仲間が考えたことを伝える。		
		7　本時を振り返り，次時への見通しをもつ　　8　整理運動，場や器械・器具の片付けをする			
評価の重点	知識・技能				
	思考・判断・表現			① 観察・学習カード	
	主体的に学習に取り組む態度	⑤ 観察・学習カード	③ 観察・学習カード		② 観察・学習カード

▌単元の評価規準

知識・技能	思考・判断・表現	主体的に学習に取り組む態度
①跳び箱運動の行い方について，言ったり書いたりしている。 ②自己の能力に適した切り返し系や回転系の基本的な技を安定して行ったり，その発展技を行ったりすることができる。	①自己の能力に適した課題を見付け，その課題の解決の仕方を考えたり，課題に応じた練習の場や段階を選んだりしている。 ②課題の解決のために自己や仲間の考えたことを他者に伝えている。	①跳び箱運動に積極的に取り組もうとしている。 ②学習の仕方や約束を守り，仲間と助け合おうとしている。 ③器械・器具の準備や片付けなどで，分担された役割を果たそうとしている。 ④仲間の考えや取組を認めようとしている。 ⑤互いの服装や髪形，場や器械・器具の安全に気を配っている。

5	6	7	8
回転系の発展技の行い方を理解し，課題の解決の仕方を工夫して，技に挑戦することを楽しむ			学習のまとめをする

て，目標を立てる　　3　場や器械・器具の準備をする

5　回転系の自己のできる技に取り組む
○回転系の発展技や更なる発展技の行い方を理解する。
○自己の能力に適した回転系の技を，自己の能力に適した段数の跳び箱を設置した場を選んで行う。

6　回転系の自己の能力に適した技に挑戦する
○課題に応じた練習の場や段階を選んで，もう少しでできそうな技に挑戦する。
○課題解決のために自己や仲間が考えたことを伝える。

学習のまとめ

5　跳び箱運動発表会をする
　○発表する切り返し系の技を選び，練習をする。
　○切り返し系の技を見せ合う。
　○発表する回転系の技を選び，練習をする。
　○回転系の技を見せ合う。
6　単元を振り返り，学習のまとめをする
7　整理運動，場や器械・器具の片付けをする
8　集合，健康観察，挨拶をする

9　集合，健康観察，挨拶をする

5	6	7	8
① 観察・学習カード			② 観察
		② 観察・学習カード	
	④ 観察・学習カード		① 観察・学習カード

本時の目標と展開①（1／8時間）

本時の目標

(1) 跳び箱運動の行い方を理解することができるようにする。

(2) 自己の能力に適した課題を見付け，その課題の解決の仕方を考えたり，課題に応じた練習の場や段階を選んだりすることができるようにする。

(3) 互いの服装や髪形や場，器械・器具の安全に気を配ることができるようにする。

本時の展開

時間	学習内容・活動	指導上の留意点
5分	**1　集合，挨拶，健康観察をする** **2　単元の学習の見通しをもつ** 　○単元の目標と学習の進め方を理解する。 　○学習をするグループを確認する。 　○学習の約束を理解する。	●掲示物を活用するなどしながら，分かりやすく説明する。 ●学習をするグループを事前に決めておく。
	学習の約束の例 ・器械・器具は正しく使いましょう。　　　　　　　　　　　　・場の安全に気を配りましょう。 ・仲間と助け合い，分担した役割を果たしましょう。　　　　・仲間の考えや取組を認めましょう。 ・できる技から無理なく取り組み，できた技はその発展技にも挑戦しましょう。	
	3　本時のねらいを理解して，目標を立てる	
	跳び箱運動の学習の進め方を理解して，学習の見通しをもとう	
	○本時のねらいを理解して，自己の目標を立てる。	●学習カードを配り，使い方を説明する。
15分	**4　場や器械・器具の準備をする** 　○場や器械・器具の準備と片付けの役割分担を理解する。 　○グループで協力して，準備をする。	●役割分担や安全な準備と片付けの仕方を説明する。 ●安全に気を配っている様子を取り上げて，称賛する。
	場や器械・器具の準備と片付けの約束の例 ・運動をする場所に危険物がないか気を配り，見付けたら取り除きましょう。 ・器械・器具などは，グループで分担して，決まった場所から安全に気を配って運びましょう。 ・安全に運動ができるように，服装などが整っているか，互いに気を配りましょう。	
	5　準備運動，主運動につながる運動をする 　○準備運動，主運動につながる運動の行い方を理解する。 　○学級全体やグループで準備運動，主運動につながる運動をする。	●けがの防止のために適切な準備運動の行い方について，実際に動いて示しながら説明する。
	準備運動の例 　肩，首，腕，腰，手首，腿，膝，ふくらはぎ，足首などをほぐす運動を行う。 主運動につながる運動の例 ○うさぎ跳び　　　　　　　　　　　○壁上り逆立ち ・着地のときは手を前に出して体を起こす。　　　　・両手で体をしっかり支える。	

20 分	**6　跳び箱運動をする** ○開脚跳びの行い方を確認する。 ○自己の能力に適した段数の跳び箱を設置した場を選んで，開脚跳びをする。	●開脚跳びの行い方について，学習資料やICT機器を活用したり，実際に動いて示したりしながら説明する。

切り返し系の基本的な技の例
○開脚跳び

○回転系の基本的な技の行い方を確認する。	●回転系の基本的な技の行い方について，学習資料やICT機器を活用したり，実際に動いて示したりしながら説明する。
○自己の能力に適した回転系の技を，自己の能力に適した段数の跳び箱を設置した場を選んで行う。	●回転系の技は，切り返し系の技を終えてから始めるようにするとともに，跳び箱の段数を減らしたり，跳び箱の横にマットを設置したりした易しい場を準備する。

回転系の基本的な技の例
○台上前転

○首はね跳び

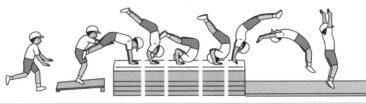

●安全に気を配っている様子を取り上げて，称賛する。

◆**学習評価**◆　主体的に学習に取り組む態度
⑤互いの服装や髪形や場，器械・器具の安全に気を配っている。

➡　試技の前後などに，互いの服装や髪形に気を付けたり，場の危険物を取り除いたりするとともに，器械・器具の安全に気を配っている姿を評価する。（観察・学習カード）

◎**安全に気を配ることに意欲的でない児童への配慮の例**

➡　仲間との間隔や器械・器具の位置など，試技の開始前に安全に気を配ることを明確にしたり，グループの仲間と安全について声をかけ合って確認したりするなどの配慮をする。

5 分	**7　本時を振り返り，次時への見通しをもつ**	

本時の振り返り
・切り返し系や回転系の基本的な技で，できた技を書きましょう。
・安全に気を配ることについて，気付いたことや考えたことを書きましょう。
・単元の学習で身に付けたいことやできるようになりたい技など，自己の目標を書きましょう。

○振り返りを発表して，仲間に伝える。	●振り返りを学習カードに記入するように伝えるとともに，気付きや考えのよさを取り上げて，称賛する。
8　整理運動，場や器械・器具の片付けをする	●整理運動について，実際に動いて示しながら説明するとともに，けががないかなどを確認する。
9　集合，健康観察，挨拶をする	

本時の目標と展開② （2／8時間）

本時の目標

(1) 跳び箱運動の行い方を理解することができるようにする。
(2) 自己の能力に適した課題を見付け，その課題の解決の仕方を考えたり，課題に応じた練習の場や段階を選んだりすることができるようにする。
(3) 器械・器具の準備や片付けなどで，分担された役割を果たすことができるようにする。

本時の展開

時間	学習内容・活動	指導上の留意点
	1　集合，挨拶，健康観察をする 2　本時のねらいを理解して，目標を立てる	
	切り返し系の発展技の行い方を理解し，課題の解決のための活動を工夫して，技に挑戦しよう	
	○本時のねらいを理解して，自己の目標を立てる。 3　場や器械・器具の準備をする ○グループで協力して，準備をする。	●学習カードを配り，立てた目標を記入するように伝える。 ●役割分担や安全な準備の仕方を確認する。 ●分担された役割を果たそうとしている様子を取り上げて，称賛する。 ◆学習評価◆　主体的に学習に取り組む態度 ③器械・器具の準備や片付けなどで，分担された役割を果たそうとしている。 ➡　グループで分担した器械・器具の準備や片付けの役割を果たそうとしている姿を評価する。（観察・学習カード） ◎分担された役割を果たすことに意欲的でない児童への配慮の例 ➡　個別に関わり，自己の役割を確認してその行い方を説明したり，グループの仲間や教師と一緒に行ったりして役割を果たすようにするなどの配慮をする。
10分	4　準備運動，主運動につながる運動をする ○学級全体やグループで準備運動，主運動につながる運動をする。	●けがの防止のために適切な準備運動を行うように伝える。

主運動につながる運動の例
○うさぎ跳び　　　　　　　　　　　　　　　　　　　○馬跳び

・できるだけ膝を伸ばして行うようにする。　　　　・両手をしっかり着いて跳び越す。

○支持での跳び乗り・跳び下り

・跳び乗りはできるだけ膝を伸ばして行うようにする。

	5　切り返し系の自己のできる技に取り組む ○切り返し系の発展技や更なる発展技の行い方を理解する。 ○自己の能力に適した切り返し系の技を，自己の能力に適した段数の跳び箱を設置した場を選んで行う。	●切り返し系の発展技や更なる発展技の行い方について，学習資料やICT機器を活用したり，実際に動いて示したりしながら説明する。 ●発展技や更なる発展技には，基本的な技に十分に取り組んだ上で取り組むように伝える。
15 分	切り返し系の発展技，更なる発展技の例 ○かかえ込み跳び（開脚跳びからの発展技）  ○屈身跳び（かかえ込み跳びからの更なる発展技） 	

	6　切り返し系の自己の能力に適した技に挑戦する ○課題に応じた練習の場や段階を選んで，もう少しでできそうな技に挑戦する。	
15 分	◎かかえ込み跳びが苦手な児童への配慮の例 ➡　跳び越しやすい場で踏切り－着手－着地までの動きが身に付くようにするなどの配慮をする。  ・マットを数枚重ねた場で行う。　　　　　　　　　・ステージに向かって跳び乗る。	
	○課題解決のために自己や仲間が考えたことを伝える。	●考えたことを伝えていることを取り上げて，称賛する。

	7　本時を振り返り，次時への見通しをもつ	
5 分	本時の振り返り ・本時の学習で，できるようになった技と，そのできばえを書きましょう。 ・挑戦した技の課題と，その課題の解決のために選んだ練習の場を書きましょう。 ・分担された役割を果たすことについて，気付いたことや考えたことを書きましょう。	
	○振り返りを発表して，仲間に伝える。	●振り返りを学習カードに記入するように伝えるとともに，気付きや考えのよさを取り上げて，称賛する。
	8　整理運動，場や器械・器具の片付けをする	●適切な整理運動を行うように伝えるとともに，けががないかなどを確認する。
	9　集合，健康観察，挨拶をする	

本時の目標と展開③ (5／8時間)

本時の目標

(1) 跳び箱運動の行い方を理解することができるようにする。

(2) 自己の能力に適した課題を見付け，その課題の解決の仕方を考えたり，課題に応じた練習の場や段階を選んだりすることができるようにする。

(3) 跳び箱運動に積極的に取り組むことができるようにする。

本時の展開

時 間	学習内容・活動	指導上の留意点
10分	1　集合，挨拶，健康観察をする 2　本時のねらいを理解して，目標を立てる **回転系の発展技の行い方を理解し，課題の解決のための活動を工夫して，技に挑戦しよう** ○本時のねらいを理解して，自己の目標を立てる。 3　場や器械・器具の準備をする ○グループで協力して，準備をする。 4　準備運動，主運動につながる運動をする ○学級全体やグループで準備運動，主運動につながる運動をする。	●学習カードを配り，立てた目標を記入するように伝える。 ●役割分担や安全な準備の仕方を確認する。 ●けがの防止のために適切な準備運動を行うように伝える。
15分	5　回転系の自己のできる技に取り組む ○回転系の発展技や更なる発展技の行い方を理解する。 ○自己の能力に適した回転系の技を，自己の能力に適した段数の跳び箱を設置した場を選んで行う。	●回転系の発展技や更なる発展技の行い方について，学習資料やICT機器を活用したり，実際に動いて示したりしながら説明する。

回転系の発展技，更なる発展技の例
○伸膝台上前転（台上前転からの発展技）

○頭はね跳び（首はね跳びからの発展技）

○前方屈腕倒立回転跳び（頭はね跳びからの更なる発展技）

15分	6 **回転系の自己の能力に適した技に挑戦する** ○課題に応じた練習の場や段階を選んで，もう少しでできそうな技に挑戦する。 **◎回転系の発展技が苦手な児童への配慮の例** ➡ 行いやすい場で，膝を伸ばして回転する動きが身に付くようにするなどの配慮をする。  ・マットを数枚重ねた場で行う。　　　・踏切りの位置に跳び箱を設置した場で行う。 ➡ 頭はね跳びが苦手な児童には，行いやすい場で，体を反らしてはねたり，手で押したりする動きが身に付くようにするなどの配慮をする。 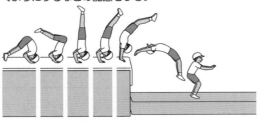 ・ステージから頭はね起きで下りる。　　　・踏切りの位置に跳び箱を設置した場で行う。

	○課題解決のために自己や仲間が考えたことを伝える。	●考えたことを伝えていることを取り上げて，称賛する。

5分	7 **本時を振り返り，次時への見通しをもつ**

> **本時の振り返り**
> ・本時の学習でできるようになった技を書きましょう。
> ・挑戦した技の課題とその課題の解決のために選んだ練習の場を書きましょう。
> ・跳び箱運動の切り返し系や回転系の技の行い方について，理解したことを書きましょう。

○振り返りを発表して，仲間に伝える。	●振り返りを学習カードに記入するように伝えるとともに，気付きや考えのよさを取り上げて，称賛する。

◆学習評価◆　知識・技能
①跳び箱運動の行い方について，言ったり書いたりしている。

➡ 跳び箱運動の切り返し系や回転系の技を安定して行ったり，その発展技を行ったりする行い方について，発表したり学習カードに記入したりしていることを評価する。（観察・学習カード）

◎跳び箱運動の行い方を理解することが苦手な児童への配慮の例

➡ 個別に関わり，跳び箱運動の行い方のポイントについて対話しながら確認するなどの配慮をする。

8 **整理運動，場や器械・器具の片付けをする**	●適切な整理運動を行うように伝えるとともに，けががないかなどを確認する。
9 **集合，健康観察，挨拶をする**	

本時の目標と展開④（8／8時間）

本時の目標

(1) 自己の能力に適した切り返し系や回転系の基本的な技を安定して行ったり，その発展技をしたりすることができるようにする。
(2) 課題の解決のために自己や仲間の考えたことを他者に伝えることができるようにする。
(3) 跳び箱運動に積極的に取り組むことができるようにする。

本時の展開

時間	学習内容・活動	指導上の留意点
10分	1　集合，挨拶，健康観察をする 2　本時のねらいを理解して，目標を立てる **跳び箱運動発表会でできるようになった技を見せ合って，学習のまとめをしよう** ○本時のねらいを理解して，自己の目標を立てる。 3　場や用具の準備をする ○グループで協力して，準備をする。 4　準備運動，主運動につながる運動をする ○学級全体やグループで準備運動，主運動につながる運動をする。	●学習カードを配り，立てた目標を記入するように伝える。 ●役割分担や安全な準備の仕方を確認する。 ●けがの防止のために適切な準備運動を行うように伝える。
10分	5　跳び箱運動発表会をする ○跳び箱運動発表会の行い方を知る。 跳び箱運動発表会の行い方や約束の例 ・グループで一人ずつ順番に，できるようになった技を発表しましょう。 ・技を終え，着地しておわりのポーズをしたら，拍手をしましょう。 ・仲間の発表をよく見て，発表会の終わりに技のできばえを伝えましょう。 ○発表する切り返し系の技を選び，練習をする。 ○切り返し系の技を見せ合う。	●跳び箱運動発表会の行い方を説明する。 ●跳び箱運動に積極的に取り組もうとしている様子を取り上げて，称賛する。 ◆学習評価◆　主体的に学習に取り組む態度 ①跳び箱運動に進んで取り組もうとしている。 ➡　跳び箱運動の技の練習や発表，課題を解決するために活動を工夫することなどに，積極的に取り組もうとしている姿を評価する。（観察・学習カード）
15分	○グループで協力して，回転系の技を行う場の準備をする。 ○発表する回転系の技を選び，練習をする。 ○回転系の技を見せ合う。	●役割分担や安全な準備の仕方を確認する。 ◆学習評価◆　知識・技能 ②自己の能力に適した切り返し系や回転系の基本的な技を安定して行ったり，その発展技をしたりすることができる。 ➡　練習や発表の際に，自己の能力に適した切り返し系や回転系の基本的な技を安定して行ったり，その発展技や更なる発展技を行ったりしている姿を評価する。（観察）
10分	6　単元を振り返り，学習のまとめをする 単元の学習の振り返り ・単元の学習の目標で，達成したことを書きましょう。 ・学習したことで，今後の学習や日常生活の中で取り組んでいきたいことを書きましょう。 ○振り返りを発表して，仲間に伝える。 7　整理運動，場や器械・器具の片付けをする 8　集合，健康観察，挨拶をする	●振り返りを学習カードに記入するように伝えるとともに，気付きや考えのよさを取り上げて，それらを称賛する。 ●適切な整理運動を行うように伝えるとともに，けががないかなどを確認する。

2学年間にわたって取り扱う場合

【第5学年における指導と評価の計画（例）】

時間		1	2	3	4	5	6	7	8
ねらい		学習の見通しをもつ	切り返し系の技の行い方を理解して，できる技に取り組んだり，課題の解決の仕方を工夫して技に挑戦したりすることを楽しむ			回転系の技の行い方を理解して，できる技に取り組んだり，課題の解決の仕方を工夫して技に挑戦したりすることを楽しむ			学習のまとめをする
学習活動		オリエンテーション ○学習の見通しをもつ ・学習の進め方 ・学習の約束 ○跳び箱運動 中学年で学習した基本的な技に取り組む	○切り返し系の自己のできる技に取り組む 自己のできる基本的な技を安定して行ったり，その発展技を行ったりする ○切り返し系の自己の能力に適した技に挑戦する ・かかえ込み跳び ・屈伸跳び			○回転系の自己のできる技に取り組む 自己のできる基本的な技を安定して行ったり，その発展技を行ったりする ○回転系の自己の能力に適した技に挑戦する ・伸膝台上前転 ・頭はね跳び ・前方屈腕倒立回転跳び			学習のまとめ ○切り返し系の自己のできる技に取り組む ○回転系の自己のできる技に取り組む ○学習のまとめをする
評価の重点	知識・技能					① 観察・学習カード			② 観察
	思考・判断・表現				① 観察・学習カード		② 観察・学習カード		
	主体的に学習に取り組む態度	⑤ 観察・学習カード	③ 観察・学習カード	② 観察・学習カード				① 観察・学習カード	

【中学年「跳び箱運動」との円滑な接続を図るための工夫（例）】

● 「切り返し系や回転系の発展技に取り組む」ために

　中学年では，自己の能力に適した基本的な技に取り組むことを楽しみました。高学年では，それらを安定して行ったりその発展技に取り組んだりすることができるようにします。

　そのため高学年のはじめは，切り返し系や回転系の発展技や更なる発展技の行い方を理解し，自己の能力に適した技に，マットを数枚重ねた場や低く設置した跳び箱，ステージを利用した場などの易しい場から，課題に応じた場や段階を選んで挑戦することを楽しみましょう。

> （例）切り返し系や回転系の発展技に，課題に応じた場や段階を選んで挑戦する
> ・かかえ込み跳びは，手を着きやすく跳び越しやすくするためにマットを数枚重ねた場を選んだり，跳び乗る動作で取り組めるように長いマットをステージに垂らした場を選んだりする。
> ・伸膝台上前転は，踏み切った後に腰を上げたり速さのある回転をしたりすることがしやすくするために，マットを数枚重ねた場や低く設置した跳び箱の場などを選ぶ。
> ・頭はね跳びは，体を反らせてはねたり手で押したりする動きがしやすくするために，マットを数枚重ねた場やステージの下にセーフティマットを置いた場などを選ぶ。

　跳び箱運動では，切り返し系と回転系の技を指導しますが，回転系の技の回転感覚が残ったまま切り返し系の技を行うと事故につながることがあります。学習のまとめの時間など，1時間のうちに切り返し系の技との回転系の技を行うことがある場合は，切り返し系の技から先に行うようにして，回転系の技の後に切り返し系の技は行わないようにしましょう。

【第5学年において重点を置いて指導する内容（例）】

● 知識及び技能

　切り返し系や回転系の発展技や更なる発展技の行い方を理解するとともに，自己の能力に適した技に易しい場で挑戦することができるようにしましょう。その際，取り組む発展技の基本的な技に，あらかじめ十分に取り組むようにしましょう。

● 思考力，判断力，表現力等

　自己の能力に適した技を選んで取り組むことができるようにしましょう。その際，課題に応じた練習の場や段階を選べるようにしましょう。

● 学びに向かう力，人間性等

　高学年の学習では，自己の能力に適した技や場を選んで練習をするので，それぞれの場の準備や片付けなどで分担した役割を果たそうとしたり，仲間と助け合って練習をしようとしたりすることができるようにしましょう。また，けががないように，互いの服装や髪形に気を付けたり場の危険物を取り除いたりするとともに，試技の前後などに器械・器具の安全に気を配ることができるようにしましょう。

短距離走・リレー

短距離走・リレーは，走る距離やバトンの受渡しなどのルールを決めて，一定の距離を全力で走ったり，滑らかなバトンの受渡しをしたりして，記録に挑戦したり，相手と競走したりする楽しさや喜びを味わうことができる運動です。本単元例は，短距離走に取り組む時間を多く設定した単元前半から，徐々にリレーに取り組む時間を多く設定した単元後半に進むようにすることで，短距離走の学習で身に付けたことをリレーの学習に生かす授業を展開するようにしています。

単元の目標

(1) 短距離走・リレーの行い方を理解するとともに，一定の距離を全力で走ったり，滑らかなバトンの受渡しをしたりすることができるようにする。
(2) 自己の能力に適した課題の解決の仕方，競走や記録への挑戦の仕方を工夫するとともに，自己や仲間の考えたことを他者に伝えることができるようにする。
(3) 短距離走・リレーに積極的に取り組み，約束を守り助け合って運動をしたり，勝敗を受け入れたり，仲間の考えや取組を認めたり，場や用具の安全に気を配ったりすることができるようにする。

指導と評価の計画（7時間）

時 間		1	2	3
ねらい		学習の見通しをもつ	短距離走・リレーの行い方を理解し，競走をしたり記録への挑戦をしたりすることを楽しむ	
学習活動		**オリエンテーション** 1 集合，挨拶，健康観察をする 2 単元の学習の見通しをもつ ○単元の目標と学習の進め方を理解する。 ○学習の約束を理解する。 3 本時のねらいを理解して，目標を立てる 4 場や用具の準備をする ○場や用具の準備と片付けの役割分担を理解する。 5 準備運動，主運動につながる運動をする ○準備運動，主運動につながる運動の行い方を理解する。 6 短距離走をする ○50m走の行い方と計測の役割分担を理解する。 ○50m走の競走と計測をする。	1 集合，挨拶，健康観察をする 　 2 本時のねらいを理解して，目 4 準備運動，主運動につながる運動をする **短距離走** 5 短距離走をする ○短距離走の行い方を理解する。 ○自己に適した競走のルールや記録への挑戦の仕方を選んで，8秒間走をする。 ○課題の解決のために自己や仲間が考えたことを伝える。 6 リレーをする **リレー** ○リレーの行い方を理解する。 ○自己のチームに適した走順を選ん ○自己やチームの課題に応じた場や ○課題の解決のために自己や仲間が	
		7 本時を振り返り，次時への見通しをもつ　 8 整理運動，場や用具の片付けをする　 9 集合，健康		
評価の重点	知識・技能		① 観察・学習カード	
	思考・判断・表現			② 観察・学習カード
	主体的に学習に取り組む態度	⑥ 観察・学習カード	④ 観察・学習カード	③ 観察・学習カード

単元の評価規準

知識・技能	思考・判断・表現	主体的に学習に取り組む態度
①短距離走・リレーの行い方について，言ったり書いたりしている。 ②一定の距離を全力で走ったり，滑らかなバトンの受渡しをしたりすることができる。	①自己やチームの能力に適した課題を見付け，課題に応じた練習の場や段階を選んでいる。 ②自己の能力に適した競走のルールや記録への挑戦の仕方を選んでいる。 ③自己や仲間の動きの変化や伸びを見付けたり，考えたりしたことを他者に伝えている。	①短距離走・リレーに積極的に取り組もうとしている。 ②運動の約束を守り，仲間と助け合おうとしている。 ③用具の準備や片付け，計測や記録などで，分担された役割を果たそうとしている。 ④勝敗を受け入れようとしている。 ⑤仲間の考えや取組を認めようとしている。 ⑥場や用具の安全に気を配っている。

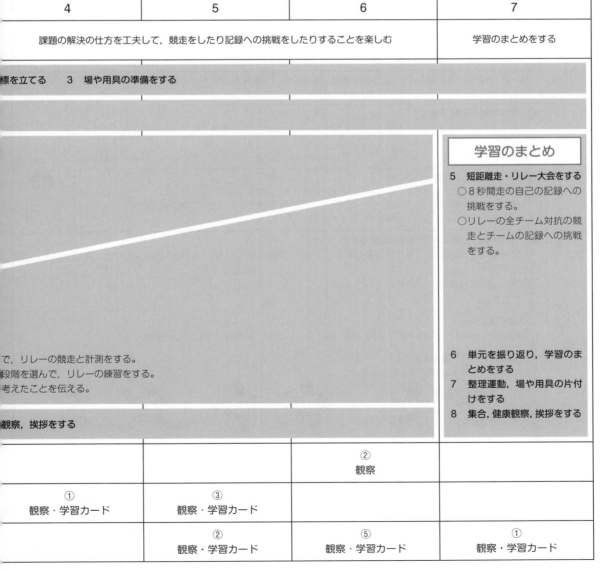

4	5	6	7
課題の解決の仕方を工夫して，競走をしたり記録への挑戦をしたりすることを楽しむ			学習のまとめをする

標を立てる　　3　場や用具の準備をする

学習のまとめ

5　短距離走・リレー大会をする
　○8秒間走の自己の記録への挑戦をする。
　○リレーの全チーム対抗の競走とチームの記録への挑戦をする。

で，リレーの競走と計測をする。
段階を選んで，リレーの練習をする。
考えたことを伝える。

観察，挨拶をする

6　単元を振り返り，学習のまとめをする
7　整理運動，場や用具の片付けをする
8　集合，健康観察，挨拶をする

		② 観察	
① 観察・学習カード	③ 観察・学習カード		
	② 観察・学習カード	⑤ 観察・学習カード	① 観察・学習カード

本時の目標と展開① (1／7時間)

本時の目標

(1) 短距離走・リレーの行い方を理解することができるようにする。
(2) 自己の能力に適した競走のルールや記録への挑戦の仕方を選ぶことができるようにする。
(3) 場や用具の安全に気を配ることができるようにする。

本時の展開

時間	学習内容・活動	指導上の留意点
5分	**1 集合，挨拶，健康観察をする** **2 単元の学習の見通しをもつ** ○単元の目標と学習の進め方を理解する。 ○チームを確認する。 ○学習の約束を理解する。	●掲示物を活用するなどしながら，分かりやすく説明する。 ●どのチームも同じくらいの走力になるように配慮して，六人を基本としたチームを事前に決めておく。
	運動の約束の例 ・用具は正しく使いましょう。 ・場の安全に気を配りましょう。 ・レーンを横切るときは，走者を確認しましょう。 ・競走の勝敗を受け入れましょう。 ・仲間と助け合い，役割を果たしましょう。 ・仲間の考えや取組を認めましょう。	
	3 本時のねらいを理解して，目標を立てる	
	短距離走・リレーの学習の進め方を理解し，学習の見通しをもとう	
	○本時のねらいを理解して，自己の目標を立てる。	●学習カードを配り，使い方を説明する。
15分	**4 場や用具の準備をする** ○場や用具の準備と片付けの役割分担を理解する。 ○チームで協力して，準備をする。	●役割分担や安全な準備と片付けの仕方を説明する。 ●安全に気を配っている様子を取り上げて，称賛する。
	場や用具の準備と片付けの約束の例 ・運動をする場所に危険物がないか気を配り，見付けたら取り除きましょう。 ・運動に使う用具などは，チームで分担して，決まった場所から安全に気を配って運びましょう。 ・安全に運動ができるように，服装などが整っているか，互いに気を配りましょう。	
	5 準備運動，主運動につながる運動をする ○準備運動，主運動につながる運動の行い方を理解する。 ○チームで準備運動，主運動につながる運動をする。	●けがの防止のために適切な準備運動の行い方について，実際に動いて示しながら説明する。
	準備運動の例 ○徒手での運動 … 肩，腕，手首，腿，膝，ふくらはぎ，足首などをほぐす運動をする。 **主運動につながる運動の例** ○いろいろな走り方で10m走をする。 ・リズミカルにはずんでスキップをする　　・素早く小刻みに膝を高く上げる　　・大きな歩幅で前に進む ○いろいろな姿勢からのスタートで10m走をする	

6　短距離走をする

○50m走の行い方と計測の役割分担を理解する。	●50m走の行い方とチームで役割分担した計測の仕方を説明する。

50m走の計測の役割分担の例

・スタートの合図をする。

・スタートの合図と同時に走り出し，ゴールは走り抜ける。

・計測・記録をする。

> 記録は，自己にとってとても大切なものです。分担された役割を果たし，チームの仲間と協力して，正しい記録を計測できるようにしましょう。

○スタートの行い方を理解する。 ○チームでスタートの練習をする。	●スタートの行い方について，学習資料やICT機器を活用したり，実際に動いて示したりしながら説明する。

スタートの行い方の例
○スタンディングスタート

・目線を落として低い姿勢で構える。

・目線は落としたまま，低い姿勢で数歩進む。

・前足に重心をかける。

○50m走の練習をする。（一人1〜2回）	●安全に気を配っている様子を取り上げて，称賛する。

◆学習評価◆　主体的に学習に取り組む態度
⑥場や用具の安全に気を配っている。

➡　場や周りの仲間との十分な間隔や場に危険物がないかなど，安全に気を配っている姿を評価する。（観察・学習カード）

○50m走の競走と計測をする。 （一人1回）	

◎場の安全に気を配ることに意欲的でない児童への配慮の例

➡　運動や移動をする前には周りを見渡すなど，安全に気を配ることを明確にしたり，チームの仲間と安全について声をかけ合って確認したりするなどの配慮をする。

20分

7　本時を振り返り，次時への見通しをもつ

> **本時の振り返り**
> ・50m走の記録と，運動をして気付いたことや考えたことを書きましょう。
> ・安全に気を配ることについて，気付いたことや考えたことを書きましょう。
> ・単元の学習で身に付けたいことや目指したい記録など，自己の目標を書きましょう。

○振り返りを発表して，仲間に伝える。	●振り返りを学習カードに記入するように伝えるとともに，気付きや考えのよさを取り上げて，称賛する。
8　整理運動，場や用具の片付けをする	●整理運動の行い方について，実際に動いて示しながら説明するとともに，けががないかなどを確認する。
9　集合，健康観察，挨拶をする	

5分

本時の目標と展開② (2／7時間)

本時の目標

(1) 短距離走・リレーの行い方を理解することができるようにする。

(2) 自己の能力に適した競走のルールや記録への挑戦の仕方を選ぶことができるようにする。

(3) 勝敗を受け入れることができるようにする。

本時の展開

時 間	学習内容・活動	指導上の留意点
10 分	1　集合，挨拶，健康観察をする 2　本時のねらいを理解して，目標を立てる **短距離走・リレーの行い方を理解して，競走や自己の記録への挑戦をしよう** ○本時のねらいを理解して，自己の目標を立てる。 3　**場や用具の準備をする** ○チームで協力して，準備をする。 4　**準備運動，主運動につながる運動をする** ○チームで準備運動，主運動につながる運動をする。	●学習カードを配り，立てた目標を記入するように伝える。 ●役割分担や安全な準備の仕方を確認する。 ●けがの防止のために適切な準備運動を行うように伝える。
20 分	5　**短距離走をする** ○短距離走の行い方を理解する。 **短距離走の行い方の例** ○体を前傾させて全力で走る 中学年で学習した「クレヨンのフォーム」で走りましょう。 ○8秒間走の行い方を理解する。 ○自己に適したスタート線を選んで，8秒間走をする。（一人3〜4回）	●短距離走の行い方について，学習資料やICT機器を活用したり，実際に動いて示したりしながら説明する。 ◎**短距離走が苦手な児童への配慮の例** ➡　走り方のポイントを1つずつ確認したり，立ち止まった姿勢で練習したりするなどの配慮をする。 ◆**学習評価◆　主体的に学習に取り組む態度** ④**勝敗を受け入れようとしている。** ➡　8秒間走やリレーの競走での勝敗を受け入れようとしている姿を評価する。（観察・学習カード） ◎**勝敗を受け入れることに意欲的でない児童への配慮の例** ➡　個別に関わり，走り方のよかった点を見付けたり，次の競走で気を付けるポイントを確認したりして，勝敗の結果だけにこだわらないようにするなどの配慮をする。 ●8秒間走の行い方について，学習資料やICT機器を活用したり，実際に動いて示したりしながら説明する。 ●行い方のポイントを押さえた走り方を取り上げて，称賛する。

8秒間走の行い方の例

○場の準備
・55m（直線）のレーンをつくり，30m地点まで1メートルごとにスタートラインを格子状に引く。
・出発の合図から8秒間をカウントダウンする音声を用意し，流れるようにする。
○運動の行い方
・50m走の記録をもとに，8秒ちょうどで走り切る目標の距離を考えて，その距離のスタートラインを選ぶ。
・出発の合図で走り出し，8秒後の合図のときにゴールできるように全力で走る。

6 リレーをする

○リレーの行い方と計測の役割分担を理解する。

● リレーの行い方について，学習資料やICT機器を活用したり，実際に動いて示したりしながら説明する。

リレーの行い方の例

・1周100mのトラックを2箇所つくり，1箇所で，2チームが競走をするようにする。
・バトンの受渡しが交錯しないようにするために，2チームがトラックの反対側からスタートするようにする。
・別の1チームが計測の役割を果たす。

○バトンの受渡しの行い方を理解する。
○自己のチームに適した走順を選んで，バトンの受渡しを練習する。

● バトンの受渡しの行い方について，学習資料やICT機器を活用したり，実際に動いて示したりしながら説明する。
● 仲間と励まし合って練習する様子を取り上げて，称賛する。

バトンの受渡しの行い方の例

○テークオーバーゾーン内で，減速の少ないバトンの受渡しをする

ハイ

・前走者がスタートマークまできたら，次走者は前を向いて走り出す。
・前走者はバトンを渡すタイミングで，「ハイ」の声をかける。
・次走者は「ハイ」の声で手を上げて走りながらバトンを受ける。

○バトンは，前走者は右手で渡し，次走者は左手で受けるようにするとよい
・次走者は，トラックの内側を向いて構えることから，前走者がコーナーを走ってくる様子を直前まで見ることができる。
・前走者は，バトンを渡した後，トラックの外側のレーンにはみ出すことを防ぐことができる。

○相手チームを確認して，リレーで競走をするとともに計測をする。（1チーム1回）

● 競走をするチームと使用するトラックを伝えるとともに，計測の役割分担を確認する。

---

7 本時を振り返り，次時への見通しをもつ

本時の振り返り
・短距離走・リレーの行い方について，理解したことを書きましょう。
・8秒間走の記録と，8秒間走をして気付いたことや考えたことを書きましょう。
・勝敗を受け入れることについて，気付いたことや考えたことを書きましょう。
・リレーの記録と，単元の学習で目指したい記録など，チームの目標を書きましょう。

○振り返りを発表して，仲間に伝える。

● 振り返りを学習カードに記入するように伝えるとともに，気付きや考えのよさを取り上げて，称賛する。

◆学習評価◆　知識・技能
①短距離走・リレーの行い方について，言ったり書いたりしている。

➡ 体を前傾させて全力で走ることやテークオーバーゾーン内で減速の少ないバトンの受渡しをすることなど，短距離走・リレーの行い方について，発表したり学習カードに記入したりしていることを評価する。（観察・学習カード）

◎短距離走・リレーの行い方を理解することが苦手な児童への配慮の例

➡ 個別に関わり，短距離走・リレーの行い方のポイントについて対話をしながら確認するなどの配慮をする。

---

8 整理運動，場や用具の片付けをする

● 適切な整理運動を行うように伝えるとともに，けががないかなどを確認する。

9 集合，健康観察，挨拶をする

本時の目標と展開③ (4／7時間)

本時の目標

(1) 一定の距離を全力で走ったり，滑らかなバトンの受渡しをしたりすることができるようにする。
(2) 自己やチームの能力に適した課題を見付け，課題に応じた練習の場や段階を選ぶことができるようにする。
(3) 運動の約束を守り，仲間と助け合うことができるようにする。

本時の展開

時間	学習内容・活動	指導上の留意点
10分	1 集合，挨拶，健康観察をする 2 本時のねらいを理解して，目標を立てる **課題の解決の仕方を工夫して，競走や自己の記録への挑戦をしよう** ○本時のねらいを理解して，自己の目標を立てる。 3 場や用具の準備をする ○チームで協力して，準備をする。 4 準備運動，主運動につながる運動をする ○チームで準備運動，主運動につながる運動をする。	●学習カードを配り，立てた目標を記入するように伝える。 ●役割分担や安全な準備の仕方を確認する。 ●けがの防止のために適切な準備運動を行うように伝える。
10分	5 短距離走をする ○8秒間走の競走のルールや記録への挑戦の仕方を理解する。 ○自己に適した競走のルールや記録への挑戦の仕方を選んで，8秒間走をする。（一人2〜3回） 競走のルールや記録への挑戦の仕方の例 ○スタートラインが異なる相手と競走することによって全力で走り，8秒で走り切る距離に挑戦する。 ・自己より長い距離を選んだ仲間と競走をして，追いかけられることによって全力で走る。 ・選んだ距離が近い仲間と，スタートから競走をすることによって全力で走る。 ○課題の解決のために自己や仲間が考えたことを伝える。	●競走のルールや記録への挑戦の仕方について，学習資料やICT機器を活用したり，実際に動いて示したりしながら説明する。 ●自己に適した競走のルールや記録への挑戦の仕方を選んでいることを取り上げて，称賛する。 ◎競走のルールや記録への挑戦の仕方を選ぶことが苦手な児童への配慮の例 ➡ 競走をする相手や走る距離を変えながら取り組み，自己に適した競走のルールや記録への挑戦の仕方を見付けるようにするなどの配慮をする。 ●スタート地点ではスタートの行い方，走路の中間地点では体を軽く前傾して全力で走る行い方，ゴール地点では力を抜かずにゴールの先まで走り抜けることについて適宜助言をする。 ●考えたことを伝えていることを取り上げて，称賛する。 ◎考えたことを伝えることが苦手な児童への配慮の例 ➡ 個別に関わり，仲間のよい動きを見付けたり仲間のよい考えに気付いたりしたことを聞き取って，仲間に伝えることを支援するなどの配慮をする。

20 分	**6　リレーをする** ○自己のチームに適した走順を選んで，バトンの受渡しを確認する。 ○相手チームを決めて，リレーの競走と計測をする。（1回目）	●競走をするチームと使用するトラックを伝えるとともに，計測の役割分担を確認する。

◎滑らかなバトンの受渡しをすることが苦手な児童への配慮の例
➡　振り向かなくてもバトンを受けるタイミングが合うように，前走者が「ハイ」の声をかけるのにちょうどよいタイミングを見付けるようにするなどの配慮をする。
➡　練習を繰り返しても課題が解決できないときは，自己のチームに適した走順を選び直すようにするなどの配慮をする。

○リレーの課題の解決の仕方を理解する。	●リレーの課題の解決の仕方について，学習資料やICT機器を活用したり，実際に動いて示したりしながら説明する。
○自己やチームの課題に応じた場や段階を選んで，リレーの練習をする。	●課題に応じた練習の場や段階を選んでいることや，変化や伸びがあったバトンの受渡しを取り上げて，称賛する。

リレーの練習の場や段階の例

○立ち止まった姿勢でのバトンの受渡し

・バトンの受渡しをする手の位置や高さを確認して，二人とも前を向いたまま「ハイ」の声をかけてバトンの受渡しをする。
・慣れてきたら，ゆっくりとしたかけ足をしながらバトンの受渡しをする。

○スタートマークの位置の工夫

・減速の少ないバトンの受渡しをするために，次走者が走り出すタイミングを，スタートマークの位置を工夫して見付ける。

◆学習評価◆　思考・判断・表現
①自己やチームの能力に適した課題を見付け，課題に応じた練習の場や段階を選んでいる。
➡　競走をして見付けた自己やチームの課題に応じた場や段階を選んでいる姿を評価する。（観察・学習カード）

◎リレーで，課題に応じた練習に取り組むことが苦手な児童やチームへの配慮の例
➡　バトンの受渡しの行い方のポイントと自己やチームの行い方とを比べて話し合うよう助言して，チームの課題に応じた場や段階を選ぶようにするなどの配慮をする。

○課題解決のために自己や仲間が考えたことを伝える。	●考えたことを伝えていることを取り上げて，称賛する。
○相手チームを決めて，リレーの競走と計測をする。（2回目）	●競走をするチームと使用するトラックを伝えるとともに，計測の役割分担を確認する。

5 分	**7　本時を振り返り，次時への見通しをもつ**	

本時の振り返り
・8秒間走の記録と，選んだ競走や記録への挑戦の仕方を書きましょう。
・リレーの記録と，見付けた課題と選んだ練習の場や段階を書きましょう。
・自己や仲間の動きの変化や伸びを見付けたり，考えたりしたことを書きましょう。

○振り返りを発表して，仲間に伝える。	●振り返りを学習カードに記入するように伝えるとともに，気付きや考えのよさを取り上げて，称賛する。
8　整理運動，場や用具の片付けをする	●適切な整理運動を行うように伝えるとともに，けががないかなどを確認する。
9　集合，健康観察，挨拶をする	

本時の目標と展開④（7／7時間）

本時の目標

(1) 一定の距離を全力で走ったり，滑らかなバトンの受渡しをしたりすることができるようにする。

(2) 自己や仲間の動きの変化や伸びを見付けたり，考えたりしたことを他者に伝えることができるようにする。

(3) 短距離走・リレーに積極的に取り組むことができるようにする。

本時の展開

時間	学習内容・活動	指導上の留意点
10分	1　集合，挨拶，健康観察をする 2　本時のねらいを理解して，目標を立てる **短距離走・リレー大会で競走や記録への挑戦をして，学習のまとめをしよう** ○本時のねらいを理解して，自己の目標を立てる。 3　場や用具の準備をする ○チームで協力して，準備をする。 4　準備運動，主運動につながる運動をする ○チームで準備運動，主運動につながる運動をする。	●学習カードを配り，立てた目標を記入するように伝える。 ●役割分担や安全な準備の仕方を確認する。 ●けがの防止のために適切な準備運動を行うように伝える。
10分	5　短距離走・リレー大会をする ○短距離走・リレー大会の行い方を理解する。 短距離走・リレー大会の行い方やきまりの例 ・8秒間走を2回，リレーを2回行います。自己やチームの最高記録を目指しましょう。 ・リレーはチーム数を増やして競走をするので，バトンの受渡しをした後，他のチームの走路に入らないように，周りをよく見て安全に気を配りましょう。 ・全員が学習の成果を発揮できるように，元気よく気持ちのよい応援をしましょう。 ○8秒間走の自己の記録への挑戦をする。（一人2回）	●短距離走・リレー大会の行い方を説明する。 ●積極的に取り組もうとしている様子を取り上げて，称賛する。 ◆**学習評価**◆　主体的に学習に取り組む態度 ①**短距離走・リレーに積極的に取り組もうとしている。** ➡　短距離走・リレーでの記録への挑戦や競走，課題の解決のための練習などに積極的に取り組もうとしている姿を評価する。（観察・学習カード）
15分	○リレーの全チーム対抗での競走とチームの記録への挑戦をする。（1回目） ○1回目の競走を振り返り，バトンの受渡しなどの確認をする。 ○リレーの全チーム対抗での競走とチームの記録への挑戦をする。（2回目）	●場の安全に配慮して，全チーム一斉での競走を行わない場合は，半数（3～4チーム）のチームで競走をするようにする。 ●計測は教師が行い，走っていないときは積極的に応援ができるようにする。 ●積極的に取り組もうとしている様子を取り上げて，称賛する。
10分	6　単元を振り返り，学習のまとめをする 単元の学習の振り返り ・短距離走・リレー大会での記録を書きましょう。 ・単元の学習の自己やチームの目標で，達成したことを書きましょう。 ・学習したことで，今後の学習や日常生活の中で取り組んでいきたいことを書きましょう。 ○振り返りを発表して，仲間に伝える。 7　整理運動，場や用具の片付けをする 8　集合，健康観察，挨拶をする	 ●振り返りを学習カードに記入するように伝えるとともに，気付きや考えのよさを取り上げて，称賛する。 ●適切な整理運動を行うように伝えるとともに，けががないかなどを確認する。

2学年間にわたって取り扱う場合

【第5学年における指導と評価の計画（例）】

時間		1	2	3	4	5	6	7
ねらい		学習の見通しをもつ	短距離走の行い方を理解し，課題の解決の仕方を工夫して，競走をしたり記録への挑戦をしたりすることを楽しむ		リレーの行い方を理解し，課題の解決の仕方を工夫して，競走をしたり記録への挑戦をしたりすることを楽しむ			学習のまとめをする
学習活動		**オリエンテーション** ○学習の見通しをもつ ・学習の進め方 ・学習の約束 ○短距離走 計測の仕方を理解し，役割分担をして，50m走の計測する	**短距離走** ○短距離走で，競走や記録への挑戦をする ・スタート10m走 スタンディングスタートから10mの距離で，競走をしたり記録への挑戦をしたりする ・50m走 スタートから25mまで，25mから50mまでの記録を計測し，課題を見付ける		**リレー** ○リレーで，競走や記録への挑戦をする ・二人50mリレー 二人組で50mを走るリレーで減速の少ないバトンの受渡しをして，競走をしたり記録への挑戦をしたりする ・リレー 一人が50m程度を走るリレーで，走順やバトンの受渡しを工夫して，競走をしたり記録への挑戦をしたりする			**学習のまとめ** ○短距離走・リレー大会 50m走やリレーの自己やチームの最高記録への挑戦をする ○学習のまとめをする
評価の重点	知識・技能				① 観察・学習カード			② 観察
	思考・判断・表現			① 観察・学習カード			③ 観察・学習カード	
	主体的に学習に取り組む態度	⑥ 観察・学習カード	④ 観察・学習カード			③ 観察・学習カード		① 観察・学習カード

【中学年「かけっこ・リレー」との円滑な接続を図るための工夫（例）】

● **「スタンディングスタートから，素早く走り始める」ために**

　中学年では，いろいろな走り出しの姿勢から，素早く走り始めることを楽しみました。高学年では，この素早く走り出す力をスタンディングスタートで発揮できるようにします。

　そのため高学年のはじめは，スタンディングスタートの行い方を理解し，繰り返し行うことで技能を習得できるように，短い距離での競走や記録への挑戦を楽しむ活動をしましょう。

> （例）スタート10m走
> ・二人で競走をして，勝った人は次の競走はスタートラインを1m下げる。これを3回行い，勝敗数を競う。
> ・はじめに10m走の計測をし，その記録を0.1秒縮めることを目標にして，スタートを工夫して記録への挑戦をする。

● **「走りながらタイミングよくバトンの受渡しをすること」から，「減速の少ないバトンの受渡し」につなげるために**

　中学年では，走りながらタイミングよくバトンの受渡しをするリレーを楽しみました。高学年では，減速の少ないバトンの受渡しをできるようにします。

　そのため高学年のはじめは，決めた仲間と何度もバトンの受渡しをするとともに，バトンの受渡しでの減速に着目できるよう，少人数で短い距離でのリレーの競走や記録への挑戦を楽しむ活動をしましょう。

> （例）二人50mリレー
> ・二人で50mを走るリレーをする。バトンの受渡しで減速を少なくすることを目標として，他の二人組と競走をする。
> ・二人の50m走の記録の平均した記録を縮めることを目標に，バトンの受渡しを工夫して記録に挑戦する。

【第5学年において重点を置いて指導する内容（例）】

● **知識及び技能**

　短距離走では，スタンディングスタートの行い方を理解して，自己に適した姿勢を見付けることができるようにしましょう。また，リレーでは，減速の少ないバトンの受渡しをできるようにしますが，このとき，左手で受け取り，走りながら持ちかえて右手で渡す行い方にすると，次走者が前走者を見ながら構えられるとともに，前走者がバトンを渡した後に外側のレーンにはみ出すことを防ぐことが期待できます。「左受け・右渡し」を合言葉にして取り組みましょう。

● **思考力，判断力，表現力等**

　短距離走はスタートや距離で分けた計測をしたり，リレーは二人組のバトンの受渡しの計測をしたりする活動をして，自己やグループの能力に適した課題を見付け，課題に応じた練習の場や段階を選ぶことができるようにしましょう。

● **学びに向かう力，人間性等**

　高学年の学習では，記録への挑戦を楽しむ活動を行います。記録を大切にし，正確に計測をしようとする活動の中で，準備や片付け，計測や記録などで，自己やグループが分担された役割を果たそうとすることができるようにしましょう。また，チームでの練習などの際に，場の危険物を取り除くなど安全に気を配ることができるようにしましょう。

ハードル走

　ハードル走は，インターバルの距離やハードルの台数などのルールを決めて，ハードルをリズミカルに走り越えて，記録に挑戦したり，相手と競走したりする楽しさや喜びを味わうことができる運動です。本単元例は，1時間の中に競走や記録への挑戦をする時間と自己の課題に応じた練習をする時間を設定することで，競走や記録への挑戦を楽しみながら自己に適した課題を見付けたり，次の競走や記録の挑戦に向けて，課題に応じた練習に意欲的に取り組んだりすることができる授業を展開するようにしています。

単元の目標

(1) ハードル走の行い方を理解するとともに，ハードルをリズミカルに走り越えることができるようにする。
(2) 自己の能力に適した課題の解決の仕方，競走や記録への挑戦の仕方を工夫するとともに，自己や仲間の考えたことを他者に伝えることができるようにする。
(3) ハードル走に積極的に取り組み，約束を守り助け合って運動をしたり，勝敗を受け入れたり，仲間の考えや取組を認めたり，場や用具の安全に気を配ったりすることができるようにする。

指導と評価の計画（7時間）

時　間		1	2	3
ね ら い		学習の見通しをもつ	ハードル走の行い方を理解し，自己の記録に挑戦することを楽しむ	
学 習 活 動		**オリエンテーション** 1　集合，挨拶，健康観察をする 2　単元の学習の見通しをもつ ○単元の目標と学習の進め方を理解する。 ○学習の約束を理解する。 3　本時のねらいを理解して目標を立てる 4　場や用具の準備をする ○場や用具の準備と片付けの役割分担を理解する。 5　準備運動，主運動につながる運動をする ○準備運動，主運動につながる運動の行い方を理解する。 6　ハードル走で，自己の記録の計測をする ○自己に適したインターバルのレーンを見付ける。 ○40mハードル走の計測をする。	1　集合，挨拶，健康観察をする　　2　本時のねらいを理解して目標 4　準備運動，主運動につながる運動をする 5　ハードル走で，記録への挑戦や競走をする ○ハードル走の記録への挑戦の仕方，競走の仕方を理解する。 ○自己に適した記録への挑戦の仕方を選び，ハードル走をする。 ○自己やチームに適した競走のルールを選び，相手と競走をしたり， ○課題を解決するために自己や仲間が考えたことを伝える。 6　自己の課題に応じた練習をする ○見付けた課題に応じた練習の場や段階を選んで練習をする。 ・インターバルを3歩または5歩で走る。 ・第1ハードルを決めた足で踏み切る。 ・体のバランスをとりながら走る。 ○課題を解決するために自己や仲間が考えたことを伝える。	
		7　本時を振り返り，次時への見通しをもつ　　8　整理運動，場や用具の片付けをする　　9　集合，健康		
評価の重点	知識・技能		① 観察・学習カード	
	思考・判断・表現			
	主体的に学習に取り組む態度	⑥ 観察・学習カード	③ 観察・学習カード	② 観察

単元の評価規準

知識・技能	思考・判断・表現	主体的に学習に取り組む態度
①ハードル走の行い方について，言ったり書いたりしている。 ②ハードルをリズミカルに走り越えることができる。	①自己やグループの能力に適した課題を見付け，課題に応じた練習の場や段階を選んでいる。 ②自己の能力に適した競走のルールや記録への挑戦の仕方を選んでいる。 ③自己や仲間の動きの変化や伸びを見付けたり，考えたりしたことを他者に伝えている。	①ハードル走に積極的に取り組もうとしている。 ②約束を守り，仲間と助け合おうとしている。 ③用具の準備や片付け，計測や記録などで，分担された役割を果たそうとしている。 ④勝敗を受け入れようとしている。 ⑤仲間の考えや取組を認めようとしている。 ⑥場の危険物を取り除いたり整備したりしているとともに，用具の安全に気を配っている。

4	5	6	7
課題の解決の仕方，競走や記録への挑戦の仕方を工夫して，競走や記録に挑戦することを楽しむ			学習のまとめをする

を立てる　　3　場や用具の準備をする

チーム対抗で競走をしたりする。

学習のまとめ

5　ハードル走大会をする
○ハードル走大会の行い方を理解する。
○記録への挑戦の仕方を選んで，自己の記録への挑戦をする。
○競走したい相手を決め，自己に適したルールを選んでチーム対抗で競走をする。

6　単元の学習を振り返り，学習のまとめをする

7　整理運動，場や用具の片付けをする

8　集合，健康観察，挨拶をする

観察，挨拶をする

4	5	6	7
			② 観察
① 観察・学習カード	② 観察・学習カード	③ 観察・学習カード	
④ 観察・学習カード	⑤ 観察・学習カード		① 観察・学習カード

本時の目標と展開① (1／7時間)

本時の目標

(1) ハードル走の行い方を理解することができるようにする。

(2) 自己の能力に適した競走のルールや記録への挑戦の仕方を選ぶことができるようにする。

(3) 場や用具の安全に気を配ることができるようにする。

本時の展開

時 間	学習内容・活動	指導上の留意点
5分	1　集合，挨拶，健康観察をする 2　単元の学習の見通しをもつ 　○単元の目標と学習の進め方を理解する。 　○チームを確認する。 　○学習の約束を理解する。	●掲示物を活用するなどしながら，分かりやすく説明する。 ●どのチームも同じくらいの走力になるように配慮して，六人を基本としたチームを事前に決めておく。
	学習の約束の例 ・用具は正しく使いましょう。　　　　　　　　　　　・競走の勝敗を受け入れましょう。 ・場の安全に気を配りましょう。　　　　　　　　　・仲間と助け合い，役割を果たしましょう。 ・レーンを横切るときは，走者を確認しましょう。　・仲間の考えや取組を認めましょう。	
	3　本時のねらいを理解して，目標を立てる	
	ハードル走の学習の進め方を理解し，学習の見通しをもとう	
	○本時のねらいを理解して，自己の目標を立てる。	●学習カードを配り，使い方を説明する。
15分	4　場や用具の準備をする 　○場や用具の準備と片付けの役割分担を理解する。 　○チームで協力して，準備をする。	●役割分担や安全な準備と片付けの仕方を説明する。 ●安全に気を配っている様子を取り上げて，称賛する。
	場や用具の準備と片付けの約束の例 ・運動をする場所に危険物がないか気を配り，見付けたら取り除きましょう。 ・運動に使う用具などは，チームで分担して，決まった場所から安全に気を配って運びましょう。 ・安全に運動ができるように，服装などが整っているか，互いに気を配りましょう。	
	5　準備運動，主運動につながる運動をする 　○準備運動，主運動につながる運動の行い方を理解する。 　○学級全体やチームで準備運動，主運動につながる運動をする。	●けがの防止のために適切な準備運動の行い方について，実際に動いて示しながら説明する。
	準備運動の例 ○かけ足　…　チームで並んで，無理のない速さで走る。 ○徒手での運動　…　肩，腕，手首，腿，膝，ふくらはぎ，足首などをほぐす運動をチームで行う。 **主運動につながる運動の例** ○大きなスキップをする　　　　　　　　○小型ハードルを調子よく走る ・腕を大きく振って強く地面を蹴り，歩幅が大きいスキップをしてリズミカルに進む。　　　　　　　　　　　　　　　　　　　　　・小型ハードルを並べたレーンでインターバルを3歩のリズムで調子よく走り越す。	

20分	**6　ハードル走で，自己の記録を計測する** ○ハードル走の行い方と計測の役割分担を理解する。	●ハードル走の行い方とチームで役割分担した計測の仕方を説明する。

ハードル走の計測の役割分担の例

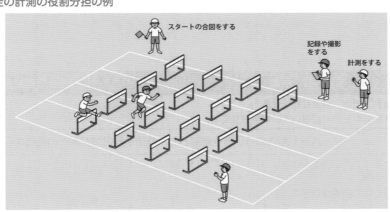

○インターバルのリズミカルな走り方を理解する。	●インターバルのリズミカルな走り方について，学習資料やICT機器を活用したり，実際に動いて示したりしながら説明する。

インターバルの走り方の例（3歩の場合）

『トン』　　　　　　『ト』　　　　　『ト』　　　　　『トン』
着地　　　　　　　　1歩　　　　　　2歩　　　　3歩（踏切り）

・仲間と「トン・ト・ト・トン」と声をかけ合いながら，3歩でインターバルを走るようにする。

○いろいろなレーンでハードル走をして，自己に適したインターバルのレーンを見付ける。	●第1ハードルを決めた足で踏み切って走り越えることができるように，スタートから第1ハードルまでの走り方を調整するように伝える。 ●安全に気を配っている様子を取り上げて，称賛する。

◆学習評価◆　　主体的に学習に取り組む態度
⑥場の危険物を取り除いたり整備したりしているとともに，場の安全に気を配っている。

➡　場や周りの仲間との十分な間隔や場に危険物がないかなど，安全に気を配っている姿を評価する。（観察・学習カード）

○40mハードル走の計測をする。（一人1回）

◎安全に気を配ることに意欲的でない児童への配慮の例

➡　運動や移動をする前には周りを見渡すなど，安全に気を配ることを明確にしたり，チームの仲間と安全について声をかけ合って確認したりするなどの配慮をする。

5分	**7　本時を振り返り，次時への見通しをもつ**	

本時の振り返り
・ハードル走の記録と，運動をして気付いたことや考えたことを書きましょう。
・安全に気を配ることについて，気付いたことや考えたことを書きましょう。
・単元の学習で身に付けたいことや目指したい記録など，自己の目標を書きましょう。

○振り返りを発表して，仲間に伝える。	●振り返りを学習カードに記入するように伝えるとともに，気付きや考えのよさを取り上げて，称賛する。
8　整理運動，場や用具の片付けをする	●整理運動の行い方について，実際に動いて示しながら説明するとともに，けががないかなどを確認する。
9　集合，健康観察，挨拶をする	

本時の目標

(1) ハードル走の行い方を理解することができるようにする。

(2) 自己の能力に適した競走のルールや記録への挑戦の仕方を選ぶことができるようにする。

(3) 用具の準備や片付け，計測や記録などで，分担された役割を果たすことができるようにする。

本時の展開

時間	学習内容・活動	指導上の留意点
10分	1　集合，挨拶，健康観察をする 2　本時のねらいを理解して，目標を立てる **ハードル走の行い方を理解して，競走や自己の記録への挑戦をしよう** ○本時のねらいを理解して，自己の目標を立てる。 3　場や用具の準備をする ○チームで協力して，準備をする。 4　準備運動，主運動につながる運動をする ○チームで準備運動，主運動につながる運動をする。	●学習カードを配り，立てた目標を記入するように伝える。 ●役割を果たそうとしている様子を取り上げて，称賛する。 ◆学習評価◆　主体的に学習に取り組む態度 ③用具の準備や片付け，計測や記録などで，分担された役割を果たそうとしている。 ➡　チームで分担したハードルの準備や片付けの役割や，計測や記録などの役割を果たそうとしている姿を評価する。（観察・学習カード） ◎分担された役割を果たすことに意欲的でない児童への配慮の例 ➡　個別に関わり，自己の役割を確認してその行い方を説明したり，チームの仲間や教師と一緒に行ったりして役割を果たすようにするなどの配慮をする。 ●けがの防止のために適切な準備運動を行うように伝える。
15分	5　ハードル走で，自己の記録への挑戦や競走をする ○ハードル走の記録への挑戦の仕方，競走の仕方を理解する。 ハードル走の記録への挑戦の仕方の例 ○ハードルの高さを選ぶ ・はじめは低い高さから始め，自己の能力に適した高さを選んで取り組むようにする。 ・一定のリズムで走り越えることができるように，レーンの4台のハードルは同じ高さにする。 ○ハードルの台数を選ぶ ・40 mに4台のハードルを並べることを基本とするが，後半のインターバルのリズムが崩れてしまうなどの自己の課題がある場合は，その状況に応じて台数を減らして取り組むようにする。 ・台数を減らす場合は，ゴールに近いハードルを外すようにする。（1台外す，2台外すなど） ○インターバルを選ぶ ・ハードルの高さや台数を選んだことによって，走りやすいインターバルが変わっていないか確認して，自己に適したレーンで計測をするようにする。 ○自己に適した記録への挑戦の仕方を選び，ハードル走をする。（一人1〜2回） ○40mハードル走の計測をする。（一人1回）	●ハードル走の記録への挑戦の仕方について，学習資料やICT機器を活用したり，実際に動いて示したりしながら説明する。 ・選んだ記録の挑戦の仕方によって記録が大きく変わるので，選んだ記録への挑戦の仕方ごとに分けて記録を書き残しましょう。 ・ハードル4台の40 mハードル走で，50 m走と同じ記録を目指しましょう。 ◎ハードルにぶつかることに恐怖心があることで運動に意欲的でない児童への配慮の例 ➡　ハードルの板をゴムや新聞紙を折りたたんだものやスポンジ製のものに変えるなどの配慮をする。 ●行い方のポイントを押さえた走り方を取り上げて，称賛する。

15分	**6 自己の課題に応じた練習をする** ○ハードル走の課題に応じた練習の仕方について理解する。	●ハードル走の練習の仕方について，学習資料やICT機器を活用したり，実際に動いて示したりしながら説明する。

ハードル走の課題に応じた練習の仕方の例

○第1ハードルを決めた足で踏み切る
・スタートから第1ハードルまでの歩数を決める。（8歩，9歩など）
・歩数が奇数の場合，踏切り足を後ろにしてスタンディングスタートをする。
・仲間に決めた歩数を伝えて，歩数を数えるかけ声に合わせて，第1ハードルを走り越えるまでの練習を繰り返し行う。

○体のバランスをとりながら走り越す
・ハードルの板に画用紙を取り付け，振り上げた足の裏や踏み切った足のつま先が当たるようにして，ハードルの上を安定した姿勢で走り越す。

○インターバルを3歩または5歩で走る
・動作が身に付き，早く走り越すことができるようになると，自己に適したインターバルが変わる場合があるため，その際はレーンを選び直す。

○自己の課題に応じた場や段階を選んで，練習をする。	●課題に応じた練習の場や段階を選んでいることを取り上げて，称賛する。

◎一定の歩数でインターバルを走ることが苦手な児童への配慮の例

➡ レーン上に輪を置くなど，インターバルを走る歩数のリズムを意識できるようにするなどの配慮をする。

○記録への挑戦をしたい場合は，チームで協力して計測をする。	●計測をする際は，他のチームに計測をすることを伝えるようにするとともに，分担した役割を果たすように伝える。

7 本時を振り返り，次時への見通しをもつ

本時の振り返り
・ハードル走の行い方について，理解したことを書きましょう。
・ハードル走の記録と，ハードル走をして気付いたことや考えたことを書きましょう。
・分担された役割を果たすことについて，気付いたことや考えたことを書きましょう。

5分	
○振り返りを発表して，仲間に伝える。	●振り返りを学習カードに記入するように伝えるとともに，気付きや考えのよさを取り上げて，称賛する。

◆学習評価◆ 知識・技能
①ハードル走の行い方について，言ったり書いたりしている。

➡ 第1ハードルを決めた足で踏み切って走り越えること，スタートから最後まで，体のバランスをとりながら真っ直ぐに走ること，インターバルを3歩または5歩で走ることなど，ハードル走の行い方について，発表したり学習カードに記入したりしていることを評価する。（観察・学習カード）

◎ハードル走の行い方を理解することが苦手な児童への配慮の例

➡ 個別に関わり，ハードル走の行い方のポイントについて対話をしながら確認をするなどの配慮をする。

8 整理運動，場や用具の片付けをする	●適切な整理運動を行うように伝えるとともに，けががないかなどを確認する。
9 集合，健康観察，挨拶をする	

本時の目標と展開③（4／7時間）

本時の目標

(1) ハードルをリズミカルに走り越えることができるようにする。

(2) 自己やグループの能力に適した課題を見付け，課題に応じた練習の場や段階を選ぶことができるようにする。

(3) 勝敗を受け入れることができるようにする。

本時の展開

時間	学習内容・活動	指導上の留意点
10分	1 集合，挨拶，健康観察をする 2 本時のねらいを理解して，目標を立てる **課題の解決の仕方を工夫して，競走や自己の記録への挑戦をしよう** ○本時のねらいを理解して，自己の目標を立てる。 3 場や用具の準備をする ○チームで協力して，準備をする。 4 準備運動，主運動につながる運動をする ○チームで準備運動，主運動につながる運動をする。	●学習カードを配り，立てた目標を記入するように伝える。 ●役割分担や安全な準備の仕方を確認する。 ●けがの防止のために適切な準備運動を行うように伝える。
15分	5 ハードル走で自己の記録への挑戦や競走をする ○ハードル走の記録への挑戦の仕方や競走の仕方を理解する。 **ハードル走の競走のルールの例** ○記録を得点化する工夫をして競走を楽しむ ・自己に適したハードルの高さを選ぶことで競走に差が出ることから，選んだハードルの高さを得点化する。 ・走る能力の差が勝敗となることから，40 mハードル走の記録と自己の 50 m走の記録との差を得点化する。 ※インターバルの違いは競走の差とならないと捉えて，得点化はしない。 ○走るレーンの工夫をして競走を楽しむ ・記録に大きな差がある相手と競走をする場合は，ハードルを1台減らしたレーンで競走をする。 ・記録に差がある相手と競走をする場合は，前後に1 m単位で引いた別のゴールラインを使用して競走をする。 ※スタートラインをずらす工夫はしない。（練習していた第1ハードルまでの距離が変わってしまうため） ○チーム対抗で競走を楽しむ ・記録を得点化する工夫をして，チームの合計点で相手チームと競走をする。 ・走るレーンの工夫をして，チームの勝敗数で相手チームと競走をする。 ○自己やチームに適した競走のルールを選び，相手と競走をしたり，チーム対抗で競走をしたりする。 ○課題の解決のために自己や仲間が考えたことを伝える。	●ハードル走の競走のルールについて，学習資料やICT機器を活用したり，実際に動いて示したりしながら説明する。 ・競走をする際も，インターバルの距離やハードルの高さは，自己の能力に適したものを選びましょう。 ・勝つためのルールではなく，楽しく競い合えるルールを選ぶようにしましょう。 ●自己やチームの能力に適した競走のルールを選んでいることを取り上げて，称賛する。 ●勝敗を受け入れようとしている様子を取り上げて，称賛する。 **◆学習評価◆ 主体的に学習に取り組む態度** **④勝敗を受け入れようとしている。** ➡ 仲間との競走やチーム対抗での競走での勝敗の結果を受け入れようとしている姿を評価する。（観察・学習カード） **◎勝敗を受け入れることに意欲的でない児童への配慮の例** ➡ 個別に関わり，走り方のよかった点を見付けたり，自己やチームの課題となる点を確認したりして，勝敗の結果だけにこだわらず，負けたことも次の活動に生かすことができるようにするなどの配慮をする。 ●考えたことを伝えていることを取り上げて，称賛する。

6 自己の課題に応じた練習をする

○自己の課題に応じた場や段階を選んで、練習をする。

●仲間と助け合おうとしている様子を取り上げて、称賛する。

◎ハードル走が苦手な児童への配慮の例

➡ 走り越えるときに体のバランスをとることが苦手な児童には、1歩ハードル走や短いインターバルでの3歩ハードル走で、体を大きく素早く動かしながら走り越える場を選ぶようにするなどの配慮をする。

『ト』　　　『トン』　　　　　　　　　　『ト』　　　『トン』
着地　　　踏切り　　　　　　　　　　着地　　　踏切り

・インターバルを 2.0 ～ 2.5m 程度にして、「ト・トーン」のリズムで体を大きく素早く動かしながら走り越える。
・ハードルを越える（「トーン」）ときに大きく跳び上がらないようにする。（ハードルの高さを低くして練習を始める。）

○短いインターバルでの3歩ハードル走
・インターバルが 4.0 ～ 4.5m 程度のレーンで、体を大きく素早く動かしながら走り越える。

➡ スタートから最後まで真っ直ぐに走ることが苦手な児童には、レーンの中に幅を狭めた線やレーンの中心を示した線を引き、ハードルを走り越えた後の着地などの際も真っ直ぐに走ることを意識できるようにするなどの配慮をする。

○幅を狭めたレーン

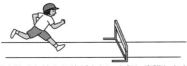

・幅を狭めた線から体が出ないように意識しながら走り越える。

○中心を示したレーン

・レーンの中心を示した線がいつも体の中心になるように意識しながら走り越える。（レーンを踏んで走るのではない）

●課題に応じた練習の場や段階を選んでいることを取り上げて、称賛する。

◆学習評価◆　思考・判断・表現
①自己やグループの能力に適した課題を見付け、課題に応じた練習の場や段階を選んでいる。

➡ 競走をして見付けた、自己やチームの課題に応じた場や段階を選んでいる姿を評価する。（観察・学習カード）

◎課題に応じた練習の場や段階を選ぶことが苦手な児童への配慮の例

➡ 個別に関わり、走り方を確かめたり動作と撮影した動画を一緒に見たりして課題を確認して、その課題に応じた練習の場や段階を選ぶようにするなどの配慮をする。

○課題の解決のために自己や仲間が考えたことを伝える。

●考えたことを伝えていることを取り上げて、称賛する。

15分

7 本時を振り返り、次時への見通しをもつ

本時の振り返り
・ハードル走の記録と、選んだ競走や記録への挑戦の仕方を書きましょう。
・ハードル走をして、見付けた課題と選んだ練習の場や段階を書きましょう。
・自己や仲間の動きの変化や伸びを見付けたり、考えたりしたことを書きましょう。

○振り返りを発表して、仲間に伝える。

●振り返りを学習カードに記入するように伝えるとともに、気付きや考えのよさを取り上げて、称賛する。

8 整理運動、場や用具の片付けをする

●適切な整理運動を行うように伝えるとともに、けががないかなどを確認する。

9 集合、健康観察、挨拶をする

5分

本時の目標と展開④（7／7時間）

本時の目標

(1) ハードルをリズミカルに走り越えることができるようにする。
(2) 自己や仲間の動きの変化や伸びを見付けたり，考えたりしたことを他者に伝えることができるようにする。
(3) ハードル走に積極的に取り組むことができるようにする。

本時の展開

時間	学習内容・活動	指導上の留意点
10分	1 集合，挨拶，健康観察をする 2 本時のねらいを理解して，目標を立てる **ハードル走大会で競走や記録への挑戦をして，学習のまとめをしよう** ○本時のねらいを理解して，自己の目標を立てる。 3 場や用具の準備をする ○チームで協力して，準備をする。 4 準備運動，主運動につながる運動をする ○チームで準備運動，主運動につながる運動をする。	●学習カードを配り，立てた目標を記入するように伝える。 ●役割分担や安全な準備の仕方を確認する。 ●けがの防止のために適切な準備運動を行うように伝える。
25分	5 ハードル走大会をする ○ハードル走大会の行い方を理解する。 **ハードル走大会の行い方や約束の例** ・40mハードル走は2回計測します。自己の最高記録を目指しましょう。 ・チーム対抗戦では，自己に適したハードルの高さや台数を選んで競走を楽しみましょう。 ・全員が学習の成果を発揮して走ることができるように，全力で応援しましょう。 ○自己に適したインターバルのレーンで，40mハードル走の練習をする。 ○記録への挑戦の仕方を選んで，40mハードル走の自己の記録への挑戦をする。（一人2回） ○競走をする相手チームを決める。 ○ルールを選んで，チーム対抗で競走をする。	●ハードル走大会の行い方を説明する。 ●積極的に取り組もうとしている様子を取り上げて，称賛する。 **◆学習評価◆ 主体的に学習に取り組む態度** **①ハードル走に積極的に取り組もうとしている。** ➡ ハードル走での記録への挑戦や競走，目標の達成のための練習などに積極的に取り組もうとしている姿を評価する。（観察・学習カード） ●仲間と助け合おうとしている様子を取り上げて，称賛する。 **◆学習評価◆ 知識・技能** **②ハードルをリズミカルに走り越えることができる。** ➡ 第1ハードルを決めた足で走り越えたり，真っ直ぐに走ったりすることにより，ハードルをリズミカルに走り越えている姿を評価する。（観察）
10分	6 単元を振り返り，学習のまとめをする **単元の学習の振り返り** ・ハードル走記録会での記録を書きましょう。 ・単元の学習の自己やチームの目標で，達成したことを書きましょう。 ・学習したことで，今後の学習や日常生活の中で取り組んでいきたいことを書きましょう。 ○振り返りを発表して，仲間に伝える。 7 整理運動，場や用具の片付けをする 8 集合，健康観察，挨拶をする	●振り返りを学習カードに記入するように伝えるとともに，気付きや考えのよさを取り上げて，称賛する。 ●適切な整理運動を行うように伝えるとともに，けががないかなどを確認する。

2学年間にわたって取り扱う場合

【第5学年における指導と評価の計画（例）】

時間		1	2	3	4	5	6	7
ねらい		学習の見通しをもつ	ハードル走の行い方を理解し，インターバルの距離を決めてリズミカルに走り越えることを楽しむ		課題の解決の仕方を工夫して，競走をしたり記録への挑戦をしたりすることを楽しむ			学習のまとめをする
学習活動		オリエンテーション ○学習の見通しをもつ ・学習の進め方 ・学習の約束 ○ハードル走 いろいろなインターバルのレーンでハードル走をする	○自己に適したインターバルのレーンを見付けて，リズミカルに走り越える ・自己に適したインターバルのレーンを見付ける いろいろなインターバルのレーンから自己に適したものを見付ける ・ハードル走の計測をする 自己に適したレーンを選んで，40mハードル走の計測をする		○自己の能力に適した競走や記録への挑戦の仕方を選んで，ハードル走をする ・ルールを選んで競走をする ハードルの台数や高さなどのルールを選んで，競走をする ・自己の課題に応じた練習をする スタートから第1ハードルを走り越える，第1ハードルから第2，第3ハードルを走り越えるなど，自己の課題に応じた場で練習をする			学習のまとめ ○ハードル走記録会 ・40mハードル走 ○学習のまとめをする
評価の重点	知識・技能		① 観察・学習カード					②観察
	思考・判断・表現				① 観察・学習カード	② 観察・学習カード		
	主体的に学習に取り組む態度	⑥ 観察・学習カード		③ 観察・学習カード			① 観察・学習カード	

【中学年「小型ハードル走」との円滑な接続を図るための工夫（例）】

● 「体のバランスを取りながら真っ直ぐ走る」ために

　中学年では，一定の間隔に並べられた小型ハードルを一定のリズムで走り越えることを楽しみました。高学年では，走り越える用具を小型ハードルからハードルに替えて，リズミカルにスタートから最後までハードルを走り越すことができるようにします。

　そのため高学年のはじめは，いろいろなインターバルのレーンから自己に適したレーンを見付けて，リズミカルに走り越えるようにするとともに，競走や記録への挑戦を楽しむ活動をしましょう。

> （例）自己に適したインターバルのレーンを見付ける
> ・40mで4台のハードルを走り越えるハードル走で，児童の実態に応じて，インターバルが5.5m，6m，6.5m，7mなどのレーン（スタートから1台目のハードルまでは10～12mでどのレーンも同じにする，ハードルの高さは一番低く設定することから始める）をつくり，いろいろなレーンを走ってインターバルを3歩または5歩でリズミカルに走ることができる自己に適したレーンを見付ける。
> ・3歩または5歩でインターバルを走ることができるように，「トン・ト・ト・トン（3歩の場合）」など，仲間とインターバルを走るリズムのかけ声をかけ合う。

【第5学年において重点を置いて指導する内容（例）】

● 知識及び技能

　ハードル走の行い方を理解するとともに，自己に適したレーンでインターバルを3歩または5歩でリズミカルに走ることができるようにしましょう。そのためには，第1ハードルを決めた足で踏み切って走り越えることが大切になるので，スタートから第1ハードルを走り越えるまでの動きを身に付けることができるようにしましょう。

● 思考力，判断力，表現力等

　競走をする際は，自己の能力に適したハードルの台数や高さなどのルールを工夫することができるようにしましょう。自己の課題に応じた練習をする際は，スタートから最後までにおいて，体のバランスが崩れてしまう場面を見付け，その解決の仕方を選んで取り組むことができるようにしましょう。

● 学びに向かう力，人間性等

　高学年で使用するハードルは，小型ハードルよりも大きくて重さがあります。用具の準備や片付けは，チームで分担された役割を果たし，安全に気を配って行うことができるようにしましょう。また，計測や競走などでもチームでの役割分担が大切になるため，自己の役割を理解するようにするとともに，その役割を果たそうとすることができるようにしましょう。

走り幅跳び

走り幅跳びは，試技の回数や踏切りゾーンの設置などのルールを決めて，リズミカルな助走から力強く踏み切って遠くへ跳んで，記録に挑戦したり，相手と競争したりする楽しさや喜びを味わうことができる運動です。本単元例は，単元前半は運動の行い方を理解し自己の記録への挑戦をする時間，単元後半はルールを選んで競争をする時間を設定することで，自己の課題に応じた練習に取り組んで記録に挑戦したり，自己の能力に適したルールで競争を楽しんだりすることができる授業を展開するようにしています。

単元の目標

(1) 走り幅跳びの行い方を理解するとともに，リズミカルな助走から踏み切って遠くへ跳ぶことができるようにする。
(2) 自己の能力に適した課題の解決の仕方，競争や記録への挑戦の仕方を工夫するとともに，自己や仲間の考えたことを他者に伝えることができるようにする。
(3) 走り幅跳びに積極的に取り組み，約束を守り助け合って運動をしたり，勝敗を受け入れたり，仲間の考えや取組を認めたり，場や用具の安全に気を配ったりすることができるようにする。

指導と評価の計画 (7 時間)

時 間		1	2	3
ねらい		学習の見通しをもつ	走り幅跳びの行い方を理解し，自己の記録への挑戦をすることを楽しむ	
学 習 活 動		**オリエンテーション** 1　集合，挨拶，健康観察をする 2　単元の学習の見通しをもつ ○単元の目標と学習の進め方を理解する。 ○運動の約束を理解する。 ○学習の約束を理解する。 3　本時のねらいを理解して，目標を立てる 4　場や用具の準備をする ○場や用具の準備と片付けの役割分担を理解する。 5　準備運動，主運動につながる運動をする ○準備運動，主運動につながる運動の行い方を理解する。 6　走り幅跳びをする ○走り幅跳びの行い方と計測の役割分担を理解する。 ○走り幅跳びの計測をする。	1　集合，挨拶，健康観察をする　　2　本時のねらいを理解して，目 4　準備運動，主運動につながる運動をする 5　走り幅跳びで，記録への挑戦をする ○走り幅跳びの記録への挑戦の仕方を理解する。 ○自己に適した記録への挑戦の仕方を選んで，計測をする。 ○課題の解決のために自己や仲間が考えたことを伝える。 6　自己の課題に応じた練習をする ○走り幅跳びの自己の課題に応じた練習の仕方を理解する。 ○自己の課題に応じた練習の場や段階を選んで，練習をする。 ○課題の解決のために自己や仲間が考えたことを伝える。	
		7　本時を振り返り，次時への見通しをもつ　　8　整理運動，場や用具の片付けをする　　9　集合，健康		
評価の重点	知識・技能		① 観察・学習カード	
	思考・判断・表現			
	主体的に学習に取り組む態度	⑥ 観察・学習カード	③ 観察・学習カード	② 観察・学習カード

単元の評価規準

知識・技能	思考・判断・表現	主体的に学習に取り組む態度
①走り幅跳びの行い方について，言ったり書いたりしている。 ②リズミカルな助走から力強く踏み切って遠くへ跳ぶことができる。	①自己やグループの能力に適した課題を見付け，課題に応じた練習の場や段階を選んでいる。 ②自己の能力に適した競争のルールや記録への挑戦の仕方を選んでいる。 ③自己や仲間の動きの変化や伸びを見付けたり，考えたりしたことを他者に伝えている。	①走り幅跳びに積極的に取り組もうとしている。 ②約束を守り，仲間と助け合おうとしている。 ③用具の準備や片付け，計測や記録などで，分担された役割を果たそうとしている。 ④勝敗を受け入れようとしている。 ⑤仲間の考えや取組を認めようとしている。 ⑥場の危険物を取り除いたりしているとともに，用具の安全に気を配っている。

4	5	6	7
競争のルールや課題の解決のための活動を 工夫して，競争や記録への挑戦をすることを楽しむ			学習のまとめをする

標を立てる　　3　場や用具の準備をする

5　走り幅跳びで，競争や自己の記録への挑戦をする
〇走り幅跳びの競争のルールを理解する。
〇自己やチームに適したルールを選んで，競争や自己の記録への挑戦をする。
〇課題の解決のために自己や仲間が考えたことを伝える。

学習のまとめ

5　走り幅跳び大会をする
〇走り幅跳びの自己の記録への挑戦をする。
〇競争のルールを選んで，チーム対抗で競争をする。

6　単元を振り返り，学習のまとめをする
7　整理運動，場や用具の片付けをする
8　集合，健康観察，挨拶をする

観察，挨拶をする

4	5	6	7
			② 観察
① 観察・学習カード	② 観察・学習カード	③ 観察・学習カード	
④ 観察・学習カード		⑤ 観察・学習カード	① 観察・学習カード

本時の目標と展開①（1／7時間）

本時の目標

(1) 走り幅跳びの行い方を理解することができるようにする。

(2) 自己の能力に適した競争のルールや記録への挑戦の仕方を選ぶことができるようにする。

(3) 場や用具の安全に気を配ることができるようにする。

本時の展開

時間	学習内容・活動	指導上の留意点
5分	**1 集合，挨拶，健康観察をする** **2 単元の学習の見通しをもつ** ○単元の目標と学習の進め方を理解する。 ○チームを確認する。 ○学習の約束を理解する。	●掲示物を活用するなどしながら，分かりやすく説明する。 ●どのチームも同じくらいの力になるように配慮して，六人を基本としたチームを事前に決めておく。

運動の約束の例
- 用具は正しく使いましょう。
- 場の安全に気を配りましょう。
- グループで分担して場の整備をしましょう。
- 競争の勝敗を受け入れましょう。
- 仲間と助け合い，役割を果たしましょう。
- 仲間の考えや取組を認めましょう。

3 本時のねらいを理解して，目標を立てる

> 走り幅跳びの学習の進め方を理解して，学習の見通しをもとう

	○本時のねらいを理解して，自己の目標を立てる。	●学習カードを配り，使い方を説明する。

| 15分 | **4 場や用具の準備をする**
○場や用具の準備と片付けの役割分担を理解する。
○チームで協力して，準備をする。 | ●役割分担や安全な準備と片付けの仕方を説明する。
●安全に気を配っている様子を取り上げて，称賛する。 |

場や用具の準備と片付けの約束の例
- 運動をする場所に危険物がないか気を配り，見付けたら取り除きましょう。
- 運動に使う用具などは，チームで分担して，決まった場所から安全に気を配って運びましょう。
- 安全に運動ができるように，服装などが整っているか，互いに気を配りましょう。

| | **5 準備運動，主運動につながる運動をする**
○準備運動，主運動につながる運動の行い方を理解する。
○学級全体やチームで準備運動，主運動につながる運動をする。 | ●けがの防止のために適切な準備運動の行い方について，実際に動いて示しながら説明する。 |

準備運動の例
○徒手での運動 … 肩，腕，手首，腿，膝，ふくらはぎ，足首などをほぐす運動をチームで行う。

主運動につながる運動の例

○いろいろな走り方で10m走
　スキップ，大またで走るなどで，体を大きく使って走る。

○川跳び
　自己に適した川の幅を選び，助走を付けて跳び越える

- 上方に大きく弾むスキップ
- 連続して前方に大きく進む大また走
- 短い助走から踏み切り，片足や両足で着地する。
- 同じ方向から跳ぶようにする約束を決め，安全に行う。

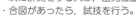

20分	**6　走り幅跳びをする** ○走り幅跳びの行い方と計測の役割分担を理解する。	●走り幅跳びの行い方とチームで役割分担した計測の仕方を説明する。

走り幅跳びの計測の役割分担の例
○チーム内で役割を交代しながら，全員の計測をする

・次に計測をする人は，出発位置で待つ。
・合図があったら，試技を行う。
・踏切り足のつま先の位置で記録を読み取る。

・準備ができたら，合図を出す。
・踏切り足のつま先の位置を確認する。
・計測ができたら，場を安全に整備する。
・跳び終わったら，着地位置から離れて待つ。
・踏切り地点に最も近い着地の位置から計測をする。

○短い助走での走り幅跳びの行い方を理解する。	●短い助走での走り幅跳びの行い方について，学習資料や ICT 機器を活用したり，実際に動いて示したりしながら説明する。

短い助走での走り幅跳びの行い方の例
○３歩の助走での走り幅跳び

『ト』　『ト』　『トン』

・小刻みに「ト・ト・トン」のリズムで走って踏み切る。　　・前方に出した両足の膝を柔らかく曲げて着地する。

○３歩の助走での走り幅跳びをして，自己に適した３歩の助走のスタート位置を見付ける。	●自己に適したリズムで走り，決めた足で踏み切ることができるように，スタート位置を調整するように伝える。

◎３歩の助走をすることが苦手な児童への配慮の例
➡　助走に合わせて「ト・ト・トン」の声をかけ，踏切り前の助走のリズムを意識できるようにするなどの配慮をする。

●安全に気を配っている様子を取り上げて，称賛する。

○走り幅跳びの計測をする。（一人２回）	

◆学習評価◆　主体的に学習に取り組む態度
⑥場や用具の安全に気を配っている。
➡　場や周りの仲間との十分な間隔や場に危険物がないかなど，安全に気を配っている姿を評価する。（観察・学習カード）

◎安全に気を配ることに意欲的でない児童への配慮の例
➡　運動や移動をする前には周りを見渡すなど，安全に気を配ることを明確にしたり，チームの仲間と安全について声をかけ合って確認したりするなどの配慮をする。

5分	**7　本時を振り返り，次時への見通しをもつ**	

本時の振り返り
・走り幅跳びをして，気付いたことや考えたことを書きましょう。
・安全に気を配ることについて，気付いたことや考えたことを書きましょう。
・単元の学習で身に付けたいことや目指したい記録など，自己の目標を書きましょう。

○振り返りを発表して，仲間に伝える。	●振り返りを学習カードに記入するように伝えるとともに，気付きや考えのよさを取り上げて，称賛する。
8　整理運動，場や用具の片付けをする	●適切な整理運動の行い方について，実際に動いて示しながら説明するとともに，けががないかなどを確認する。
9　集合，健康観察，挨拶をする	

本時の目標と展開② (2／7時間)

本時の目標

(1) 走り幅跳びの行い方を理解することができるようにする。

(2) 自己の能力に適した競争のルールや記録への挑戦の仕方を選ぶことができるようにする。

(3) 用具の準備や片付け，計測や記録などで，分担された役割を果たすことができるようにする。

本時の展開

時間	学習内容・活動	指導上の留意点
10分	1 集合，挨拶，健康観察をする 2 本時のねらいを理解して，目標を立てる **走り幅跳びの行い方を理解して，自己の記録への挑戦をしよう** ○本時のねらいを理解して，自己の目標を立てる。 3 場や用具の準備をする ○チームで協力して，準備をする。	●学習カードを配り，立てた目標を記入するように伝える。 ●役割を果たそうとしている様子を取り上げて，称賛する。
		◆学習評価◆　主体的に学習に取り組む態度 ③用具の準備や片付け，計測や記録などで，分担された役割を果たそうとしている。 ➡　チームで分担した砂場や用具の準備や片付け，計測や記録などの役割を果たそうとしている姿を評価する。（観察・学習カード）
		◎分担された役割を果たすことに意欲的でない児童への配慮の例 ➡　個別に関わり，自己の役割を確認してその行い方を説明したり，チームの仲間や教師と一緒に行ったりして役割を果たすようにするなどの配慮をする。
	4 準備運動，主運動につながる運動をする ○チームで準備運動，主運動につながる運動をする。	●けがの防止のために適切な準備運動を行うように伝える。
15分	5 走り幅跳びで，記録への挑戦をする ○走り幅跳びの記録への挑戦の仕方を理解する。 ○自己に適した記録への挑戦の仕方を選んで，計測をする。	●走り幅跳びの記録への挑戦の仕方について，学習資料やICT機器を活用したり，実際に動いて示したりしながら説明する。
	走り幅跳びの記録への挑戦の仕方の例 ○助走の歩数を変えて記録への挑戦をする 　3歩の助走での記録と5歩の助走での記録の両方に挑戦をする。 ・5歩の助走での走り幅跳び 「トン」　　「トン」　「ト」「ト」「トン」 はじめの2歩は勢いよく走り，踏切りまでの3歩は小刻みに「ト・ト・トン」のリズムで走って踏み切る。 ○踏切りの仕方を変えて記録への挑戦をする ・幅30〜40cm程度の踏切りゾーンで踏み切る　　　　　・踏切り板を使って踏み切る	
	○課題の解決のために自己や仲間の考えたことを伝える。	●考えたことを伝えていることを取り上げて，称賛する。

15分

6　自己の課題に応じた練習をする
○走り幅跳びの自己の課題に応じた練習の仕方を理解する。

●走り幅跳びの練習の仕方について、学習資料やICT機器を活用したり、実際に動いて示したりしながら説明する。

走り幅跳びの行い方の例
○かがみ跳び

・踏切りと反対の足の膝を高く上げる。
・前かがみになりながら両足を前に伸ばす。
・膝を柔らかく曲げて、両足で着地する。
・踏切り足で力強く踏み切る。
・踏切り足の膝も引き上げて、両足をそろえる。

走り幅跳びの練習の仕方の例
○力強く踏み切り、膝を高く上げる練習　　　○前かがみになり、そろえた足を前に伸ばす練習

・踏切り板で力強く踏み切った勢いと膝を高く上げるタイミングを合わせる。
・台などの上で踏み切ることで、空中にいる時間を長くして練習をする。

・踏切りや踏み切ってからの動きを練習する際は、3歩などの短い助走で行いましょう。
・自己や仲間の跳び方の様子を、ICT機器を活用するなどして確認し合いましょう。

○自己の課題に応じた練習の場や段階を選んで、練習をする。
○課題の解決のために自己や仲間の考えたことを伝える。

●課題に応じた活動を選んでいることを取り上げて、称賛する。
●考えたことを伝えていることを取り上げて、称賛する。

5分

7　本時を振り返り、次時への見通しをもつ

本時の振り返り
・走り幅跳びの行い方について、理解したことを書きましょう。
・走り幅跳びの自己の記録と、課題の解決のために選んだ活動を書きましょう。
・分担された役割を果たすことについて、気付いたことや考えたことを書きましょう。

○振り返りを発表して、仲間に伝える。

●振り返りを学習カードに記入するように伝えるとともに、気付きや考えのよさを取り上げて、称賛する。

◆学習評価◆　知識・技能
①走り幅跳びの行い方について、言ったり書いたりしている。
➡　リズミカルな助走から力強く踏み切ってかがみ跳びなどで遠くへ跳ぶ走り幅跳びの行い方について、発表したり学習カードに記入したりしていることを評価する。（観察・学習カード）

◎走り幅跳びの行い方を理解することが苦手な児童への配慮の例
➡　個別に関わり、走り幅跳びの行い方のポイントについて対話をしながら確認をするなどの配慮をする。

8　整理運動、場や用具の片付けをする

●適切な整理運動を行うように伝えるとともに、けががないかなどを確認する。

9　集合、健康観察、挨拶をする

本時の目標と展開③（6／7時間）

本時の目標

(1) リズミカルな助走から力強く踏み切って遠くへ跳ぶことができるようにする。

(2) 自己や仲間の動きの変化や伸びを見付けたり，考えたりしたことを他者に伝えることができるようにする。

(3) 仲間の考えや取組を認めることができるようにする。

本時の展開

時　間	学習内容・活動	指導上の留意点
10分	1　集合，挨拶，健康観察をする 2　本時のねらいを理解して，目標を立てる **一定のリズムでの走り幅跳びで，競争や自己の記録への挑戦をしよう** ○本時のねらいを理解して，自己の目標を立てる。 3　場や用具の準備をする ○チームで協力して，準備をする。 4　準備運動，主運動につながる運動をする ○学級全体やチームで準備運動，主運動につながる運動をする。	●学習カードを配り，立てた目標を記入するように伝える。 ●安全な準備の仕方を確認する。 ●けがの防止のために適切な準備運動を行うように伝える。
15分	5　走り幅跳びで，競争や自己の記録への挑戦をする ○走り幅跳びの競争のルールを理解する。	●走り幅跳びの競争のルールについて，学習資料やICT機器を活用したり，実際に動いて示したりしながら説明する。

走り幅跳びの競争のルールの例
○自己の記録を基に得点を付けて競争をする

・能力に差があっても競争を楽しめるように，自己の記録（はじめに計測した記録やこれまでの最高記録）と跳ぶことができた記録との差を得点化する。

自己の記録と跳べた記録との差を得点化する例

自己記録との差	−20cm	−15cm	−10cm	−5cm	0cm	5cm	10cm	15cm	20cm	25cm〜
得点	1	2	3	4	5	6	7	8	9	10

○得点の仕方を工夫する
・踏切り板を使って跳ぶこともできることとし，使わないときとの得点の工夫をする。
・2回跳んでよいほうの得点にする，2回とも得点として合計するなど，得点の仕方を工夫する。
○得点を合計して，チーム対抗で競争を楽しむ

| | ○自己やチームに適したルールを選んで，競争や記録への挑戦をする。

○課題の解決のために自己や仲間の考えたことを伝える。 | ●自己やチームに適したルールを選んでいる様子を取り上げて，称賛する。

◎勝敗を受け入れることに意欲的でない児童への配慮の例
➡　個別に関わり，跳び方のよかった点を見付けたり，自己やチームの課題となる点を確認したりして，勝敗の結果だけにこだわらず，負けたことも次の活動に生かすことができるようにするなどの配慮をする。

●考えたことを伝えていることを取り上げて，称賛する。 |

15分	**6 自己の課題に応じた練習をする** ○自己の課題に応じた練習の場や段階を選んで，練習をする。	●課題に応じた活動を選んでいることを取り上げて，称賛する。

走り幅跳びの行い方の例
○7～9歩の助走での走り幅跳び
　3～5歩のリズミカルな助走から力強く踏み切って跳ぶことができたら，7～9歩の助走での走り幅跳びの練習をする。

はじめの4～6歩は勢いよく走る

踏切りまでの3歩
は小刻み走って踏
み切る。

	○課題の解決のために自己や仲間の考えたことを伝える。	●仲間の考えや取組を認めようとしている様子を取り上げて，称賛する。

◆学習評価◆　主体的に学習に取り組む態度
⑤仲間の考えや取組を認めようとしている。

➡　練習中や活動の振り返りで自己の考えを発表し合う際などに，仲間の考えや取組を認めようとしている姿を評価する。（観察・学習カード）

◎仲間の考えや取組を認めることに意欲的でない児童への配慮の例

➡　発表を聞こうとしなかったり仲間の取組を否定することを言ったりする児童には，人はそれぞれに考えに違いがありそれを認めることが大切であることを伝えるとともに，それぞれの取組のよさを取り上げて，気付くようにするなどの配慮をする。

5分	**7 本時を振り返り，次時への見通しをもつ**	

本時の振り返り
・走り幅跳びの記録と，選んだ競争や記録への挑戦の仕方を書きましょう。
・走り幅跳びの動きについて，見付けた課題と課題解決のために選んだ活動を書きましょう。
・約束を守り仲よく励まし合うことについて，気付いたことや考えたことを書きましょう。

	○振り返りを発表して，仲間に伝える	●振り返りを学習カードに記入するように伝えるとともに，気付きや考えのよさを取り上げて，称賛する。

◆学習評価◆　思考・判断・表現
②自己や仲間の動きの変化や伸びを見付けたり，考えたりしたことを他者に伝えている。

➡　競争や練習の際などに自己や仲間の動きの変化や伸びを見付けたり考えたりしたことを，発表したり学習カードに記入したりしていることを評価する。（観察・学習カード）

◎考えたことを伝えることが苦手な児童への配慮の例

➡　個別に関わり，仲間のよい動きを見付けたり仲間のよい考えに気付いたりしたことを聞き取って，仲間に伝えることを支援するなどの配慮をする。

	8 整理運動，場や用具の片付けをする	●適切な整理運動を行うように伝えるとともに，けががないかなどを確認する。
	9 集合，健康観察，挨拶をする	

本時の目標と展開④（7／7時間）

本時の目標

(1) リズミカルな助走から力強く踏み切って遠くへ跳ぶことができるようにする。

(2) 自己や仲間の動きの変化や伸びを見付けたり、考えたりしたことを他者に伝えることができるようにする。

(3) 走り幅跳びに積極的に取り組むことができるようにする。

本時の展開

時間	学習内容・活動	指導上の留意点
10分	1　集合，挨拶，健康観察をする 2　本時のねらいを理解して，目標を立てる **走り幅跳び大会で競争や記録への挑戦をして，学習のまとめをしよう** ○本時のねらいを理解して，自己の目標を立てる。 3　場や用具の準備をする ○チームで協力して，準備をする。 4　準備運動，主運動につながる運動をする ○学級全体やチームで準備運動，主運動につながる運動をする。	●学習カードを配り，立てた目標を記入するように伝える。 ●安全な準備の仕方を確認する。 ●けがの防止のために適切な準備運動を行うように伝える。
25分	5　走り幅跳び大会をする ○走り幅跳び大会の行い方を理解する。 **走り幅跳び大会の行い方や約束の例** ・計測は一人2回行います。自己に適した助走で跳んで，最高記録を目指しましょう。 ・チーム対抗戦では，みんなが楽しく競争をできるルールを選んで取り組みましょう。 ・全員が学習の成果を発揮して運動をすることができるように，全力で応援しましょう。 ○自己に適した助走の歩数で，走り幅跳びの練習をする。 ○走り幅跳びの自己の記録への挑戦をする。 （一人2回） ○競争をする相手チームを決める。 ○競争のルールを選んで，チーム対抗で競争をする。	●走り幅跳び大会の行い方を説明する。 ●積極的に取り組もうとしている様子を取り上げて，称賛する。 **◆学習評価◆　主体的に学習に取り組む態度** **①走り幅跳びに積極的に取り組もうとしている。** ➡　走り幅跳びの競争や記録への挑戦，課題の解決のための活動などに，積極的に取り組もうとしている姿を評価する。（観察・学習カード） **◆学習評価◆　知識・技能** **②リズミカルな助走から力強く踏み切って遠くへ跳ぶことができる。** ➡　7～9歩程度のリズミカルな助走から踏切りゾーンで力強く踏み切り，かがみ跳びなどで遠くへ跳んで競争や記録への挑戦をしている姿を評価する。（観察） ●仲間と助け合おうとしている様子を取り上げて，称賛する。
10分	6　単元を振り返り，学習のまとめをする **単元の学習の振り返り** ・走り幅跳び大会の結果を書きましょう。 ・単元の学習の自己やチームの目標で，達成したことを書きましょう。 ・学習したことで，今後の学習や日常生活の中で取り組んでいきたいことを書きましょう。 ○振り返りを発表して，仲間に伝える 7　整理運動，場や用具の片付けをする 8　集合，健康観察，挨拶をする	●振り返りを学習カードに記入するように伝えるとともに，気付きや考えのよさを取り上げて，称賛する。 ●適切な整理運動を行うように伝えるとともに，けががないかなどを確認する。

2学年間にわたって取り扱う場合

【第5学年における指導と評価の計画（例）】

時間		1	2	3	4	5	6	7
ねらい		学習の見通しをもつ	走り幅跳びの行い方を理解し，自己の記録への挑戦をすることを楽しむ			競争のルールや課題の解決のための活動を工夫して，競争や記録への挑戦をすることを楽しむ		学習のまとめをする
学習活動		オリエンテーション ○学習の見通しをもつ ・学習の進め方 ・学習の約束 ○走り幅跳びをする ・計測の仕方を理解し，仲間と協力して走り幅跳びの計測をする	○走り幅跳びで，記録への挑戦をする ・5歩の助走から，踏切り足を決めて走り幅跳びをする ・仲間と役割の分担をして計測をする ○自己の課題に応じた練習をする ・7歩でリズミカルな助走をする ・踏切りゾーンで力強く踏み切る ・かがみ跳びから両足で着地する			○走り幅跳びで，競争や記録への挑戦をする ・自己の記録を基に得点を付けて競争をする ・チーム対抗での競争をする ○自己の課題に応じた練習をする		学習のまとめ ○走り幅跳び大会 ・自己の記録への挑戦をする ・チーム対抗での競争をする ○学習のまとめをする
評価の重点	知識・技能		① 観察・学習カード					② 観察
	思考・判断・表現				① 観察・学習カード		② 観察・学習カード	
	主体的に学習に取り組む態度	⑥ 観察・学習カード		③ 観察・学習カード		④ 観察・学習カード		① 観察・学習カード

【中学年「幅跳び」との円滑な接続を図るための工夫（例）】

● 「リズミカルな助走から力強く踏み切って遠くへ跳ぶ」ために

　中学年では，短い助走から踏切り足を決めて前方に強く踏み切って遠くへ跳び，競争をしたり動きを身に付けるための練習をしたりして運動を楽しみました。高学年では，リズミカルな助走から力強く踏み切って遠くへ跳ぶことを目指して運動ができるようにします。

　そのため高学年のはじめは，記録の計測のための役割を分担し，仲間と協力して走り幅跳びの記録を計測することができるようにしましょう。また，より遠くへ跳ぶことができるように，自己の課題に応じた練習に取り組むことができるようにしましょう。

> （例）走り幅跳びで，自己の記録に挑戦をする
> ・仲間と協力して，走り幅跳びの計測をする。計測の際は，踏切りゾーンでの踏切りを見る，巻き尺で跳んだ距離を計測する，砂場をならして安全に気を配るなど，分担された役割を果たすことができるようにする。
>
> （例）自己の課題に応じた練習をする
> ・リズミカルな助走から踏み切ることができるようにする。7歩の助走の場合，はじめの4歩は「トン・トン・トン・トン」と助走にスピードが付くように走り，踏切りまでの3歩は「ト・ト・トン」のリズムで素早く走るとともに，「トン」は力強く踏み切るようにする。
> ・かがみ跳びから両足で着地をする。踏み切った後，前かがみになりながら両足を前に伸ばし，膝を柔らかく曲げて両足で着地をする。台などの上で踏み切り，着地するまでの時間を長くすることで，空間での動作の練習をする。

【第5学年において重点を置いて指導する内容（例）】

● 知識及び技能

　まず，幅30〜40cm程度に決めた踏切りゾーンで決めた足で踏み切って跳び，膝を柔らかく曲げて，両足で安全に着地することができるようにしましょう。これができるようになったら，歩数を増やした助走でスピードを付けてリズミカルに走ったり，力強く踏み切ったり，かがみ跳びでの跳び方を練習したりするなどして，より遠くへ跳ぶことを目指しましょう。

● 思考力，判断力，表現力等

　走り幅跳びの記録への挑戦や競争をする中で，自己の能力に適した課題の解決の仕方や競争や記録への挑戦の仕方を選んで取り組むことができるようにしましょう。

● 学びに向かう力，人間性等

　計測や記録などで，分担された役割を果たそうとすることができるようにしましょう。また，走り幅跳びをする砂場などの危険物を取り除いたり整備したりするとともに，用具の安全に気を配ることができるようにしましょう。

C 陸上運動　走り高跳び

　走り高跳びは，試技の回数やバーの高さの決め方などのルールを決めて，リズミカルな助走から力強く踏み切って高く跳んで，記録に挑戦したり，相手と競争したりする楽しさや喜びを味わうことができる運動です。本単元例は，単元前半は運動の行い方を理解し，自己の記録への挑戦をする時間，単元後半はルールを選んで競争をする時間を設定することで，自己の課題に応じた練習に取り組んで記録に挑戦したり，自己の能力に適したルールで競争を楽しんだりすることができる授業を展開するようにしています。

単元の目標

(1) 走り高跳びの行い方を理解するとともに，リズミカルな助走から踏み切って高く跳ぶことができるようにする。
(2) 自己の能力に適した課題の解決の仕方，競争や記録への挑戦の仕方を工夫するとともに，自己や仲間の考えたことを他者に伝えることができるようにする。
(3) 走り高跳びに積極的に取り組み，約束を守り助け合って運動をしたり，勝敗を受け入れたり，仲間の考えや取組を認めたり，場や用具の安全に気を配ったりすることができるようにする。

指導と評価の計画（7 時間）

時　間		1	2	3
ねらい		学習の見通しをもつ	走り高跳びの行い方を理解し， 自己の記録への挑戦をすることを楽しむ	
学習活動		**オリエンテーション** 1　集合，挨拶，健康観察をする 2　単元の学習の見通しをもつ ○単元の目標と学習の進め方を理解する。 ○運動の約束を理解する。 ○学習の約束を理解する。 3　本時のねらいを理解して，目標を立てる 4　場や用具の準備をする ○場や用具の準備と片付けの役割分担を理解する。 5　準備運動，主運動につながる運動をする ○準備運動，主運動につながる運動の行い方を理解する。 6　走り高跳びをする ○走り高跳びの行い方と計測の役割分担を理解する。 ○走り高跳びの計測をする。	1　集合，挨拶，健康観察をする　　2　本時のねらいを理解して， 4　準備運動，主運動につながる運動をする 5　走り高跳びで，記録への挑戦をする ○走り高跳びの記録への挑戦の仕方を理解する。 ○自己に適した記録への挑戦の仕方を選んで，計測をする。 ○課題の解決のために自己や仲間が考えたことを伝える。 6　自己の課題に応じた練習をする ○走り高跳びの自己の課題に応じた練習の仕方を理解する。 ○自己の課題に応じた練習の場や段階を選んで，練習をする。 ○課題の解決のために自己や仲間が考えたことを伝える。	
		7　本時を振り返り，次時への見通しをもつ　　8　整理運動，場や用具の片付けをする　　9　集合，健康		
評価の重点	知識・技能		① 観察・学習カード	
	思考・判断・表現			
	主体的に学習に 取り組む態度	⑥ 観察・学習カード	③ 観察・学習カード	② 観察・学習カード

単元の評価規準

知識・技能	思考・判断・表現	主体的に学習に取り組む態度
①走り高跳びの行い方について，言ったり書いたりしている。 ②リズミカルな助走から力強く踏み切って高く跳ぶことができる。	①自己やグループの能力に適した課題を見付け，課題に応じた練習の場や段階を選んでいる。 ②自己の能力に適した競争のルールや記録への挑戦の仕方を選んでいる。 ③自己や仲間の動きの変化や伸びを見付けたり，考えたりしたことを他者に伝えている。	①走り高跳びに積極的に取り組もうとしている。 ②約束を守り，仲間と助け合おうとしている。 ③用具の準備や片付け，計測や記録などで，分担された役割を果たそうとしている。 ④勝敗を受け入れようとしている。 ⑤仲間の考えや取組を認めようとしている。 ⑥場や用具の安全に気を配っている。

4	5	6	7
競争のルールや課題の解決のための活動を工夫して，競争や記録への挑戦をすることを楽しむ			学習のまとめをする
目標を立てる　3　場や用具の準備をする			
5　走り高跳びで，競争や自己の記録への挑戦をする ○走り高跳びの競争のルールを理解する。 ○自己やチームに適したルールを選んで，競争や自己の記録への挑戦をする。 ○課題の解決のために自己や仲間が考えたことを伝える。			**学習のまとめ** 5　走り高跳び大会をする ○走り高跳びの自己の記録への挑戦をする。 ○競争のルールを選んで，チーム対抗で競争をする。 6　単元を振り返り，学習のまとめをする 7　整理運動，場や用具の片付けをする 8　集合，健康観察，挨拶をする
観察，挨拶をする			
			② 観察
① 観察・学習カード	② 観察・学習カード	③ 観察・学習カード	
④ 観察・学習カード	⑤ 観察・学習カード		① 観察・学習カード

本時の目標と展開①（1／7時間）

本時の目標

(1) 走り高跳びの行い方を理解することができるようにする。
(2) 自己の能力に適した競争のルールや記録への挑戦の仕方を選ぶことができるようにする。
(3) 場や用具の安全に気を配ることができるようにする。

本時の展開

時間	学習内容・活動	指導上の留意点
5分	1　集合，挨拶，健康観察をする 2　単元の学習の見通しをもつ 　○単元の目標と学習の進め方を理解する。 　○チームを確認する。 　○学習の約束を理解する。	●掲示物を活用するなどしながら，分かりやすく説明する。 ●どのチームも同じくらいの力になるように配慮して，六人を基本としたチームを事前に決めておく。
	運動の約束の例 ・用具は正しく使いましょう。　　　　　　　・競争の勝敗を受け入れましょう。 ・場の安全に気を配りましょう。　　　　　・仲間と助け合い，役割を果たしましょう。 ・グループで分担して場の整備をしましょう。　・仲間の考えや取組を認めましょう。	
	3　本時のねらいを理解して，目標を立てる	
	走り高跳びの学習の進め方を理解して，学習の見通しをもとう	
	○本時のねらいを理解して，自己の目標を立てる。	●学習カードを配り，使い方を説明する。
15分	4　場や用具の準備をする 　○場や用具の準備と片付けの役割分担を理解する。 　○チームで協力して，準備をする。	●役割分担や安全な準備と片付けの仕方を説明する。 ●安全に気を配っている様子を取り上げて，称賛する。
	場や用具の準備と片付けの約束の例 ・運動をする場所に危険がないか気を配り，見付けたら取り除きましょう。 ・運動に使う用具などは，チームで分担して，決まった場所から安全に気を配って運びましょう。 ・安全に運動ができるように，服装などが整っているか，互いに気を配りましょう。	
	5　準備運動，主運動につながる運動をする 　○準備運動，主運動につながる運動の行い方を理解する。 　○学級全体やチームで準備運動，主運動につながる運動をする。	●けがの防止のために適切な準備運動の行い方について，実際に動いて示しながら説明する。
	準備運動の例 ○徒手での運動　…　肩，腕，手首，腿，膝，ふくらはぎ，足首などをほぐす運動をチームで行う。 **主運動につながる運動の例** ○いろいろな走り方で 10 m走　　　　　　　○短い助走から高く跳ぶ 　スキップ，大またで走るなどで，体を大きく使って走る。　高い位置の目標物に向かって 3 歩程度の助走で高く跳ぶ。 ・上方に大きく弾むスキップ　　　　　　　　・自己に適した高さの目標を選んで跳び，タッチをする。 ・連続して前方に大きく進む大また走	

20分	6　走り高跳びをする

○走り高跳びの行い方と計測の役割分担を理解する。

●走り高跳びの行い方とチームで役割分担した計測の仕方を説明する。

走り高跳びの計測の役割分担の例
○チーム内で役割を交代しながら，全員の計測をする

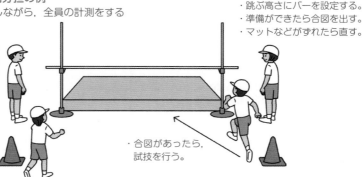

・跳んだ人が引っかかったバーが飛んで来ないように，スタンドより手前に立って待つ。

・跳ぶ高さにバーを設定する。
・準備ができたら合図を出す。
・マットなどがずれたら直す。

・次に計測をする人は，出発位置で待つ。

・合図があったら，試技を行う。

・全員が余裕をもって跳ぶことができる高さから始めて，5cm毎など高さを上げていく。
・同じ高さを2回跳ぶことができなかったら，その前に跳べた高さを自己の記録とする。

○短い助走での走り高跳びの行い方を理解する。

●短い助走での走り高跳びの行い方について，学習資料やICT機器を活用したり，実際に動いて示したりしながら説明する。

短い助走での走り高跳びの行い方の例
○3歩の助走での走り高跳び

『ト』　　　　　　　『ト』　　　　　　　『トン』

・小刻みに「ト・ト・トン」のリズムで走って踏み切る。　　　・足の裏でしっかりと着地する。

○3歩の助走での走り高跳びをして，自己に適した3歩の助走のスタート位置を見付ける。

●自己に適したリズムで走り，決めた足で踏み切ることができるように，スタート位置を調整するように伝える。
●安全に気を配っている様子を取り上げて，称賛する。

◆学習評価◆　主体的に学習に取り組む態度
⑥場や用具の安全に気を配っている。

➡　場や周りの仲間との十分な間隔や場に危険物がないかなど，安全に気を配っている姿を評価する。（観察・学習カード）

○走り高跳びの計測をする。

◎安全に気を配ることに意欲的でない児童への配慮の例

➡　運動や移動をする前には周りを見渡すなど，安全に気を配ることを明確にしたり，チームの仲間と安全について声をかけ合って確認したりするなどの配慮をする。

5分	7　本時を振り返り，次時への見通しをもつ

本時の振り返り
・走り高跳びをして，気付いたことや考えたことを書きましょう。
・安全に気を配ることについて，気付いたことや考えたことを書きましょう。
・単元の学習で身に付けたいことや目指したい記録など，自己の目標を書きましょう。

○振り返りを発表して，仲間に伝える。

●振り返りを学習カードに記入するように伝えるとともに，気付きや考えのよさを取り上げて，称賛する。

8　整理運動，場や用具の片付けをする

●適切な整理運動の行い方について，実際に動いて示しながら説明するとともに，けががないかなどを確認する。

9　集合，健康観察，挨拶をする

本時の目標

(1) 走り高跳びの行い方を理解することができるようにする。

(2) 自己の能力に適した競争のルールや記録への挑戦の仕方を選ぶことができるようにする。

(3) 用具の準備や片付け，計測や記録などで，分担された役割を果たすことができるようにする。

本時の展開

時 間	学習内容・活動	指導上の留意点
10 分	1　集合，挨拶，健康観察をする 2　本時のねらいを理解して，目標を立てる **走り高跳びの行い方を理解して，自己の記録への挑戦をしよう** ○本時のねらいを理解して，自己の目標を立てる。 3　場や用具の準備をする ○チームで協力して，準備をする。 4　準備運動，主運動につながる運動をする ○チームで準備運動，主運動につながる運動をする。	 ●学習カードを配り，立てた目標を記入するように伝える。 ●役割を果たそうとしている様子を取り上げて，称賛する。 ◆学習評価◆　主体的に学習に取り組む態度 ③用具の準備や片付け，計測や記録などで，分担された役割を果たそうとしている。 ➡　チームで分担した用具の準備や片付け，計測や記録などの役割を果たそうとしている姿を評価する。（観察・学習カード） ◎分担された役割を果たすことに意欲的でない児童への配慮の例 ➡　個別に関わり，自己の役割を確認してその行い方を説明したり，チームの仲間や教師と一緒に行ったりして役割を果たすようにするなどの配慮をする。 ●けがの防止のために適切な準備運動を行うように伝える。
15 分	5　走り高跳びで，記録への挑戦をする ○走り高跳びの記録への挑戦の仕方を理解する。 ○自己に適した記録への挑戦の仕方を選んで，計測をする。 走り高跳びの記録への挑戦の仕方の例 ○助走の歩数を変えて記録への挑戦をする 　3歩の助走での記録と5歩の助走での記録の両方に挑戦をする。 ・5歩の助走での走り高跳び 　はじめの2歩は弾んで走り，踏切までの3歩は小刻みに「ト・ト・トン」のリズムで走って踏み切る。 ○踏切りの仕方を変えて記録に挑戦する ・踏切り板を使って踏み切って跳ぶ。 ○課題の解決のために自己や仲間の考えたことを伝える。	●走り高跳びの記録への挑戦の仕方について，学習資料やICT機器を活用したり，実際に動いて示したりしながら説明する。 ●考えたことを伝えていることを取り上げて，称賛する。

15分	**6 自己の課題に応じた練習をする** ○走り高跳びの自己の課題に応じた練習の仕方を理解する。
	●走り高跳びの練習の仕方について，学習資料やICT機器を活用したり，実際に動いて示したりしながら説明する。

走り高跳びの行い方の例
○はさみ跳び

・最後の1歩は力強く踏み切る。

・振り上げ足の膝を伸ばしながら高く上げる。

・振り上げ足から着地する。

・踏切り足はバーに当たらないように横に開くように上げる。

走り高跳びの練習の仕方の例
○よい位置で踏み切る練習

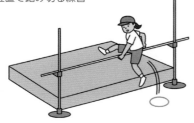

・踏切りの位置の目安に輪などを置く。
・高く跳ぶ途中でバーに足がかかる場合は踏切りが近すぎ，高く跳んだのに着地までにバーに足などがかかる場合は遠すぎる場合があるため，踏切りの位置を調整する。

○足を高く上げる練習

・グループの仲間がバーと平行にゴム紐を持つ。ゴム紐に足がかからないようにバーを跳び越す。

○自己の課題に応じた練習の場や段階を選んで，練習をする。	●課題に応じた活動を選んでいることを取り上げて，称賛する。
○課題の解決のために自己や仲間の考えたことを伝える。	●考えたことを伝えていることを取り上げて，称賛する。

5分	**7 本時を振り返り，次時への見通しをもつ**

本時の振り返り
・走り高跳びの行い方について，理解したことを書きましょう。
・走り高跳びの自己の記録と，課題の解決のために選んだ活動を書きましょう。
・分担された役割を果たすことについて，気付いたことや考えたことを書きましょう。

○振り返りを発表して，仲間に伝える。	●振り返りを学習カードに記入するように伝えるとともに，気付きや考えのよさを取り上げて，称賛する。

◆**学習評価**◆　知識・技能
①走り高跳びの行い方について，言ったり書いたりしている。

➡ リズミカルな助走から力強く踏み切ってはさみ跳びなどで高く跳ぶ走り高跳びの行い方について，発表したり学習カードに記入したりしていることを評価する。（観察・学習カード）

◎**走り高跳びの行い方を理解することが苦手な児童への配慮の例**

➡ 個別に関わり，走り高跳びの行い方のポイントについて対話をしながら確認をするなどの配慮をする。

8 整理運動，場や用具の片付けをする	●適切な整理運動を行うように伝えるとともに，けががないかなどを確認する。
9 集合，健康観察，挨拶をする	

本時の目標

(1) リズミカルな助走から力強く踏み切って高く跳ぶことができるようにする。

(2) 自己や仲間の動きの変化や伸びを見付けたり，考えたりしたことを他者に伝えることができるようにする。

(3) 走り高跳びに積極的に取り組むことができるようにする。

本時の展開

時間	学習内容・活動	指導上の留意点
10分	1　集合，挨拶，健康観察をする 2　本時のねらいを理解して，目標を立てる **一定のリズムでの走り高跳びで，競争や自己の記録への挑戦をしよう** ○本時のねらいを理解して，自己の目標を立てる。 3　場や用具の準備をする ○チームで協力して，準備をする。 4　準備運動，主運動につながる運動をする ○学級全体やチームで準備運動，主運動につながる運動をする。	●学習カードを配り，立てた目標を記入するように伝える。 ●安全な準備の仕方を確認する。 ●けがの防止のために適切な準備運動を行うように伝える。
15分	5　走り高跳びで，競争をする ○走り高跳びの競争のルールを理解する。	●走り高跳びの競争のルールについて，学習資料やICT機器を活用したり，実際に動いて示したりしながら説明する。

走り高跳びの競争のルールの例

○跳ぶ回数を決め，跳ぶ高さを選んで競争をする
・自己が選んだ2つの高さに挑戦できることとする。
・1つの高さにつき，2回まで挑戦することができ，跳ぶことができたら記録となる。

○自己の記録を基に得点を付けて競争をする
・能力に差があっても競争を楽しめるように，自己の記録（はじめに計測した記録やこれまでの最高記録）と跳ぶことができた記録との差を得点化する。

自己の記録と跳べた記録との差を得点化※する例

自己記録との差	−20cm	−15cm	−10cm	−5cm	0cm	5cm	10cm	15cm	20cm	25cm〜
得点	1	2	3	4	5	6	7	8	9	10

※自己記録との差は，学級の実態により適宜変更する。

○得点の仕方を工夫する
・踏切り板を使って跳ぶこともできることとし，使わないときとの得点の工夫をする。
・よい記録のみを得点にする，跳ぶことができたぶんだけ得点として合計するなど，得点の仕方を工夫する。
○得点を合計して，チーム対抗で競争を楽しむ

○自己やチームに適したルールを選んで，競争をする。	●自己やチームに適したルールを選んでいる様子を取り上げて，称賛する。
○課題の解決のために自己や仲間の考えたことを伝える。	●考えたことを伝えていることを取り上げて，称賛する。

6 自己の課題に応じた練習をする

○自己の課題に応じた練習の場や段階を選んで，練習をする。

● 課題に応じた活動を選んでいることを取り上げて，称賛する。

走り高跳びの行い方の例

○ 7歩の助走での走り高跳び

3〜5歩のリズミカルな助走から力強く踏み切って跳ぶことができたら，7歩の助走での走り高跳びの練習をする。

・はじめの4歩は弾んで走る。

・踏切りまでの3歩は小刻み走る。最後の1歩は力強く踏み切る。

○助走のリズムに変化を付ける練習

3歩の手前で踏み切り板を踏み，助走のリズムに変化を付ける。
最後の1歩は，踏み切り板で力強く踏み切る。

○課題の解決のために自己や仲間の考えたことを伝える。

● 仲間のよい動きを伝えていることを取り上げて，称賛する。

◆学習評価◆　思考・判断・表現
②自己や仲間の動きの変化や伸びを見付けたり，考えたりしたことを他者に伝えている。

➡ 競争や練習の際などに自己や仲間の動きの変化や伸びを見付けたり考えたりしたことを，発表したり学習カードに記入したりしていることを評価する。（観察・学習カード）

◎考えたことを伝えることが苦手な児童への配慮の例

➡ 個別に関わり，仲間のよい動きを見付けたり仲間のよい考えに気付いたりしたことを聞き取って，仲間に伝えることを支援するなどの配慮をする。

7 本時を振り返り，次時への見通しをもつ

本時の振り返り
・走り高跳びの記録と，選んだ競争や記録への挑戦の仕方を書きましょう。
・走り高跳びの動きについて，見付けた課題と課題解決のために選んだ活動を書きましょう。
・約束を守り仲よく励まし合うことについて，気付いたことや考えたことを書きましょう。

○振り返りを発表して，仲間に伝える

● 振り返りを学習カードに記入するように伝えるとともに，気付きや考えのよさを取り上げて，称賛する。

8 整理運動，場や用具の片付けをする

● 適切な整理運動を行うように伝えるとともに，けががないかなどを確認する。

9 集合，健康観察，挨拶をする

本時の目標と展開④ (7／7時間)

本時の目標

(1) リズミカルな助走から力強く踏み切って高く跳ぶことができるようにする。

(2) 自己や仲間の動きの変化や伸びを見付けたり，考えたりしたことを他者に伝えることができるようにする。

(3) 走り高跳びに積極的に取り組むことができるようにする。

本時の展開

時 間	学習内容・活動	指導上の留意点
10分	1 集合，挨拶，健康観察をする 2 本時のねらいを理解して，目標を立てる **走り高跳び大会で競争や記録への挑戦をして，学習のまとめをしよう** ○本時のねらいを理解して，自己の目標を立てる。 3 場や用具の準備をする ○チームで協力して，準備をする。 4 準備運動，主運動につながる運動をする ○学級全体やチームで準備運動，主運動につながる運動をする。	●学習カードを配り，立てた目標を記入するように伝える。 ●安全な準備の仕方を確認する。 ●けがの防止のために適切な準備運動を行うように伝える。
25分	5 走り高跳び大会をする ○走り高跳び大会の行い方を理解する。 **走り高跳び大会の行い方やきまりの例** ・記録への挑戦では，バーは低いところから順番に高さを上げていきます。同じ高さを2回跳べなかったら終了です。無理のない高さから挑戦をして，最高記録を目指しましょう。 ・チームに対抗戦では，みんなが楽しく競争をできるルールを選んで取り組みましょう。 ・全員が学習の成果を発揮して運動をすることができるように，全力で応援しましょう。 ○自己に適した高さのバーで，走り高跳びの練習をする。 ○走り高跳びの自己の記録への挑戦をする。 ○競争をする相手チームを決める。 ○競争のルールを選んで，チーム対抗で競争をする。	●走り高跳び大会の行い方を説明する。 ●積極的に取り組もうとしている様子を取り上げて，称賛する。 **◆学習評価◆　主体的に学習に取り組む態度** **①走り高跳びに積極的に取り組もうとしている。** ➡ 走り高跳びの競争や記録への挑戦，課題の解決のための活動などに，積極的に取り組もうとしている姿を評価する。（観察・学習カード） **◆学習評価◆　知識・技能** **②リズミカルな助走から力強く踏み切って高く跳ぶことができる。** ➡ 5～7歩程度のリズミカルな助走から力強く踏み切り，はさみ跳びなどで高く跳んで競争や記録への挑戦をしている姿を評価する。（観察） ●仲間と助け合おうとしている様子を取り上げて，称賛する。
10分	6 単元を振り返り，学習のまとめをする **単元の学習の振り返り** ・走り高跳び大会の結果を書きましょう。 ・単元の学習の自己やチームの目標で，達成したことを書きましょう。 ・学習したことで，今後の学習や日常生活の中で取り組んでいきたいことを書きましょう。 ○振り返りを発表して，仲間に伝える 7 整理運動，場や用具の片付けをする 8 集合，健康観察，挨拶をする	●振り返りを学習カードに記入するように伝えるとともに，気付きや考えのよさを取り上げて，称賛する。 ●適切な整理運動を行うように伝えるとともに，けががないかなどを確認する。

2学年間にわたって取り扱う場合

【第5学年における指導と評価の計画（例）】

時間		1	2	3	4	5	6	7
ねらい		学習の見通しをもつ	走り高跳びの行い方を理解し，自己の記録への挑戦をすることを楽しむ			競争のルールや課題の解決のための活動を工夫して，競争や記録への挑戦をすることを楽しむ		学習のまとめをする
学習活動		オリエンテーション ○学習の見通しをもつ ・学習の進め方 ・学習の約束 ○走り高跳びをする ・計測の仕方を理解し，仲間と協力して走り高跳びの計測をする	○走り高跳びで，記録への挑戦をする ・5歩の助走から，踏切り足を決めて走り高跳びをする ・仲間と役割の分担をして計測をする ○自己の課題に応じた練習をする ・5歩でリズミカルな助走をする ・上体を起こして力強く踏み切る ・はさみ跳びで足から着地する			○走り高跳びで，競争や記録への挑戦をする ・自己の記録を基に得点を付けて競争をする ・チーム対抗での競争をする ○自己の課題に応じた練習をする		学習のまとめ ○走り高跳び大会 ・自己の記録への挑戦をする ・チーム対抗での競争をする ○学習のまとめをする
評価の重点	知識・技能		① 観察・学習カード					② 観察
	思考・判断・表現				① 観察・学習カード		② 観察・学習カード	
	主体的に学習に取り組む態度	⑥ 観察・学習カード		③ 観察・学習カード		④ 観察・学習カード		① 観察・学習カード

【中学年「高跳び」との円滑な接続を図るための工夫（例）】

● 「リズミカルな助走から力強く踏み切って遠くへ跳ぶ」ために

　中学年では，短い助走から踏切り足を決めて上方に強く踏み切って高く跳び，競争をしたり動きを身に付けるための練習をしたりして運動を楽しみました。高学年では，リズミカルな助走から力強く踏み切って高く跳ぶことを目指して運動ができるようにします。

　そのため高学年のはじめは，記録の計測のための役割を分担し，仲間と協力して走り高跳びの記録を計測することができるようにしましょう。また，より高く跳ぶことができるように，自己の課題に応じた練習に取り組むことができるようにしましょう。

> （例）走り高跳びで，自己の記録に挑戦をする
> ・仲間と協力して，走り高跳びの計測をする。計測の際は，落としてしまったバーを直したり挑戦する高さに合わせたりする，安全に気を配るなど，分担された役割を果たすことができるようにする。
> （例）自己の課題に応じた練習をする
> ・リズミカルな助走から踏み切ることができるようにする。5歩の助走の場合，はじめの2歩は「トン・トン」と弾むように走り，踏切りまでの3歩は「ト・ト・トン」のリズムで素早く走るとともに，「トン」は上体を起こして力強く踏み切るようにする。
> ・はさみ跳びで足から着地をする。踏み切った後，足がバーに当たらないように，踏切りと反対の足は前に，踏切り足は横に開くように高く上げ，跳び越した後は，踏切足と反対の足から安全に着地をする。台などの上で踏み切り，着地するまでの時間を長くすることで，空間での動作の練習をする。

【第5学年において重点を置いて指導する内容（例）】

● 知識及び技能

　まず，無理のない高さの場で，バーからちょうどよい位置で踏み切って跳び，跳び越えた後は足から安全に着地することができるようにしましょう。これができるようになったら，歩数を増やした助走でリズミカルに走って力強く踏み切ったり，バーの高さに応じたちょうどよい位置で踏み切ったりして，はさみ跳びでより高く跳ぶことを目指しましょう。

● 思考力，判断力，表現力等

　走り高跳びの記録への挑戦や競争をする中で，自己の能力に適した課題の解決の仕方や競争や記録への挑戦の仕方を選んで取り組むことができるようにしましょう。

● 学びに向かう力，人間性等

　計測や記録などで，分担された役割を果たそうとすることができるようにしましょう。また，走り高跳びをする場などの危険物を取り除いたり整備したりするとともに，用具の安全に気を配ることができるようにしましょう。

投の運動

投の運動は，横向きの姿勢から足を踏み出す動きと腕を力強く振る動きを合わせて，遠くに力一杯投げる楽しさや喜びを味わうことができる運動です。本単元例は，身に付けた動きでボールを力一杯投げ，自己の記録に挑戦したり仲間と競争したりする活動を設定することで，自己の課題の応じた練習に取り組んで記録に挑戦したり，自己の能力に適したルールで競争を楽しんだりすることができる授業を展開するようにしています。

単元の目標

(1) 投の運動の行い方を理解するとともに，足を踏み出す動きと腕の振りを合わせて遠くに投げることができるようにする。
(2) 自己の能力に適した課題の解決の仕方，競争や記録への挑戦の仕方を工夫するとともに，自己や仲間の考えたことを他者に伝えることができるようにする。
(3) 投の運動に積極的に取り組み，約束を守り助け合って運動をしたり，勝敗を受け入れたり，仲間の考えや取組を認めたり，場や用具の安全に気を配ったりすることができるようにする。

指導と評価の計画（3 時間）

時　間		1
ね　ら　い		学習の見通しをもつ
学　習　活　動		**オリエンテーション** 1　**集合，挨拶，健康観察をする** 2　**単元の学習の見通しをもつ** 　○単元の目標と学習の進め方を理解する。 　○チームを確認する。 　○学習の約束を理解する。 3　**本時のねらいを理解して，目標を立てる** 4　**場や用具の準備をする** 　○場や用具の準備と片付けの役割分担を理解する。 5　**準備運動，主運動につながる運動をする** 　○準備運動，主運動につながる運動の行い方を理解する。 6　**投の運動をする** 　○投の運動の行い方を理解する。 　○ソフトボール投げの計測をする。 7　**本時を振り返り，次時への見通しをもつ**　　8　**整理運動，場や用具の片付けをする**
評価の重点	知識・技能	① 観察・学習カード
	思考・判断・表現	
	主体的に学習に取り組む態度	② 観察・学習カード

単元の評価規準

知識・技能	思考・判断・表現	主体的に学習に取り組む態度
①投の運動の行い方について，言ったり書いたりしている。 ②横向きの姿勢から足を踏み出す動きと腕を力強く振る動きを合わせて，遠くに力一杯投げることができる。	①自己やチームの能力に適した課題を見付け，課題に応じた練習の場や段階を選んでいる。 ②自己や仲間の動きの変化や伸びを見付けたり，考えたりしたことを他者に伝えている。	①投の運動に積極的に取り組もうとしている。 ②場や用具の安全に気を配っている。

2	3
課題の解決の仕方を工夫して， 記録に挑戦することを楽しむ	学習のまとめをする
1 集合，挨拶，健康観察をする　　2 本時のねらいを理解して，目標を立てる　　3 場や用具の準備をする	
4 準備運動，主運動につながる運動をする	
5 投の運動で，自己の記録への挑戦をする ○ソフトボール投げの計測をする。 ○課題解決のために自己や仲間が考えたことを伝える。	**学習のまとめ** 5 投の運動記録会をする ○ソフトボール投げの練習をする。 ○ソフトボール投げの計測をする。
6 投の運動で，自己の課題に応じた練習をする ○投の運動の課題の解決の仕方を理解する。 ○自己の課題に応じた場や段階などを選んで，投の運動の練習をする。 ○課題解決のために自己や仲間が考えたことを伝える。	6 単元を振り返り，学習のまとめをする 7 整理運動，場や用具の片付けをする
9 集合，健康観察，挨拶をする	8 集合，健康観察，挨拶をする
	② 観察
① 観察・学習カード	② 観察・学習カード
① 観察・学習カード	

本時の目標と展開①（1／3時間）

本時の目標

(1) 投の運動の行い方を理解することができるようにする。

(2) 自己やチームの能力に適した課題を見付け，課題に応じた練習の場や段階を選ぶことができるようにする。

(3) 場や用具の安全に気を配ることができるようにする。

本時の展開

時 間	学習内容・活動	指導上の留意点
5分	**1 集合，挨拶，健康観察をする** **2 単元の学習の見通しをもつ** ○単元の目標と学習の進め方を理解する。 ○チームを確認する。 ○学習の約束を理解する。 **運動の約束の例** ・用具は正しく使いましょう。 ・運動前には，場の安全を確認しましょう。 **3 本時のねらいを理解して，目標を立てる**	●掲示物を活用するなどしながら，分かりやすく説明する。 ●四人から六人を基本としたチームを事前に決めておく。 ・ボールを投げる時には，前方に仲間がいないかを確認しましょう。 ・役割には責任をもって取り組みましょう。 ・チームの仲間の考えや取組を認めましょう。
	投の運動の学習の進め方を理解し，学習の見通しをもとう	
	○本時のねらいを理解して，自己の目標を立てる。	●学習カードを配り，使い方を説明する。
15分	**4 場や用具の準備をする** ○場や用具の準備と片付けの役割分担を理解する。 **場や用具の準備と片付けの約束の例** ・運動をする場所に危険物がないか気を配り，見付けたら取り除きましょう。 ・運動に使う用具などは，チームで分担して，決まった場所から安全に気を配って運びましょう。 ・安全に運動ができるように，服装などが整っているか，互いに気を配りましょう。 **5 準備運動，主運動につながる運動をする** ○準備運動，主運動につながる運動の行い方を理解する。 ○学級全体やチームで準備運動，主運動につながる運動をする。	●役割分担や安全な準備と片付けの仕方を説明する。 ●安全に気を配っている様子を取り上げて，称賛する。 ●けがの防止のために適切な準備運動の行い方について，実際に動いて示しながら説明する。

準備運動の例
○肩，首，腕，腰，手首，腿，膝，ふくらはぎ，足首などをほぐす運動を行う。

主運動につながる運動の例
○キャッチボール

・投げるときの動作を確認し合いながら投げる。

○横向きの姿勢のまま移動してから遠くへ力一杯投げる

・横向きの姿勢で肘を高く保ったまま，2，3回サイドステップをしてから思い切り投げる。

20分	6 投の運動をする ○ソフトボール投げの行い方と計測の役割分担を理解する。	●ソフトボール投げの行い方とチームで役割分担した計測の仕方を説明する。

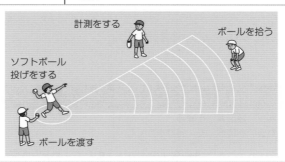

ソフトボール投げの計測の役割分担の例 / 計測をする / ボールを拾う / ソフトボール投げをする / ボールを渡す

	○投の運動の行い方を理解する。	●投の運動の行い方について，学習資料やICT機器を活用したり，実際に動いて示したりしながら説明する。

投の運動の行い方の例

・横向きに立ち，肘を上げる。
・投げる手を逆の足を踏み出す動きと腕の振りを合わせて投げる。

	○学級全体やチームで，ボールは投げずに投動作の練習をする。	●安全に気を配っている様子を取り上げて，称賛する。

◆学習評価◆ 主体的に学習に取り組む態度
②場や用具の安全に気を配っている。
➡ 場や周りの仲間との十分な間隔や，場に危険物がないかなど，安全に気を配っている姿を評価する。（観察・学習カード）

◎安全に気を配ることに意欲的でない児童への配慮の例
➡ 運動や移動をする前には周りを見渡すなど，安全に気を配ることを明確にしたり，チームの仲間と安全について声をかけ合って確認したりするなどの配慮をする。

○ソフトボール投げの練習をする。（一人2回程度投げる）

○ソフトボール投げの計測をする。（一人2回投げる）

5分	7 本時を振り返り，次時への見通しをもつ	

本時の振り返り
・投の運動の行い方について，理解したことを書きましょう。
・安全に気を配ることについて，気付いたことや考えたことを書きましょう。
・ソフトボール投げの記録と，投の運動をして気付いたことや考えたことを書きましょう。
・単元の学習で身に付けたいことや目指したい記録など，自己の目標を書きましょう。

	○振り返りを発表して，仲間に伝える。	●振り返りを学習カードに記入するように伝えるとともに，気付きや考えのよさを取り上げて，称賛する。

◆学習評価◆ 知識・技能
①投の運動の行い方について，言ったり書いたりしている。
➡ 横向きの姿勢から足を踏み出す動きと腕を力強く振る動きを合わせて，遠くに力一杯投げるといった投の運動の行い方について，発表したり学習カードに記入したりしていることを評価する。（観察・学習カード）

◎投の運動の行い方を理解することが苦手な児童への配慮の例
➡ 個別に関わり，投の運動の行い方のポイントについて対話しながら確認するなどの配慮をする。

	8 整理運動，場や用具の片付けをする	●整理運動の行い方について，実際に動いて示しながら説明するとともに，けががないかなどを確認する。
	9 集合，健康観察，挨拶をする	

本時の目標

(1) 横向きの姿勢から足を踏み出す動きと腕を力強く振る動きを合わせて，遠くに力一杯投げることができるようにする。

(2) 自己やチームの能力に適した課題を見付け，課題に応じた練習の場や段階を選ぶことができるようにする。

(3) 投の運動に積極的に取り組むことができるようにする。

本時の展開

時 間	学習内容・活動	指導上の留意点
10分	1　集合，挨拶，健康観察をする 2　本時のねらいを理解して，目標を立てる **課題の解決の仕方を工夫して，自己の記録への挑戦をしよう** ○本時のねらいを理解して，自己の目標を立てる。 3　場や用具の準備をする ○チームで協力して，準備をする。 4　準備運動，主運動につながる運動をする ○チームで準備運動，主運動につながる運動をする。	●学習カードを配り，立てた目標を記入するように伝える。 ●分担された役割を果たしている様子を取り上げて，称賛する。 ◎役割を果たすことに意欲的でない児童への配慮の例 ➡　個別に関わり，分担された役割を確認してその行い方を説明したり，グループの仲間や教師と一緒に行ったりして役割を果たすようにするなどの配慮をする。 ●けがの防止のために適切な準備運動を行うように伝える。

主運動につながる運動の例
○くるくるボールを投げる

・くるくるボールが回転するように投げる。

・テニスボール２つをミカンなどのネットに入れ，端や間を結んで固定した用具。
・そのうち１つを握る。

○ロープを通したバトンを投げる

・ロープをつたってバトンが遠くまで進むように，押し出すようにして投げる。

時 間	学習内容・活動	指導上の留意点
15分	5　投の運動で，自己の記録への挑戦をする ○チームで協力して，計測の準備をする。 ○ソフトボール投げの計測をする。（一人２回投げる） ○課題解決のために自己や仲間が考えたことを伝える。	●役割分担や安全な準備の仕方を確認する。 ◎投の運動が苦手な児童への配慮の例 ➡　投げる運動の行い方のポイントを示して１つずつ確認したり，目標記録の位置に目印を置いてそこまで届くように投げるイメージをもつようにするなどの配慮をする。 ➡　横向きの姿勢から足を踏み出して投げるなどの投動作の基本的な動きが苦手な児童には，低学年や中学年に示した「ひらいて・パタン・とんで・いけ！」のかけ声に合わせて投げるようにするなどの配慮をする。 ●考えたことを伝えていることを取り上げて，称賛する。

6 投の運動で，自己の課題に応じた練習をする

○投の運動の課題の解決の仕方を理解する。

● 投の運動の課題の解決の仕方について，学習資料やICT機器を活用したり，実際の場を示したりしながら説明する。

投の運動の練習の場や段階などの例

○投げる角度を高くする

・高さのある目標物を設置してくるくるボールを投げる。
・ボールがくるくる回転するように投げる。

○投動作を確認する

・ICT機器を活用して撮影した動画で，自己の動きを確認する。

○腕を大きい動作で振り切る

・バトンスローのロープに，等間隔に目印になるテープなどを貼り，目標として決めた位置を目指して投げる。

15分

○自己の課題に応じた場や段階などを選んで，投の運動の練習をする。

● 課題に応じた練習の場や段階などを選んでいることを取り上げて，称賛する。

◆学習評価◆　思考・判断・表現
①自己やチームの能力に適した課題を見付け，課題に応じた練習の場や段階を選んでいる。

➡　記録への挑戦をして見付けた自己の課題に応じた場や段階を選んでいる姿を評価する。（観察・学習カード）

○課題に応じた練習の場や段階を選ぶことが苦手な児童への配慮の例

➡　個別に関わり，投げ方を確かめたり動作を撮影した動画を一緒に見たりしながら課題を確認して，その課題に応じた練習の場や段階を選ぶようにするなどの配慮をする。

● 積極的に取り組もうとしている様子を取り上げて，称賛する。

◆学習評価◆　主体的に学習に取り組む態度
①投の運動に積極的に取り組もうとしている。

➡　投の運動での記録への挑戦や練習などに積極的に取り組もうとしている姿を評価する。（観察・学習カード）

○課題解決のために自己や仲間が考えたことを伝える。

● 考えたことを伝えていることを取り上げて，称賛する。

7 本時を振り返り，次時への見通しをもつ

本時の振り返り
・ソフトボール投げの記録と，見付けた自己の課題と選んだ練習の場や段階を書きましょう。
・自己や仲間の動きの変化や伸びを見付けたり，考えたりしたことを書きましょう。

5分

○振り返りを発表して，仲間に伝える。

● 振り返りを学習カードに記入するように伝えるとともに，気付きや考えのよさを取り上げて，称賛する。

8 整理運動，場や用具の片付けをする

● 適切な整理運動を行うように伝えるとともに，けががないかなどを確認する。

9 集合，健康観察，挨拶をする

本時の目標と展開③（3／3時間）

本時の目標

(1) 横向きの姿勢から足を踏み出す動きと腕を力強く振る動きを合わせて，遠くに力一杯投げることができるようにする。

(2) 自己や仲間の動きの変化や伸びを見付けたり，考えたりしたことを他者に伝えることができるようにする。

(3) 投の運動に積極的に取り組むことができるようにする。

本時の展開

時間	学習内容・活動	指導上の留意点
10分	1 集合，挨拶，健康観察をする 2 本時のねらいを理解して，目標を立てる **投の運動記録会で自己の記録への挑戦をして，学習のまとめをしよう** ○本時のねらいを理解して，自己の目標を立てる。 3 場や用具の準備をする ○チームで協力して，準備をする。 4 準備運動，主運動につながる運動をする ○チームで準備運動，主運動につながる運動をする。	 ●学習カードを配り，立てた目標を記入するように伝える。 ●役割分担や安全な準備の仕方を確認する。 ●けがの防止のために適切な準備運動を行うように伝える。
25分	5 投の運動記録会をする ○投の運動記録会の行い方を理解する。 **投の運動記録会の行い方や約束の例** ・これまでのように，チームで役割分担をして計測をします。自己の最高記録を目指しましょう。 ・投げた距離をチームで合計した点数で競争をしましょう。 ・全員が学習の成果を発揮できるように，元気よく気持ちのよい応援をしましょう。 ○ソフトボール投げの練習をする。（一人2回程度投げる） ○ソフトボール投げの計測をする。（一人2回投げる）	 ●投の運動記録会の行い方を説明する。 ●積極的に取り組もうとしている様子を取り上げて，称賛する。 **◆学習評価◆　知識・技能** ②横向きの姿勢から足を踏み出す動きと腕を力強く振る動きを合わせて，遠くに力一杯投げることができる。 ➡ 練習や記録会で，横向きの姿勢から足を踏み出す動きと腕を力強く振る動きを合わせて，遠くに力一杯投げている姿を評価する。（観察・学習カード）
10分	6 単元を振り返り，学習のまとめをする **単元の学習の振り返り** ・投の運動記録会での記録を書きましょう。 ・単元の学習の目標で，達成したことを書きましょう。 ・学習したことで，今後の学習や日常生活の中で取り組んでいきたいことを書きましょう。 ○振り返りを発表して，仲間に伝える。 7 整理運動，場や用具の片付けをする 8 集合，健康観察，挨拶をする	 ●振り返りを学習カードに記入するように伝えるとともに，気付きや考えのよさを取り上げて，称賛する。 **◆学習評価◆　思考・判断・表現** ②自己や仲間の動きの変化や伸びを見付けたり，考えたりしたことを他者に伝えている。 ➡ 練習や記録会で仲間の動きの変化や伸びを見付けたり，考えたりしたことを教師やチームの仲間などに伝えている姿を評価する。（観察・学習カード） **◎考えたことを伝えることが苦手な児童への配慮の例** ➡ 個別に関わり，仲間のよい動きを見付けたり，仲間のよい考えに気付いたりしたことを聞き取って，仲間に伝えることを支援するなどの配慮をする。 ●適切な整理運動を行うように伝えるとともに，けががないかなどを確認する。

2学年間にわたって取り扱う場合

【第5学年における指導と評価の計画（例）】

時　間	1	2	3
ねらい	学習の見通しをもつ	投の運動の課題の解決の仕方を工夫して，記録に挑戦することを楽しむ	学習のまとめをする
学　習　活　動	**オリエンテーション** ○学習の見通しをもつ ・学習の進め方 ・学習の約束 ○ソフトボール投げ 計測の仕方を理解して，役割分担をしてソフトボール投げの計測をする	○自己の課題に応じた練習をする ・くるくるボールを投げる 高さのある目標物を設置して，その上を越すようにくるくるボールを投げる ・ロープを通したバトンを投げる ロープに等間隔に目印を付けて，目標として決めた位置を目指して投げる	**学習のまとめ** ○投の運動記録会 ・ソフトボール投げ ○学習のまとめをする
評価の重点　知識・技能	① 観察・学習カード		② 観察
評価の重点　思考・判断・表現		① 観察・学習カード	
評価の重点　主体的に学習に取り組む態度	② 観察・学習カード	① 観察・学習カード	

【中学年「投の運動」との円滑な接続を図るための工夫（例）】

● 「足を踏み出す動きと腕の振りを合わせて投げる」ために

中学年では，横向きの姿勢から足を踏み出し，腕を強く振って遠くへ投げることを課題としました。高学年では，これまでに学習した投動作が一連の動きとなり，足を踏み出すときの体重移動と腕を振る動きを合わることで，遠くに力いっぱい投げることができるようになることを目指します。

そのため高学年の活動では，腕を大きな動作で振り切る動きを，足を踏み出す動きと合わせて行う活動をしましょう。

> （例）ロープを通したバトンを投げる
> ・ロープをつたってバトンが遠くまで進むように，腕を大きな動作で振り切って押し出すように投げる。
> ・バトンを持った横向き姿勢からサイドステップをして，体重移動に合わせて腕を大きな動作で振るようにする。

【第5学年において重点を置いて指導する内容（例）】

● 知識及び技能

足を踏み出すときの体重移動と腕を振る動きを合わることで，遠くに力いっぱい投げることができるようにしましょう。

● 思考力，判断力，表現力等

ICT機器で投げる動きを撮影して，自己の課題を見付けることができるようにしましょう。特に，高学年で身に付けることを目指す，足を踏み出す動きと腕を力強く振る動きのタイミングが合っているかを，仲間と話し合いながら見付けるようにしましょう。

● 学びに向かう力，人間性等

投の運動では，ボールなどの用具を遠くまで力一杯投げる活動をするため，運動をする際には，自己やチームで場の安全に気を配ることができるようにしましょう。また，児童の遠投能力の向上を図るためには，体育の授業だけでなく日常生活の中でも投げる運動を楽しむ機会を増やしていくことが大切であることから，投の運動に積極的に取り組もうとする態度を育むことができるようにしましょう。

D 水泳運動 クロール, 平泳ぎ, 安全確保につながる運動

　　クロール, 平泳ぎは, それぞれの泳ぎ方で続けて長く泳ぐこと, 安全確保につながる運動は, 背浮きや浮き沈みをしながら続けて長く浮くことにより, 泳ぐ距離や浮いている時間を伸ばしたり記録に挑戦したりする楽しさや喜びを味わうことができる運動です。本単元例は, 1時間の中に安全確保につながる運動に取り組む時間とクロールと平泳ぎに取り組む時間を設定することで, 背浮きとクロール, 浮き沈みと平泳ぎの動きなど, 長く浮く動きと安定した呼吸を伴った泳ぎ方を関連付けて身に付けることができる授業を展開するようにしています。

単元の目標

(1) クロール, 平泳ぎ, 安全確保につながる運動の行い方を理解するとともに, 手や足の動きに呼吸を合わせて続けて長く泳ぐことができるようにする。
(2) 自己の能力に適した課題の解決の仕方や記録への挑戦の仕方を工夫するとともに, 自己や仲間の考えたことを他者に伝えることができるようにする。
(3) 水泳運動に積極的に取り組み, 約束を守り助け合って運動をしたり, 仲間の考えや取組を認めたり, 水泳運動の心得を守って安全に気を配ったりすることができるようにする。

指導と評価の計画 (12 時間)

時　間		1	2	3	4	5
ねらい		学習の見通しをもつ	クロール, 平泳ぎ, 安全確保につながる運動の行い方を理解し, 手や足の動きに呼吸を合わせて泳ぐことと背浮きや浮き沈みをすることを楽しむ			
学習活動		**オリエンテーション** 1　集合, 挨拶, 健康観察をする 2　単元の学習の見通しをもつ ○単元の目標と学習の進め方を理解する。 ○バディを確認する。 ○水泳運動の心得と学習の約束を理解する。 3　本時のねらいを理解して, 目標を立てる 4　用具の準備をする ○用具の準備と片付けの役割分担を理解する。 5　準備運動をしてシャワーを浴びる 6　水慣れをする ○水慣れの行い方を理解する。 7　自己のできる泳ぎ方で泳ぐ ○クロール, 平泳ぎ, 初歩的な泳ぎなどで25mまでの泳げる距離を確認する。	1　集合, 挨拶, 健康観察をする　　2　本時のねらいを理解して, 4　準備運動をしてシャワーを浴びる 5　水慣れをする **安全確保につながる運動** 7　平泳ぎ, クロールをする **平泳ぎ**　　　　　**クロール** ○平泳ぎ, クロールの行い方を理解する。 ○バディで助け合いながら, 練習をする。 ○課題の解決のために自己や仲間の考えたことを伝える。			
		8　本時を振り返り, 次時への見通しをもつ　　9　整理運動, 用具の片付けをしてシャワーを浴びる				
評価の重点	知識・技能		③ 観察・学習カード	② 観察・学習カード		① 観察・学習カード
	思考・判断・表現					
	主体的に学習に取り組む態度	⑤ 観察・学習カード	③ 観察・学習カード		② 観察・学習カード	

単元の評価規準

知識・技能	思考・判断・表現	主体的に学習に取り組む態度
①クロールの行い方について，言ったり書いたりしている。 ②平泳ぎの行い方について，言ったり書いたりしている。 ③安全確保につながる運動の行い方について，言ったり書いたりしている。 ④クロールで，左右の手を入れ替える動きに呼吸を合わせて，続けて長く泳ぐことができる。 ⑤平泳ぎで，手の動きに合わせて呼吸し，キックの後には息を止めてしばらく伸びて，続けて長く泳ぐことができる。 ⑥背浮きや浮き沈みをしながら，タイミングよく呼吸をしたり，手や足を動かしたりして，続けて長く浮くことができる。	①自己の課題を見付け，その課題の解決の仕方を考えたり，課題に応じた練習の場や段階を選んだりしている。 ②自己の能力に適した記録への挑戦の仕方を選んでいる。 ③課題の解決のために自己や仲間の考えたことを他者に伝えている。	①水泳運動に積極的に取り組もうとしている。 ②約束を守り，仲間と助け合おうとしている。 ③用具の準備や片付けなどで，分担された役割を果たそうとしている。 ④仲間の考えや取組を認めようとしている。 ⑤水泳運動の心得を守って安全に気を配っている。

6	7	8	9	10	11	12
課題の解決の仕方や記録へ挑戦の仕方を工夫して，続けて長く泳ぐことと続けて長く浮くことを楽しむ						学習のまとめをする

目標を立てる　　3　用具の準備をする

6　安全確保につながる運動をする
○安全確保につながる運動の行い方を理解する。
○自己の能力に適した記録への挑戦の仕方を選ぶ。
○課題の解決のために自己や仲間の考えたことを他者に伝える。

7　自己の課題に応じた練習や記録への挑戦をする

平泳ぎ
クロール

○自己の能力に適した泳ぎ方と課題に応じた練習の場や段階を選んで練習をする。
○課題の解決のために自己や仲間の考えたことを伝える。

0　集合，健康観察，挨拶をする

学習のまとめ

6　クロール，平泳ぎ記録会をする
○クロールと平泳ぎの練習をする。
○クロールと平泳ぎの自己の記録への挑戦の仕方を選ぶ。

7　単元を振り返り，学習のまとめをする

8　整理運動，用具の片付けをして，シャワーを浴びる

9　集合，健康観察，挨拶をする

6	7	8	9	10	11	12
			⑥ 観察			④・⑤ 観察
① 観察・学習カード		② 観察・学習カード		③ 観察・学習カード		
	④ 観察・学習カード				① 観察・学習カード	

本時の目標

(1) 安全確保につながる運動の行い方を理解することができるようにする。
(2) 自己の課題を見付け，その課題の解決の仕方を考えたり，課題に応じた練習の場や段階を選んだりすることができるようにする。
(3) 水泳運動の心得を守って安全に気を配ることができるようにする。

本時の展開

時間	学習内容・活動	指導上の留意点
5分	1　集合，挨拶，健康観察をする 2　単元の学習の見通しをもつ ○単元の目標と学習の進め方を理解する。 ○バディシステムを確認する。 ○水泳運動の心得と学習の約束を理解する。	●掲示物や学習資料などを活用して，分かりやすく説明する。 ●バディ（二人一組）の組み合わせを事前に決めておく。 ●体（爪，耳，鼻，頭髪等）を清潔にしておくことを事前に伝えるとともに，授業前に確認する。
	水泳運動の心得の例 ・プールの底や水面などに危険物がないか確認しましょう。 ・自分の体の調子を確かめながら泳ぐとともに，仲間の体の調子にも気を付けましょう。 ・プールサイドは走らない，プールに飛び込まないなど，プールでの安全の約束を守りましょう。 **運動の約束の例** ・練習場所やレーンの使い方，補助の仕方など守って，仲間と助け合いましょう。 ・分担された役割を果たしましょう。 ・仲間の考えや取組を認めましょう。	
	3　本時のねらいを理解して，目標を立てる	
	水泳運動の学習の進め方を理解して，学習の見通しをもとう	
	○本時のねらいを理解して，自己の目標を立てる。	●学習カードを配り，使い方を説明する。（濡れないようにするため，教室で配って記入することも考えられる。）
10分	4　用具の準備をする ○用具の準備と片付けの役割分担を理解する。 ○学級全体で協力して，準備をする。	●役割分担や安全な準備と片付けの仕方を説明する。 ●安全に気を配っている様子を取り上げて，称賛する。
	用具の準備の仕方の例 ・プールサイドやプールの底，水面に危険物がないか確認して，見付けたら先生に知らせましょう。 ・運動に使う用具がある場所を確認し，バディで分担して取りに行ったり片付けたりしましょう。 ・水着などは正しく身に付けられているか確認しましょう。タオルの置き場を確認しましょう。	
	5　準備運動をしてシャワーを浴びる ○準備運動の行い方を理解する。 ○学級全体で準備運動をする。	●けがの防止のために適切な準備運動の行い方について，実際に動いて示しながら説明する。
	準備運動の例 ○徒手での運動　…肩，腕，膝，ふくらはぎ，首などをほぐす運動をする。	
	○シャワーの浴び方を理解する。 ○学級全体で順番に，シャワーを浴びる。	●衛生と安全に気を配ったシャワーの浴び方を説明する。
10分	6　水慣れをする ○ゆっくりと水に入る。 ○水慣れの行い方を理解する。 ○バディで水に慣れ，主運動につながる動きをする。	●体に水をかけてから，ゆっくりと水に入るようにする。 ●水慣れの行い方について，学習資料やICT機器を活用したり，実際に動いて示したりしながら説明する。
	水慣れの運動の例 ○もぐる・浮く運動 ・ボビング　　ブクブクブク　ブハ！スゥー　息を止める　　ブクブクブク　ブハ！スゥー　息を止める	

・プールの底に座る　　　・変身浮き

7　自己のできる泳ぎ方をする
○自己のできる泳ぎ方で，25ｍまでの進む
　ことができる距離を確認する。

●これまでに学習した泳ぎ方について，学習資料やICT機器を活用したり，実際に動いて示したりしながら説明する。

泳ぎ方の例
○クロール

○平泳ぎ

○初歩的な泳ぎ

・できる泳ぎ方で泳ぎ，苦しくなったら無理をせず立ち止まりましょう。
・手と足をゆっくりと動かして，呼吸のリズムを崩さないように泳ぎましょう。

●安全に気を配っている様子を取り上げて，称賛する。

◆学習評価◆　主体的に学習に取り組む態度
⑤水泳運動の心得を守って安全に気を配っている。

➡　水慣れや泳ぐ際に，危険物がないかなど，周りの安全に
　気を配っている姿を評価する。（観察・学習カード）

◎安全に気を配ることに意欲的でない児童への配慮の例

➡　運動を始める前には周りを見渡すなど，安全に気を配る
　ことを明確にしたり，バディと安全について声をかけ合っ
　て確認したりするなどの配慮をする。

8　本時を振り返り，次時への見通しをもつ

本時の振り返り
・本時にできた泳ぎや，進むことができた距離を書きましょう。
・水泳運動の心得を守ることについて，気付いたことや考えたことを書きましょう。
・単元の学習で身に付けたいことなど，自己の目標を書きましょう。

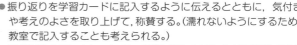

○振り返りを発表して，仲間に伝える。

●振り返りを学習カードに記入するように伝えるとともに，気付きや考えのよさを取り上げて，称賛する。（濡れないようにするため，教室で記入することも考えられる。）

9　整理運動，用具の片付けをしてシャワー
　を浴びる
10　集合，健康観察，挨拶をする

●整理運動の行い方について，実際に動いて示しながら説明するとともに，けががないかなどを確認する。

15分

5分

本時の目標と展開②（3／12時間）

本時の目標

(1) 平泳ぎの行い方を理解することができるようにする。
(2) 自己の課題を見付け，その課題の解決の仕方を考えたり，課題に応じた練習の場や段階を選んだりすることができるようにする。
(3) 約束を守り，仲間と助け合うことができるようにする。

本時の展開

時間	学習内容・活動	指導上の留意点
5分	1　集合，挨拶，健康観察をする 2　本時のねらいを理解して，目標を立てる **平泳ぎの行い方を理解して，手や足の動きに呼吸を合わせて泳ごう** ○本時のねらいを確認して，自己の目標を立てる。 3　用具の準備をする ○学級全体で協力して，準備をする。 4　準備運動をしてシャワーを浴びる ○学級全体で準備運動をする。 ○学級全体で順番に，シャワーを浴びる。	●学習カードを配り，立てた目標を記入するように伝える。（濡れないようにするため，教室で配って記入することも考えられる。） ●役割分担や安全な準備の仕方を確認する。 ●けがを防止するための適切な準備運動を行うように伝える。 ●衛生と安全に気を配ったシャワーの浴び方を確認する。
15分	5　水慣れをする ○ゆっくりと水に入る。 ○バディで水に慣れ，主運動につながる動きをする。 6　安全確保につながる運動をする ○安全確保につながる運動の行い方を理解する。 ○バディで安全確保につながる運動をする。	●体に水をかけてから，ゆっくりと水に入るようにする。 **◎水に対する恐怖心や違和感を抱くことから水中での活動に意欲的でない児童への配慮の例** **➡　すぐに泳法の練習を行うのではなく，もぐったり浮いたりしながら呼吸の仕方について確認する場を設定するなどの配慮をする。** ●安全確保につながる運動の行い方について，学習資料やICT機器を活用したり，実際に動いて示したりしながら説明する。

安全確保につながる運動の例
○浮き沈み
・下向きでの浮き沈み

プクプクプク　　ブハ！スゥー　　息を止める（浮いてくる）　　プクプクプク

・前向きでの浮き沈み

プクプクプク　　ブハ！スゥー　　息を止める（浮いてくる）　　プクプクプク

・息を止めてじっとしていると体が浮いてくるのを感じるようにしましょう。
・水面の位置を見て確認すると，呼吸のタイミングがつかみやすくなります。

◎仲間と助け合って練習をすることに意欲的でない児童への配慮の例
➡　バディの編成を工夫したり，学習の成果を仲間同士で積極的に認める場を設定したり，仲間と一緒に達成する課題を設定したりするなどの配慮をする。

7　平泳ぎをする
○平泳ぎの行い方を理解する。
○バディでプールサイドでできる動きを確認する。
○バディで助け合いながら，練習をする。

●平泳ぎの行い方について，学習資料やICT機器を活用したり，実際に動いて示したりしながら説明する。

平泳ぎの行い方の例
○手や足の動き

・肘を曲げながら，円を描くように水をかく。

・親指を外側に開いて，足の裏や脚の内側で水を挟み出す。

○動きに合わせた呼吸

・キックの勢いを利用してしばらく伸びる。（息を止める）

・顔をゆっくり起こしながら手をかき始める。（弱く吐く）

・肘を曲げながら顔を上げる。（まとめて吐いてすぐ吸う）

○呼吸のリズム

口をとじている　　鼻からブクブクブク　　口があいている

> はじめは，呼吸を合わせた「かいて，蹴って，伸びる」を1回行ったら一度立つの一連の動作の確認をしましょう。

○課題解決のために自己や仲間が考えたことを伝える。

●考えたことを伝えていることを取り上げて，称賛する。

8　本時を振り返り，次時への見通しをもつ

> **本時の振り返り**
> ・平泳ぎの行い方について，理解したことを書きましょう。
> ・安全確保の運動や平泳ぎをして，気付いたことや考えたことを書きましょう。

○振り返りを発表して，仲間に伝える。

●振り返りを学習カードに記入するように伝えるとともに，気付きや考えのよさを取り上げて，称賛する。（濡れないようにするため，教室で記入することも考えられる。）

◆学習評価◆　知識・技能
③平泳ぎの行い方について，言ったり書いたりしている。

➡　平泳ぎで，手の動きに合わせて呼吸し，キックの後には息を止めてしばらく伸びて，続けて長く泳ぐ行い方について，発表したり学習カードに記入したりしていることを評価する。（観察・学習カード）

◎平泳ぎの行い方を理解することが苦手な児童への配慮の例

➡　個別に関わり，平泳ぎの行い方のポイントについて対話しながら確認するなどの配慮をする。

9　整理運動，用具の片付けをしてシャワーを浴びる
10　集合，健康観察，挨拶をする

●適切な整理運動を行うように伝えるとともに，けががないかなどを確認する。

本時の目標

(1) 背浮きや浮き沈みをしながら，タイミングよく呼吸をしたり，手や足を動かしたりして，続けて長く浮くことができるようにする。

(2) 自己の能力に適した記録への挑戦の仕方を選ぶことができるようにする。

(3) 仲間の考えや取組を認めることができるようにする。

本時の展開

時間	学習内容・活動	指導上の留意点
5分	1　集合，挨拶，健康観察をする 2　本時のねらいを理解して，目標を立てる **課題の解決の仕方や記録へ挑戦の仕方を工夫して，続け長く浮いたり泳いだりしよう** ○本時のねらいを確認して，自己の目標を立てる。 3　用具の準備をする ○学級全体で協力して，準備をする。 4　準備運動をしてシャワーを浴びる ○学級全体で，準備運動をする。 ○学級全体で順番に，シャワーを浴びる。	 ●学習カードを配り，立てた目標を記入するように伝える。（濡れないようにするため，教室で配って記入することも考えられる。） ●役割分担やな準備の仕方を確認する。 ●けがを防止するための適切な準備運動を行うように伝える。 ●衛生と安全に気を配ったシャワーの浴び方を確認する。
15分	5　水慣れをする ○ゆっくりと水に入る。 ○バディで水に慣れ，主運動につながる動きをする。 6　安全確保につながる運動をする ○安全確保につながる運動の記録への挑戦の仕方を理解する。 ○自己の能力に適した記録への挑戦の仕方を選んで，安全確保につながる運動をする。 **安全確保につながる運動の記録への挑戦の仕方の例** ○背浮きで浮いている時間に挑戦する　　○浮き沈みを続ける回数に挑戦する ・呼吸は「一気に吐いて・吸う」を繰り返す。（ブハ！スゥーの繰り返し）　・呼吸のリズムを保って浮き沈みを続ける。（プクプクプク，ブハ！スゥー） ○課題の解決のために自己や仲間の考えたことを伝える。	●体に水をかけてから，ゆっくりと水に入るようにする。 ●安全確保につながる運動の記録への挑戦の仕方について，学習資料やICT機器を活用したり，実際に動いて示したりしながら説明する。 ●考えたことを伝えていることを取り上げて，称賛する。 **◎背浮きで呼吸を続けることが苦手な児童への配慮の例** ➡　浅い場所でプールの底に踵を付けたまま背浮きになる姿勢の練習をしたり，補助具を胸に抱える，仲間に頭や腰を支えてもらうなどして，続けて浮く練習をしたりするなどの配慮をする。 **◎浮き沈みの動きに合わせた呼吸をすることが苦手な児童への配慮の例** ➡　体が自然に浮いてくるまで待ってから息継ぎをすることや，頭を大きく上げるのではなく首をゆっくりと動かし呼吸をすることを助言するなどの配慮をする。 ➡　息を止めて動かないでいると自然と体が浮いてくることを実感できるように，易しいもぐる・浮く運動を行うようにするなどの配慮をする。

20分

7 クロール，平泳ぎをする
○自己の能力に適した泳ぎ方と課題に応じた練習の場や段階を選んで，練習をする。

●課題に応じた練習の仕方について，学習資料やICT機器を活用したり，実際に動いて示したりしながら説明する。

クロール，平泳ぎの課題に応じた練習の場の例
○手や足の動きの練習をする場
・クロールのローリングを練習する場
　伏し浮きから背浮きへの変身浮きで肩のローリングの動きを練習する。

・平泳ぎのキックを練習する場
　壁や補助具につかまってキックをして，足の裏や脚の内側で水を挟み出す練習をする。

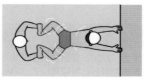

○呼吸を練習する場
・歩きながらクロールの呼吸を練習する場
　顎を引いて耳まで浸かって息継ぎをする。

・歩きながら平泳ぎの呼吸を練習する場
　手や足の動きとのタイミングを仲間と確認する。

○ゆったりと泳ぐ場
・クロールの1ストロークで進む距離を伸ばす場
　頭の上方で両手を揃えた姿勢で片手ずつ大きくかき，ゆっくりと動かすばた足をする。
・平泳ぎの1ストロークで進む距離を伸ばす場
　キックの後に顎を引いた伏し浮き姿勢を保ち，キックの勢いをしっかり利用するようにゆっくりと手をかく。

○課題の解決のために自己や仲間の考えたことを伝える。

●考えたことを伝えていることを取り上げて，称賛する。

◆学習評価◆　主体的に学数に取り組む態度
④仲間の考えや取組を認めようとしている。

➡　安全確保につながる運動やクロール，平泳ぎの課題を見付けたり解決方法を工夫したりする際に，仲間の考えや取組を認めようとしている姿を評価する。（観察・学習カード）

◎仲間の考えや取組を認めることに意欲的でない児童への配慮の例

➡　発表を聞こうとしなかったり仲間の取組を否定することを言ったりする児童には，人はそれぞれに考えに違いがありそれを認めることが大切であることを伝えるとともに，それぞれの取組のよさを取り上げて，気付くことができるようにするなどの配慮をする。

5分

8 本時を振り返り，次時への見通しをもつ

本時の振り返り
・安全確保につながる運動で選んだ挑戦の仕方と今日の記録を書きましょう。
・クロール，平泳ぎの練習で選んだ場と，今日の学習でできたことを書きましょう。
・仲間の考えや取組を認めることについて，気付いたり考えたりしたことを書きましょう。

○振り返りを発表して，仲間に伝える。

●振り返りを学習カードに記入するように伝えるとともに，気付きや考えのよさを取り上げて，称賛する。（濡れないようにするため，教室で記入することも考えられる。）

9 整理運動，用具の片付けをしてシャワーを浴びる

●適切な整理運動を行うように伝えるとともに，けががないかなどを確認する。

10 集合，健康観察，挨拶をする

本時の目標と展開④（12／12時間）

本時の目標

(1) クロールで，左右の手を入れ替える動きに呼吸を合わせて，続けて長く泳ぐこと，平泳ぎで，手の動きに合わせて呼吸しキックの後には息を止めてしばらく伸びて，続けて長く泳ぐことができるようにする。

(2) 課題の解決のために自己や仲間の考えたことを他者に伝えることができるようにする。

(3) 水泳運動に積極的に取り組むことができるようにする。

本時の展開

時間	学習内容・活動	指導上の留意点
5分	1　集合，挨拶，健康観察をする 2　本時のねらいを理解して，目標を立てる **クロール・平泳ぎ大会で自己の記録に挑戦して，学習のまとめをしよう** ○本時のねらいを確認して，自己の目標を立てる。 3　用具の準備をする ○学級全体で協力して，準備をする。 4　準備運動をしてシャワーを浴びる ○学級全体で準備運動をする。 ○学級全体で順番に，シャワーを浴びる。	●学習カードを配り，立てた目標を記入するように伝える。（濡れないようにするため，教室で配って記入することも考えられる。） ●役割分担や安全な準備の仕方を確認する。 ●けがを防止するための適切な準備運動を行うように伝える。 ●衛生と安全に気を配ったシャワーの浴び方を確認する。
30分	5　水慣れをする ○ゆっくりと水に入る。 ○バディで水に慣れ，主運動につながる動きをする。 6　クロール・平泳ぎ記録会をする ○クロール・平泳ぎ記録会の行い方を理解する。 クロール・平泳ぎ記録会の行い方 ・クロールと平泳ぎのそれぞれの記録への挑戦の仕方を選んで取り組みましょう。 ・仲間と比べるのではなく，自己の学習の成果を確かめられる大会にしましょう。 ○クロールと平泳ぎの練習をする。 ○クロールと平泳ぎの自己に適した記録への挑戦の仕方を選ぶ。 記録への挑戦の仕方の例 ○決めた距離を泳げるか ○決めた時間の間泳ぐことができるか ○決めた回数のストロークでどこまで進めるか ○決めた距離を何回のストロークで泳げるか	●体に水をかけてから，ゆっくりと水に入るようにする。 ●クロール・平泳ぎ記録会の行い方を説明する。 ◆学習評価◆　知識・技能 ④クロールで，左右の手を入れ替える動きに呼吸を合わせて，続けて長く泳ぐことができる。 ➡　クロールで，左右の手を入れ替える動きに呼吸を合わせて，続けて長く泳いでいる姿を評価する。（観察・学習カード） ◆学習評価◆　知識・技能 ⑤平泳ぎで，手の動きに合わせて呼吸し，キックの後には息を止めてしばらく伸びて，続けて長く泳ぐことができる。 ➡　平泳ぎで，手の動きに合わせて呼吸し，キックの後には息を止めてしばらく伸びて，続けて長く泳いでいる姿を評価する。（観察・学習カード）
10分	7　単元を振り返り，学習のまとめをする 単元の学習の振り返り ・クロール・平泳ぎ記録会での記録を書きましょう。 ・単元の学習の目標で，達成したことを書きましょう。 ・学習したことで，今後の学習や日常生活の中で取り組んでいきたいことを書きましょう。 ○振り返りを発表して，仲間に伝える。 8　整理運動，用具の片付けをしてシャワーを浴びる 9　集合，健康観察，挨拶をする	●振り返りを学習カードに記入するように伝えるとともに，気付きや考えのよさを取り上げて，称賛する。（濡れないようにするため，教室で記入することも考えられる。） ●適切な整理運動を行うように伝えるとともに，けがなどがないかを確認する。

2学年間にわたって取り扱う場合

【第5学年における指導と評価の計画（例）】

時 間		1	2〜3	4〜5	6〜7	8〜11	12
ねらい		学習の見通しをもつ	クロール，平泳ぎ，安全確保につながる運動の行い方を理解し，手や足の動きに呼吸を合わせて泳ぐこと，背浮きや浮き沈みをすることを楽しむ			課題の解決の仕方や記録への挑戦の仕方を工夫して，続けて長く泳ぐこと，続けて長く浮くことを楽しむ	学習のまとめをする
学習活動		**オリエンテーション** ○学習の見通しをもつ ・学習の進め方 ・学習の約束 ・水泳運動の心得 ○初歩的な泳ぎ 呼吸をしながらゆったりと泳ぐ。	**安全確保につながる運動** ○背浮き 安定した姿勢を保ち，手足をゆっくり動かす。 ○浮き沈み だるま浮きで浮上する。	**クロール** ○ゆったりとしたクロール ・1ストロークで進む距離が伸びるように大きくかく。 ・手をかく動きに合わせて呼吸をする。	**平泳ぎ** ○ゆったりとした平泳ぎ ・キックの後に伏し浮きの姿勢を保つ。 ・キックの勢いを利用して手をかく。	**安全確保につながる運動 クロール，平泳ぎ** ○背浮き，クロール 背浮き，クロールの課題の解決や記録への挑戦の仕方を工夫する。 ○浮き沈み，平泳ぎ 浮き沈み，平泳ぎの課題の解決や記録への挑戦の仕方を工夫する。	**学習のまとめ** ○記録会 ・背浮き ・浮き沈み ・クロール ・平泳ぎ ○学習のまとめをする
評価の重点	知識・技能		③ 観察・学習カード	① 観察・学習カード	② 観察・学習カード	④・⑤ 観察	⑥ 観察
	思考・判断・表現		① 観察・学習カード			②・③ 観察・学習カード	
	主体的に学習に取り組む態度	⑤ 観察・学習カード					① 観察・学習カード

【中学年「水泳運動」との円滑な接続を図るための工夫（例）】

● **「背浮きや浮き沈みをしながらタイミングよく呼吸をして，続けて長く浮く」ために**

中学年では，呼吸を調整しながらもぐったり浮いたりすることを楽しみました。高学年では，この呼吸の調整を安定させてタイミングよく呼吸をし，続けて長く浮くことができるようにします。

そのため高学年のはじめは，大きく息を吸った状態からタイミングのよい呼吸をする動きを身に付ける活動をしましょう。

> （例）安定した呼吸の練習（背浮き，浮き沈み）
> ・大きく息を吸って安定した背浮き姿勢を崩さないように，膝を曲げたり，手を頭上にあげたりする。
> ・浮上する動きに合わせて両手を動かし顔を上げて呼吸し，（体はいったん沈んでいくが），息を止めて大きく吸った状態のまま，浮いてくるまで姿勢を保つ動きを繰り返す。

● **「初歩的な泳ぎ」から「クロール，平泳ぎで続けて長く泳ぐこと」につなげるために**

中学年では，補助具等を利用して，浮いて呼吸をしながら進む初歩的な泳ぎを楽しみました。高学年では，手や足の動きに呼吸を合わせて続けて長く泳ぐことができるようにします。

そのため高学年のはじめは，手や足をゆっくり動かしながら呼吸をする「ゆったりとしたクロール」，「ゆったりとした平泳ぎ」で泳ぐ活動をしましょう。

> （例）ゆったりとしたクロール，ゆったりとした平泳ぎ
> ・ストロークの回数を決めて，何m泳げるかに挑戦する。
> ・25mをできるだけ少ないストローク数で泳ぐことに挑戦する。

【第5学年において重点を置いて指導する内容（例）】

● **知識及び技能**

背浮きや浮き沈みで続けて長く浮く活動を通して，大きく息を吸った状態から一気に吐き出しすぐに吸うことや，体が浮上する動きに合わせて口を水面上に出して呼吸することなど，安定した呼吸を身に付けることができるようにしましょう。また，クロールや平泳ぎの泳形にこだわりすぎず，安定した呼吸を崩さないように，ゆっくりと手足を動かすことができるようにしましょう。

● **思考力，判断力，表現力等**

「安定した背浮きや浮き沈み」と「ゆったりとしたクロール，平泳ぎ」の動きを関連付けて，自己の課題を見付けるようにします。段階的な活動の場を工夫することで，自己の課題を見付け課題に応じた場や段階を選ぶことができるようにしましょう。

● **学びに向かう力，人間性等**

自己の課題の解決のために，仲間と助け合いながら活動をします。仲間と動きを見合い助け合う活動や場等を設定することで，仲間の考えや取組を認める姿勢を育みましょう。また，水への違和感を抱く児童には，すぐに泳法の練習をするのではなく，もぐったり浮いたりしながら呼吸をする場を設定するなど，児童が運動に積極的に取り組むことができるようにしましょう。

ゴール型
「サッカーを基にした簡易化されたゲーム」

ゴール型は，ボール操作とボールを持たない動きによって簡易化されたゲームをして，集団対集団の攻防によって競い合う楽しさや喜びを味わうことができる運動です。本単元例は，サッカーを基にした簡易化されたゲームを取り上げて，ゲームにつながる運動とルールを工夫しながらゲームをする時間を多く設定することで，ボール操作とボールを持たないときの動きを身に付けながら，自己やチームに適したルールでゲームに積極的に取り組むことができる授業を展開するようにしています。

単元の目標

(1) ゴール型（サッカー）の行い方を理解するとともに，ボール操作とボールを持たないときの動きによって，簡易化されたゲームをすることができるようにする。
(2) ルールを工夫したり，自己やチームの特徴に応じた作戦を選んだりするとともに，自己や仲間の考えたことを他者に伝えることができるようにする。
(3) ゴール型（サッカー）に積極的に取り組み，ルールを守り助け合って運動をしたり，勝敗を受け入れたり，仲間の考えや取組を認めたり，場や用具の安全に気を配ったりすることができるようにする。

指導と評価の計画（8時間）

時　間		1	2	3
ねらい		学習の見通しをもつ	サッカーの行い方を理解し，ルールを工夫してゲー	
学習活動		オリエンテーション 1　集合，挨拶，健康観察をする 2　単元の学習の見通しをもつ ○単元の目標と学習の進め方を理解する。 ○ルールやマナーを理解する。 3　本時のねらいを理解して，目標を立てる 4　場の設定をする ○場の設定や用具の片付けの役割分担を理解する。 5　準備運動，ゲームにつながる運動をする ○準備運動，ゲームにつながる運動の行い方を理解する。 6　ゲームをする ○簡易化されたゲームの行い方を理解し，ゲームをする。	1　集合，挨拶，健康観察をする　　2　本時のねらいと学習内容を確 4　準備運動をする 5　ゲームにつながる運動をする ### ルールを工夫してゲームをする （相手チームを替えて，1時間に1〜2ゲーム） 6　ゲームをする ○サッカーのルールの工夫の仕方を理解する。 ○相手チームを決め，ルールを選んでゲーム1をする。 ○ゲーム1を振り返り，選んだルールについて，自己や仲間が考えた ○相手チームを替え，ルールを選んでゲーム2をする。	
		7　本時を振り返り，次時への見通しをもつ　　8　整理運動，場や用具の片付けをする　　9　集合，健康		
評価の重点	知識・技能			① 学習カード
	思考・判断・表現			
	主体的に学習に取り組む態度	⑥ 観察・学習カード	④ 観察・学習カード	③ 観察・学習カード

単元の評価規準

知識・技能	思考・判断・表現	主体的に学習に取り組む態度
①ゴール型（サッカー）の行い方について，言ったり書いたりしている。 ②味方にパスをする，パスを受けてシュートをするといったボール操作によってゲームをすることができる。 ③ボール保持者からボールを受けることのできる場所に動くなどのボールを持たないときの動きによってゲームをすることができる。	①ルールを工夫している。 ②自己やチームの特徴に応じた作戦を選んでいる。 ③課題の解決のために自己や仲間の考えたことを他者に伝えている。	①ゴール型（サッカー）に積極的に取り組もうとしている。 ②ルールやマナーを守り，仲間と助け合おうとしている。 ③場の設定や用具の片付けなどで，分担された役割を果たそうとしている。 ④勝敗を受け入れようとしている。 ⑤仲間の考えや取組を認めようとしている。 ⑥場や用具の安全に気を配っている。

4	5	6	7	8
ムをすることを楽しむ		自己やチームの特徴に応じた作戦を選んでゲームをすることを楽しむ		学習のまとめをする

認する　　3　場や用具の準備をする

作戦を選んでゲームをする
（相手チームを替えずに，1時間に2ゲーム）

6　ゲームをする
　○サッカーの作戦を理解する。
　○チームで作戦を選んで，ゲーム1をする。
　○ゲーム1を振り返り，選んだ作戦について自己や仲間が考えたことを伝える。
　○チームで選んだ作戦を確認して，ゲーム2をする。

ことを伝える。

学習のまとめ

サッカー大会をする
（相手チームを替えて3ゲーム）

5　チームで作戦を選び，作戦に応じたゲームにつながる運動をする
6　サッカー大会をする
7　単元の学習を振り返り，学習のまとめをする
8　整理運動，用具の片付けをする
9　集合，健康観察，挨拶をする

観察，挨拶をする

4	5	6	7	8
			② 観察	③ 観察
① 観察・学習カード		② 観察・学習カード	③ 観察・学習カード	
	② 観察・学習カード	⑤ 観察・学習カード		① 観察・学習カード

本時の目標と展開①（1／8時間）

本時の目標

(1) ゴール型（サッカー）の行い方を理解することができるようにする。
(2) ルールを工夫することができるようにする。
(3) 場や用具の安全に気を配ることができるようにする。

本時の展開

時間	学習内容・活動	指導上の留意点
5分	**1　集合，挨拶，健康観察をする** **2　単元の学習の見通しをもつ** ○単元の目標と学習の進め方を理解する。 ○チームを確認する。 ○学習の約束を理解する。	●掲示物を活用するなどしながら，分かりやすく説明する。 ●どのチームも同じくらいの力になるように配慮して，六人を基本としたチームを事前に決めておく。
	運動の約束の例 ・用具は正しく使いましょう。 ・場の安全に気を配りましょう。 ・審判の判定に従い，フェアなプレイを大切にしましょう。 ・チームの仲間と助け合って学習をしましょう。 ・チームの仲間の考えや取組を認めましょう。	
	3　本時のねらいを理解して，目標を立てる	
	サッカーの学習の進め方を理解して，学習の見通しをもとう	
	○本時のねらいを理解して，自己の目標を立てる。	●学習カードを配り，使い方を説明する。
20分	**4　場や用具の準備をする** ○場や用具の準備と片付けの役割分担を理解する。	●役割分担や安全な準備と片付けの仕方を説明する。 ●安全に気を配っている様子を取り上げて，称賛する。
	場や用具の準備と片付けの約束の例 ・運動をする場所に危険物がないか気を配り，見付けたら取り除きましょう。 ・運動に使う用具などは，チームで分担して，決まった場所から安全に気を配って運びましょう。 ・安全に運動ができるように，服装などが整っているか，互いに気を配りましょう。	
	5　準備運動，ゲームにつながる運動をする ○準備運動，ゲームにつながる運動の行い方を理解する。 ○学級全体やチームで準備運動，ゲームにつながる運動をする。	●けがの防止のために適切な準備運動の行い方について，実際に動いて示しながら説明する。
	準備運動の例 　肩，腕，手首，腿，膝，ふくらはぎ，足首などをほぐす運動を行う。 ゲームにつながる運動の例 ○向かい合ってパス・パストラップ　　　　○シュート，ドリブルからのシュート ・チームを２つに分けて，向かい合うように並ぶ。 ・パスをしたら，走って向かいの列に並ぶ。 ・置いたボールをゴールに向かって強く蹴る。 ・ドリブルでゴールに近づき，シュートをする。	

15分	**6　ゲームをする** ○簡易化されたゲームの行い方を理解する。	●簡易化されたゲームの行い方について，学習資料やICT機器を活用したり，実際に動いて示したりしながら説明する。

サッカーを基にした簡易化されたゲームの行い方の例
○少人数で，攻撃側のプレイヤーの人数が守備側の人数を上回るゲーム

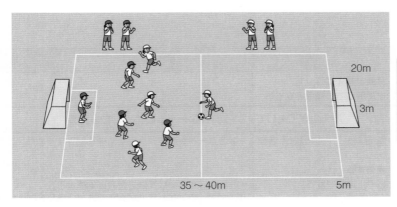

キーパーがゴールエリアに戻ると，守備の人数が少なくなるので，フリーの味方を探してパスをするようにしましょう。

・4分のゲーム（前半・後半に分けず続けて4分）。
・チームから四人がゲームに出る。そのうち一人はゴールキーパーになる。ゲームに出ない人は得点係や時計係をする。
・ゴールキーパーは，味方チームがボールを持ったらゴールエリアから出て攻撃に加わる。相手チームがボールを持ったら急いでゴールエリアに戻る。（ゴールエリア以外では守らないことで，攻撃側のプレイヤーの人数が上回る）

	○相手チームを確認して，ゲームをする。 （4分のゲーム）	●対戦をするチームと使用するコートを伝える。 ●安全に気を配っている様子を取り上げて，称賛する。

◆**学習評価**　主体的に学習に取り組む態度
⑥**場や用具の安全に気を配っている。**

➡　練習やゲームをする際に，コートやその周辺に危険物がないかなど，安全に気を配っている姿を評価する。（観察・学習カード）

◎**安全に気を配ることに意欲的でない児童への配慮の例**

➡　コートの状態や用具の配置など，安全のために気を配ることを明確にしたり，チームの仲間と安全について声をかけ合って確認したりするなどの配慮をする。

●パスでボールをつないで，シュートをしている動きを取り上げて，称賛する。

◎**得点しやすい場所に移動し，パスを受けてシュートをすることが苦手な児童への配慮の例**

➡　シュートが入りやすい場所に目印を付けたり，ボールを保持した際に最初にゴールを見ることを助言したりするなどの配慮をする。

5分	**7　本時を振り返り，次時への見通しをもつ**	

本時の振り返り
・ゲームをして，気付いたことや考えたことを書きましょう。
・安全に気を配ることについて，気付いたことや考えたことを書きましょう。
・単元の学習で身に付けたいことなど，自己の目標を書きましょう。

	○振り返りを発表して，仲間に伝える。	●振り返りを学習カードに記入するように伝えるとともに，気付きや考えのよさを取り上げて，称賛する。
	8　整理運動，場や用具の片付けをする	●整理運動の行い方について，実際に動いて示しながら説明するとともに，けががないかなどを確認する。
	9　集合，健康観察，挨拶をする	

本時の目標と展開②（3／8時間）

本時の目標

(1) ゴール型（サッカー）の行い方を理解することができるようにする。
(2) ルールを工夫することができるようにする。
(3) 場の設定や用具の片付けなどで，分担された役割を果たすことができるようにする。

本時の展開

時間	学習内容・活動	指導上の留意点
10分	1　集合，挨拶，健康観察をする 2　本時のねらいを理解して，目標を立てる **ルールを工夫して，いろいろなチームとゲームをしよう** ○本時のねらいを理解して，自己の目標を立てる。 3　場や用具の準備をする ○チームで協力して，準備をする。 4　準備運動をする ○チームで準備運動をする。	●学習カードを配り，立てた目標を記入するように伝える。 ●役割分担や安全な準備の仕方を確認する。 ◆**学習評価**◆　主体的に学習に取り組む態度 ③場の設定や用具の片付けなどで，分担された役割を果たそうとしている。 ➡　コートの設定や用具の配置など，チームで分担した役割を果たそうとしている姿を評価する。（観察・学習カード） ◎**役割を果たすことに意欲的でない児童への配慮の例** ➡　自己の役割を確認してその行い方を説明したり，チームの仲間や教師が一緒に行うことで役割に慣れるようにするなどの配慮をする。 ●けがの防止のために適切な準備運動を行うように伝える。
15分	5　ゲームにつながる運動をする ○自己やチームに適した行い方を選んで，チームでゲームにつながる運動をする。 ゲームにつながる運動の例 ○二人組でトラップ 　向かい合い，相手が投げたボールをいろいろな体の部位でトラップをする。 ○三人組でパス・パストラップ ・真ん中の人は，ボールをトラップしたら素早く振り返り，次の人にパスをする。 ○1対1でボールを蹴る・守る ・自分のボールは蹴られないようにしながら，相手のボールを場から蹴り出す。 ゲームの中で行うボール操作に慣れることができるように，チームで行い方を工夫しましょう。 ○課題の解決のために自己や仲間が考えたことを伝える。	●全員がボール操作とボールを持たない動きに慣れることができるように，十分な時間を確保する。 ●考えたことを伝えていることを取り上げて，称賛する。

全てのチームとゲームをする
相手チームを替えてゲームをして，2〜5時間で全てのチームと対戦できるようにする

6　ゲームをする
○サッカーのルールの工夫の仕方を理解する。

●サッカーのルールの工夫の仕方について，学習資料やICT機器を活用したり，実際に動いて示したりしながら説明する。

> **サッカーのルールの工夫の仕方の例**
> ○攻撃側のプレイヤーの人数が守備側のプレイヤーの人数を上回るように，チームメイトが入れ替わるゲーム

・6分のゲーム（前半・後半に分けずに続けて6分）
・チームの七人は順番を決め，はじめは1から6番目の六人がゲームに出る。（そのうち一人はゴールキーパーになる）
・守備側のチームがボールを持ったら，6番目の人がコートに入り，一緒に攻撃。相手チームにボールをとられたら，1番目の人がコートから出て五人で守備。これを繰り返してチームメイトが入れ替わりながらゲームをする。

> ○コート内にセーフティゾーンをつくる。（広さや数を工夫する）
> ○使用するボールを，柔らかいボール，大きなボール，弾みの少ないボールなどをチームで選ぶ。

○相手チームを決め，ルールを選んでゲーム1をする。（ゲームの時間は6分程度を目安に，ゲームの回数を基に調整する）
○ゲーム1を振り返り，選んだルールについて，自己や仲間の考えたことを伝える。
【ゲームを2回することができる場合】
○相手チームを替え，ルールを選んでゲーム2をする。

●チームに適したルールを選んでいることを取り上げて，称賛する。

◎勝敗を受け入れることに意欲的でない児童への配慮の例
➡ 個別に関わり，ゲームでのよかった点を見付けたり，次のゲームで気を付けるポイントを確認したりして，勝敗の結果だけにこだわらないようにするなどの配慮をする。

7　本時を振り返り，次時への見通しをもつ

> **本時の振り返り**
> ・ゲームの相手チームとゲームの結果を書きましょう。
> ・選んだルールと，そのルールでゲームをして気付いたことや考えたことを書きましょう。
> ・サッカーの行い方について理解したことを書きましょう。
> ・分担された役割を果たすことについて，気付いたことや考えたことを書きましょう。

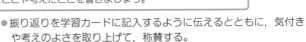

○振り返りを発表して，仲間に伝える。

●振り返りを学習カードに記入するように伝えるとともに，気付きや考えのよさを取り上げて，称賛する。

◆学習評価◆　知識・技能
①ゴール型（サッカー）の行い方について，言ったり書いたりしている。

➡ 蹴る，止めるといったボール操作やボールを受けることができる場所に動くことなどについて，発表したり学習カードに記入したりしていることを評価する。（観察・学習カード）

◎ゴール型（サッカー）の行い方を理解することが苦手な児童への配慮の例
➡ 個別に関わり，サッカーの行い方のポイントについて対話をしながら確認するなどの配慮をする。

8　整理運動，場や用具の片付けをする

●適切な整理運動を行うように伝えるとともに，けががないかなどを確認する。

9　集合，健康観察，挨拶をする

本時の目標

(1) 味方にパスをする，パスを受けてシュートをするといったボール操作によってゲームをすることができるようにする。
(2) 課題解決のために自己や仲間の考えたことを他者に伝えることができるようにする。
(3) ゴール型（サッカー）に積極的に取り組むことができるようにする。

本時の展開

時間	学習内容・活動	指導上の留意点
5分	1　集合，挨拶，健康観察をする 2　本時のねらいを理解して，目標を立てる **自己やチームの特徴に応じた作戦を選んでゲームをしよう** ○本時のねらいを理解して，自己の目標を立てる。 3　場や用具の準備をする ○チームで協力して，準備をする。 4　準備運動をする ○チームで準備運動をする。	●学習カードを配り，立てた目標を記入するように伝える。 ●役割分担や安全な準備の仕方を確認する。 ●けがの防止のために適切な準備運動を行うように伝える。
15分	5　ゲームにつながる運動をする ○自己やチームに適した行い方を選んで，チームでゲームにつながる運動をする。	●各チームの取組を観察し，必要に応じて運動の行い方について実際に動いて示しながら説明する。

ゲームにつながる運動の例
○とられないようにパスをする

○攻守に分かれてパス・シュート

・鬼にボールをとられないように，五～六人でパスをする。
・ボールをとられたり，決めた回数のパスが続いたりしたら，鬼を交代する。

・攻撃は二人，守備はキーパーともう一人がなる。
・パスをつなげて，シュートをする。

○課題の解決のために自己や仲間が考えたことを伝える。	●考えたことを伝えていることを取り上げて，称賛する。

◆学習評価◆　思考・判断・表現
③課題解決のために自己や仲間の考えたことを他者に伝えている。

➡　ゲームや練習の中で仲間の動きを見たり，チームの特徴に応じた作戦を選んだりして考えたことを，教師やチームの仲間などに伝えている姿を評価する。（観察・学習カード）

◎考えたことを伝えることが苦手な児童への配慮の例

➡　個別に関わり，仲間のよい動きを見付けたり，仲間のよい考えに気付いたりしたことを聞き取って，仲間に伝えることを支援するなどの配慮をする。

	相手チームを決めてゲームをする 6～7時間は1時間で対戦する相手チームは替えずに，作戦を選んでゲームをする。

6　ゲームをする
○本時の相手チームを決める。
○サッカーの作戦を理解する。

●対戦をするチームと使用するコートを伝える。
●サッカーの作戦について，学習資料やICT機器を活用したり，実際に動いて示したりしながら説明する。

20分

サッカーの作戦の例
○走り込み・パス作戦　　○サイドドリブル作戦　　○逆サイドパス作戦

  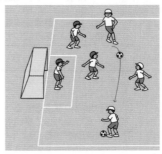

・味方がボールを持ったら，守りの後ろ側に走り込むことを中心した作戦で，フリーでパスを受けられるようにする。

・ボールを持ったら，サイドの味方にパスをすることを中心とした作戦で，守備の少ないスペースを進むようにする。

・自分と逆のサイドの味方に大きくパスをしてコートを広く使うことで，守備のいないスペースを使うようにする。

○チームで作戦を選んで，ゲーム1をする。（6分程度のゲーム）

●自己やチームの特徴に応じた作戦を選んでいることを取り上げて，称賛する。

◎守備をすることが苦手な児童への配慮の例
➡　仲間がゴールの位置を教えることで，ボール保持者とゴールの間に体を入れて守備をすることができるようにするなどの配慮をする。

○ゲーム1を振り返り，選んだ作戦について自己や仲間が考えたことを伝える。
○必要に応じて作戦を選び直すなど，チームで選んだ作戦を確認して，ゲーム2をする。（6分程度のゲーム）

◆学習評価◆　知識・技能
②味方にパスをする，パスを受けてシュートをするといったボール操作によってゲームをすることができる。
➡　ゲームや練習の中で，蹴る，止めるといったボール操作によってパスやシュートなどをしている姿を評価する。（観察）

◎ゲームをする際にボール操作が苦手な児童への配慮の例
➡　ゲームにつながる運動は，立ち止まった状態での行い方から始め，徐々に走りながらボールを蹴ったりボールを追いかけて止めたりする行い方に変えるなどの配慮をする。
➡　はじめは正確にボール操作をしようとばかりせず，攻める側に大きく蹴る，ボールをぴたりと止めることができなくてもすぐ追いかけるなどの易しいボール操作でゲームに取り組むように助言するなどの配慮をする。

7　本時を振り返り，次時への見通しをもつ

単元の学習の振り返り
・相手チームとゲーム1・ゲーム2の結果を書きましょう。
・選んだ簡単な作戦と，その作戦でゲームをして気付いたことや考えたことを書きましょう。
・チームの話合いで発表された仲間の考えで，参考になったことを書きましょう。

5分

○振り返りを発表して，仲間に伝える。

●振り返りを学習カードに記入するように伝えるとともに，気付きや考えのよさを取り上げて，称賛する。

8　整理運動，場や用具の片付けをする

●適切な整理運動を行うように伝えるとともに，けががないかなどを確認する。

9　集合，健康観察，挨拶をする

本時の目標と展開④（8／8時間）

本時の目標

(1) ボール保持者からボールを受けることのできる場所に動くなどのボールを持たないときの動きによってゲームをすることができるようにする。

(2) 課題解決のために自己や仲間の考えたことを他者に伝えることができるようにする。

(3) ゴール型（サッカー）に積極的に取り組むことができるようにする。

本時の展開

時間	学習内容・活動	指導上の留意点
15分	1 集合，挨拶，健康観察をする 2 本時のねらいを理解して，目標を立てる **サッカー大会で楽しくゲームをして，学習のまとめをしよう** ○本時のねらいを理解して，自己の目標を立てる。 3 場や用具の準備をする ○チームで協力して準備をする。 4 準備運動をする ○チームで準備運動をする。 5 ゲームにつながる運動をする ○チームに適した行い方を選んで，チームでゲームにつながる運動をする。	●学習カードを配り，立てた目標を記入するように伝える。 ●役割分担や安全な準備の仕方を確認する。 ●けがの防止のために適切な準備運動を行うように伝える。 ●チームの作戦につながる行い方を選ぶように伝える。
20分	6 サッカー大会をする ○サッカー大会の行い方を理解する。 サッカー大会の行い方や約束 ・各チーム3回ゲームをします。ゲームの間にチームの話合いの時間を十分に取ることができないので，作戦などはゲームの前にチームで手短かに確認し合うようにしましょう。 ・全員が楽しくゲームができるように，元気よく気持ちのよい応援をしましょう。 ○ゲーム1・ゲーム2・ゲーム3の相手チームを確認する。 ○チームで作戦を選んで，ゲーム1をする。（6分程度のゲーム） ○チームで選んだ作戦を確認して，ゲーム2をする。（6分程度のゲーム） ○チームで選んだ作戦を確認して，ゲーム3をする。（6分程度のゲーム） ○課題の解決のために自己や仲間が考えたことを伝える。	●サッカー大会の行い方を説明する。 ●対戦をするチームと使用するコートを伝える。 **◆学習評価◆ 主体的に学習に取り組む態度** ①ゴール型（サッカー）に積極的に取り組もうとしている。 ➡ サッカーのゲームやゲームにつながる運動，チームでの話合いなどに積極的に取り組もうとしている姿を評価する。(観察・学習カード) **◆学習評価◆ 知識・技能** ③ボール保持者からボールを受けることのできる場所に動くなどのボールを持たないときの動きによってゲームをすることができる。 ➡ 選んだ作戦に応じて，ボールを受けることのできる場所に動いてゲームをしている姿を評価する。(観察) ●考えたことを伝えていることを取り上げて，称賛する。
10分	7 単元を振り返り，学習のまとめをする 単元の学習の振り返り ・サッカー大会をして，気付いたことや考えたことを書きましょう。 ・単元の学習の目標で，達成したことを書きましょう。 ・学習したことで，今後の学習や日常生活の中で取り組んでいきたいとことを書きましょう。 ○振り返りを発表して，仲間に伝える。 8 整理運動，場や用具の片付けをする 9 集合，健康観察，挨拶をする	●振り返りを学習カードに記入するように伝えるとともに，気付きや考えのよさを取り上げて，称賛する。 ●適切な整理運動を行うように伝えるとともに，けががないかなどを確認する。

【第5学年における指導と評価の計画（ゴール型「バスケットボール」）】

時間	1	2	3	4	5	6	7	8
ねらい	学習の見通しをもつ	バスケットボールの行い方を理解し，ルールを工夫してゲームをすることを楽しむ			自己やチームの特徴に応じた作戦を選んでゲームをすることを楽しむ			学習のまとめをする
学習活動	**オリエンテーション** ○学習の見通しをもつ ・学習の進め方 ・学習の約束 ○バスケットボール 簡易化されたゲームをする	**バスケットボール 全てのチームとゲームをする** ○ゲームにつながる運動 ・チームでパス・パスキャッチ ・走りこんでパスキャッチ・シュート ○ゲームをする ・相手チームとゲームのルールを選び，ゲーム1をする ・相手チームを替え，ゲームのルールを選び，ゲーム2をする			**バスケットボール 相手チームを決めてゲームをする** ○ゲームにつながる運動 ・パスキャッチ・ドリブル・シュート ・チームでハーフコートゲーム ○ゲームをする ・相手チームを決め，チームの特徴に応じた作戦を選んで，ゲーム1をする ・ゲーム1を振り返り，選んだ作戦を確認して，ゲーム2をする			**学習のまとめ** ○バスケットボール大会 作戦を選んでいろいろなチームとゲームをする ○学習のまとめをする
評価の重点 ／ 知識・技能		① 観察・学習カード					② 観察	③ 観察
評価の重点 ／ 思考・判断・表現				① 観察・学習カード		② 観察・学習カード		
評価の重点 ／ 主体的に学習に取り組む態度	⑥ 観察・学習カード			④ 観察・学習カード	③ 観察・学習カード			① 観察・学習カード

●評価規準のゲームは「バスケットボール」とする。

【中学年「ハンドボール」との円滑な接続を図るための工夫（例）】

● **「チームによる攻撃」ができるようにするために**

　中学年に設定した「ハンドボール」では，味方にパスを出したりボール保持者と自分の間に守る者がいない空間に移動したりして，チームでパスをつないで攻めるゲームを楽しみました。高学年では，近くにいるフリーの味方にパスを出したり，得点しやすい場所に移動してパスを受けたりすることができるようにします。

　そのため高学年のはじめは，ボールを手で扱う「バスケットボール」で，ボールを持ったりドリブルをしたりしながら，フリーの味方を見付けてパスを出すこと，セーフティゾーンを設けるルールなどで得点しやすい場所を分かりやすくすることで，得点しやすい場所に移動することができるようにしましょう。

> （例）セーフティゾーンを設けたゲーム
> 　ゴールの近くなど，得点しやすい場所に，攻撃側の人しか入れず，入っているときはプレイを阻まれない「セーフティゾーン」を設けることで，セーフティゾーンやその周辺に移動してパスを受け，セーフティゾーンでシュートをすることができるようにする。
>
> （例）チームでハーフコートゲーム
> 　ゲームにつながる運動で，チームを二つに分け，半分のコートを使ったゲームをする。ゲームの際にチームで選ぶ作戦で，攻撃たり守備をしたりすることができるようにする。

【第5学年において重点を置いて指導する内容（例）】

● **知識及び技能**

　バスケットボールの行い方を理解するとともに，味方からのパスを受ける，フリーの味方にパスをする，必要に応じてドリブルをする，パスを受けてシュートをするなどのボール操作と，セーフティゾーンを目安にして得点しやすい場所に移動するなどのボールを持たない動きができるようにしましょう。

● **思考力，判断力，表現力等**

　ルールの工夫は，使うボールやセーフティゾーンの位置や広さ，得点の仕方などを相手チームと相談しながら選んで，誰もが楽しくゲームに参加できるようにしましょう。作戦の工夫は，味方がボールを持ったときや相手にボールを捕られたときにどのような動きで進めるかを確認し，チームの特徴に応じた作戦を選ぶことができるようにしましょう。

● **学びに向かう力，人間性等**

　練習や準備で仲間と助け合ったり，ゲームを行うために分担された役割を果たそうとしたりする態度を養い，各コートでゲームを進められるようにしましょう。その際，使用しない用具を片付け，場の整備をするとともに，安全に気を配ってゲームができるようにしましょう。

ネット型
「ソフトバレーボールを基にした簡易化されたゲーム」

ネット型は，個人やチームによる攻撃と守備によって簡易化されたゲームをして，集団対集団などの攻防によって競い合う楽しさや喜びを味わうことができる運動です。本単元例は，ソフトバレーボールを基にした簡易化されたゲームを取り上げて，単元前半はルールを選んでゲームをする時間，単元後半は作戦を選んでゲームをする時間を設定することで，ゲームの行い方を工夫することにより，身に付けた個人やチームによる攻撃と守備の動きでゲームに積極的に取り組むことができる授業を展開するようにしています。

単元の目標

(1) ネット型（ソフトバレーボール）の行い方を理解するとともに，チームによる攻撃と守備によって，簡易化されたゲームをすることができるようにする。
(2) ルールを工夫したり，自己やチームの特徴に応じた作戦を選んだりするとともに，自己や仲間の考えたことを他者に伝えることができるようにする。
(3) ネット型（ソフトバレーボール）に積極的に取り組み，ルールを守り助け合って運動をしたり，勝敗を受け入れたり，仲間の考えや取組を認めたり，場や用具の安全に気を配ったりすることができるようにする。

指導と評価の計画（8時間）

時　間		1	2	3
ねらい		学習の見通しをもつ	ソフトバレーボールの行い方を理解し，ルールを工夫して，いろいろなチームとゲームをすることを楽しむ	
学習活動		**オリエンテーション** 1　集合，挨拶，健康観察をする 2　単元の学習の見通しをもつ ○単元の目標と学習の進め方を理解する。 ○チームを確認する。 ○学習の約束を理解する。 3　本時のねらいを理解して，目標を立てる 4　場や用具の準備をする ○場や用具の準備と片付けの役割分担を理解する。 5　準備運動，ゲームにつながる運動をする ○準備運動，ゲームにつながる運動の行い方を理解する。 6　ゲームをする ○簡易化されたゲームの行い方を理解する。 ○相手チームを確認して，ゲームをする。	1　集合，挨拶，健康観察をする　　2　本時のねらいを理解して，目 5　ゲームにつながる運動をする **全てのチームとゲームをする** （相手チームを替えて，1時間に2ゲーム） 6　ゲームをする ○相手チームを決め，ルールを選んでゲーム1をする。 ○チームでゲーム1を振り返り，選んだルールについて，自己や仲間 ○相手チームを替え，ルールを選んでゲーム2をする。	
		7　本時の学習を振り返り，次時の学習の見通しをもつ　　8　整理運動，用具の片付けをする　　9　集合，		
評価の重点	知識・技能		① 観察・学習カード	
	思考・判断・表現			① 観察・学習カード
	主体的に学習に取り組む態度	⑥ 観察・学習カード	④ 観察・学習カード	

単元の評価規準

知識・技能	思考・判断・表現	主体的に学習に取り組む態度
①ネット型（ソフトバレーボール）の行い方について，言ったり書いたりしている。 ②味方のボールをつないだり，相手コートにボールを打ち返したりするボール操作によってゲームをすることができる。 ③チームの作戦に基づいた位置取りをするボールを持たないときの動きによってゲームをすることができる。	①ルールを工夫している。 ②自己やチームの特徴に応じた作戦を選んでいる。 ③課題の解決のために自己や仲間の考えたことを他者に伝えている。	①ネット型（ソフトバレーボール）に積極的に取り組もうとしている。 ②ルールやマナーを守り，仲間と助け合おうとしている。 ③場の設定や用具の片付けなどで，分担された役割を果たそうとしている。 ④勝敗を受け入れようとしている。 ⑤仲間の考えや取組を認めようとしている。 ⑥場や用具の安全に気を配っている。

4	5	6	7	8
	相手チームを決め，自己やチームの特徴に応じた作戦を選んでゲームをすることを楽しむ			学習のまとめをする

標を立てる　　3　場や用具の準備をする　　4　準備運動をする

相手チームを決めてゲームをする
（相手チームを替えずに，1時間に2ゲーム）

6　ゲームをする
○チームで作戦を選んで，ゲーム1をする。
○チームでゲーム1を振り返り，選んだ作戦について，自己や仲間の考えたことを伝える。
○チームで作戦を確認して，ゲーム1をする。

が考えたことを伝える。

学習のまとめ

ソフトバレーボール大会をする
（相手チームを替えて3ゲーム）

5　ゲームにつながる運動をする
6　ソフトバレーボール大会をする
7　単元の学習を振り返り，学習のまとめをする
8　整理運動，用具の片付けをする
9　集合，健康観察，挨拶をする

健康観察，挨拶をする

4	5	6	7	8
			② 観察	③ 観察
		② 観察・学習カード	③ 観察・学習カード	
③ 観察・学習カード	② 観察・学習カード	⑤ 観察・学習カード		① 観察・学習カード

本時の目標と展開① （1／8時間）

本時の目標

(1) ネット型（ソフトバレーボール）の行い方を理解することができるようにする。
(2) ルールを工夫することができるようにする。
(3) 場や用具の安全に気を配ることができるようにする。

本時の展開

時 間	学習内容・活動	指導上の留意点
5分	1　集合，挨拶，健康観察をする 2　単元の学習の見通しをもつ 　○単元の目標と学習の進め方を理解する。 　○チームを確認する。 　○学習の約束を理解する。	●掲示物を活用するなどしながら，分かりやすく説明する。 ●どのチームも同じくらいの力になるように配慮して，六人を基本としたチームを事前に決めておく。
	運動の約束の例 ・用具は正しく使いましょう。 ・場の安全に気を配りましょう。 ・審判の判定に従い，フェアなプレイを大切にしましょう。 　　　　　　　　　　・チームの仲間と助け合って学習をしましょう。 　　　　　　　　　　・チームの仲間の考えや取組を認めましょう。	
	3　本時のねらいを理解して，目標を立てる	
	ソフトバレーボールの学習の進め方を知り，学習の見通しをもとう	
	○本時のねらいを知り，自己の目標を立てる。	●学習カードを配り，使い方を説明する。
20分	4　場や用具の準備をする 　○場や用具の準備と片付けの役割分担を理解する。 　○チームで協力して，準備をする。	●役割分担や安全な準備と片付けの仕方を説明する。 ●安全に気を配っている様子を取り上げて，称賛する。
	場や用具の準備と片付けの約束の例 ・運動をする場所に危険物がないか気を配り，見付けたら取り除きましょう。 ・運動に使う用具などは，チームで分担して，決まった場所から安全に気を配って運びましょう。 ・安全に運動ができるように，服装などが整っているか，互いに気を配りましょう。	
	5　準備運動，ゲームにつながる運動をする 　○準備運動，ゲームにつながる運動の行い方を理解する。 　○学級全体やチームで準備運動，ゲームにつながる運動をする。	●けがの防止のために適切な準備運動の行い方について，実際に動いて示しながら説明する。
	準備運動の例 ○徒手での運動 … 肩，腕，手首，腿，膝，ふくらはぎ，足首などをほぐす運動をチームで選ぶ。 ゲームにつながる運動の例 ○二人組パス（投げる→パス→キャッチ）　　　　　○二人組アタック（投げる→アタック→キャッチ） ・相手が山なりに投げたボールの落下点に移動して，両手で打ち返す。相手に山なりに返すようにする。　　　・相手が山なりに投げたボールの落下点に移動して，片手で打ち返す。相手の手前に落とすようにする。	

15分	**6　ゲームをする** ○ソフトバレーボールを基にした簡易化されたゲームの行い方を理解する。	●簡易化されたゲームの行い方について，学習資料やICT機器を活用したり，実際に動いて示したりしながら説明する。

ソフトバレーボールを基にした簡易化されたゲームの行い方の例
○ボールキャッチあり・ワンバウンドありのゲーム（ラリーが続きやすいゲーム）

・三人対三人でゲームをする。(前半3分・後半3分程度のゲーム)
・サービスは，相手チームがボールを操作しやすいように，山なりのボールを投げ入れる。
・必ず三人でボールをつなぐ。飛んできたボールは，両手もしくは片手ではじくかキャッチをしてから投げる。
・打ち入れたボールが相手コート内に入らなかったり，自分のコートに打ち入れられたボールをワンバウンド以内に相手コートに打ち返すことができなかったりしたら，相手チームに得点が入る。
・安全のため，ネットに触ったりネットを越えて相手コート側に手を伸ばしたりしない。

	○相手チームを確認して，ゲームをする。(6分程度のゲーム)	●対戦するチームと使用するコートを伝える。 ●場や用具の安全に気を配るように伝えるとともに，安全に気を配っている様子を取り上げ，称賛する。

◆**学習評価**◆　主体的に学習に取り組む態度
⑥場や用具の安全に気を配っている。

➡　練習やゲームをする際に，コートやその周辺に危険物がないかなど，安全に気を配っている姿を評価する。（観察・学習カード）

◎**安全に気を配ることに意欲的でない児童への配慮の例**

➡　コートの状態や用具の配置など，安全のために気を配ることを明確にしたり，チームの仲間と安全について声をかけ合って確認したりするなどの配慮をする。

●パスでボールをつないで，ラリーを続けている動きを取り上げて，称賛する。

◎**ボールをつなぐことが苦手な児童への配慮の例**

➡　ボールをよく見て落下点に移動し，はじめは打ち返すのではなくキャッチしてから投げるようにして，味方とパスをつないだり相手コートに返球したりするゲームの流れに慣れるようにするなどの配慮をする。

5分	**7　本時を振り返り，次時への見通しをもつ**	

本時の振り返り
・簡易化されたゲームをして，気付いたことや考えたことを書きましょう。
・安全に気を配ることについて，気付いたことや考えたことを書きましょう。
・単元の学習で身に付けたいことなど，自己やチームの目標を書きましょう。

	○振り返りを発表して，仲間に伝える。	●振り返りを学習カードに記入するように伝えるとともに，気付きや考えのよさを取り上げて，称賛する。
	8　整理運動，場や用具の片付けをする	●整理運動の行い方について，実際に動いて示しながら説明するとともに，けががないかなどを確認する。
	9　集合，健康観察，挨拶をする	

本時の目標と展開② (2／8時間)

本時の目標

(1) ネット型（ソフトバレーボール）の行い方を理解することができるようにする。
(2) ルールを工夫することができるようにする。
(3) 勝敗を受け入れることができるようにする。

本時の展開

時 間	学習内容・活動	指導上の留意点
10分	1 集合，挨拶，健康観察をする 2 本時のねらいを理解して，目標を立てる **ルールを工夫して，いろいろなチームとゲームをしよう** ○本時のねらいを理解して，自己の目標を立てる。 3 場や用具の準備をする ○チームで協力して，準備をする。 4 準備運動をする ○チームで準備運動をする。	●学習カードを配り，立てた目標を記入するように伝える。 ●役割分担や安全な準備の仕方を確認する。 ●けがの防止のために適切な準備運動を行うように伝える。
10分	5 ゲームにつながる運動をする ○自己やチームに適した行い方を選んで，チームでゲームにつながる運動をする。	●全員が個人やチームによる攻撃や守備の動きに慣れることができるように，十分な時間を確保する。

ゲームにつながる運動の行い方の工夫の例
○二人組パス（投げる→パス→キャッチ や 続けたパス）

・相手に向かってボールを投げる場所を工夫する。
　➡ 相手の左右や前後にボールを投げる。
　　ボールの落下点に素早く移動してパスをする。

・お互いにパスを続けてつなぐ。
　➡ できるだけパスを続けてつなぐ。
　　難しいときはキャッチをしてボールを落とさない。

○二人組アタック（投げる→アタック→キャッチ や トス→アタック→キャッチ）

・できるだけボールが高い位置でアタックをする。
　➡ 腕を高く伸ばしてアタックをする。
　　ジャンプをしてアタックをする。

・持ったボールを両手ではじいてトスをする。
　➡ 相手がアタックをしやすいような山なりのボールのトスをできるようにする。

◎仲間と助け合うことに意欲的でない児童への配慮の例

➡ 役割を果たしたこと，最後まで全力でプレイしたこと，味方を励ます言葉がけがあったことなどを取り上げて，称賛したり仲間と互いに称え合ったりするなどの配慮をする。

○課題の解決のために自己や仲間が考えたことを伝える。

●考えたことを伝えていることを取り上げて，称賛する。

全てのチームとゲームをする
相手チームを替えてゲームをして，２～４時間で全てのチームと対戦できるようにする

20分

6　ゲームをする
○ソフトバレーボールのルールの工夫の仕方を理解する。

● ソフトバレーボールのルールの工夫の仕方について，学習資料やICT機器を活用したり，実際に動いて示したりしながら説明する。

> ソフトバレーボールのルールの工夫の例
> ○３回のボール操作での攻撃のうち，キャッチの回数を減らしていく。
> ○サービスとサービスの返球までは，失敗しても失点にせずにやり直す。
> ○ワンバウンドまでは返球できることとする。

> 自己のチームの課題に応じて，３回のボール操作での攻撃のうちキャッチができる回数を少なくしていき，ボールをはじく操作でパスをつなげることに慣れましょう。

○相手チームを決め，ルールを選んでゲーム１をする。（６分のゲーム）

● 対戦をするチームと使用するコートを伝える。
● 勝敗にかかわらずゲームの結果を受け入れるように伝えるとともに，勝敗を受け入れている様子を取り上げて，称賛する。

◆学習評価◆　主体的に学習に取り組む態度
④勝敗を受け入れようとしている。

➡ ソフトバレーボールのゲームでの勝敗を受け止めようとしている姿を評価する。（観察・学習カード）

◎勝敗を受け入れることに意欲的でない児童への配慮の例

➡ 個別に関わり，ゲームでのよかった点を見付けたり，次のゲームで気を付けるポイントを確認したりして，勝敗の結果だけにこだわらないようにするなどの配慮をする。

○チームでゲーム１を振り返り，選んだルールについて，自己や仲間が考えたことを伝える。
○相手チームを替え，ルールを選んでゲーム２をする。（６分のゲーム）

5分

7　本時を振り返り，次時への見通しをもつ

> 本時の振り返り
> ・ゲーム１・ゲーム２の相手チームと，ゲームの結果を書きましょう。
> ・選んだルールと，そのルールでゲームをして気付いたことや考えたことを書きましょう。
> ・ソフトバレーボールの行い方について，理解したことを書きましょう。
> ・勝敗を受け入れることについて，気付いたことや考えたことを書きましょう。

○振り返りを発表して，仲間に伝える。

● 振り返りを学習カードに記入するように伝えるとともに，気付きや考えのよさを取り上げて，称賛する。

◆学習評価◆　知識・技能
①ネット型（ソフトバレーボール）の行い方について，言ったり書いたりしている。

➡ ソフトバレーボールのボール操作とボールを持たないときの動きなどの行い方について，発表したり学習カードに記入したりしていることを評価する。（観察・学習カード）

◎短距離走・リレーの行い方を理解することが苦手な児童への配慮の例

➡ 個別に関わり，ソフトバレーボールの行い方のポイントについて対話をしながら確認するなどの配慮をする。

8　整理運動，場や用具の片付けをする

● 適切な整理運動を行うように伝えるとともに，けががないかなどを確認する。

9　集合，健康観察，挨拶をする

本時の目標と展開③（6／8時間）

本時の目標

(1) 味方のボールをつないだり，相手コートにボールを打ち返したりするボール操作によってゲームをすることができるようにする。

(2) 自己やチームの特徴に応じた作戦を選ぶことができるようにする。

(3) 仲間の考えや取組を認めることができるようにする。

本時の展開

時 間	学習内容・活動	指導上の留意点
10分	1　集合，挨拶，健康観察をする 2　本時のねらいを理解して，目標を立てる **自己やチームの特徴に応じた作戦を選んで，ゲームをしよう** ○本時のねらいを理解して，自己の目標を立てる。 3　場や用具の準備をする ○チームで協力して，準備をする。 4　準備運動をする ○チームで準備運動をする。	●学習カードを配り，立てた目標を記入するように伝える。 ●役割分担や安全な準備の仕方を確認する。 ●けがの防止のために適切な準備運動を行うように伝える。
10分	5　ゲームにつながる運動をする ○自己やチームに適した行い方を選んで，チームでゲームにつながる運動をする。	●各チームの取組を観察し，必要に応じて運動の行い方について実際に動いて示しながら説明する。

ゲームにつながる運動の行い方の工夫の例
○サービスを仲間につなぐ練習

・相手コートからサービスを投げ入れる。
・投げ入れられたサービスの落下点に入り，レシーブをしてネット前にいる仲間にパスをする。
・パスをされたボールのキャッチをする。
・役割を交代しながら練習をする。

○トスからアタックをする練習

・持ったボールを両手ではじいてトスをする。
・相手コートにアタックをする。
・相手コートにいたボールを拾う。
・役割を交代しながら練習をする。

◎新しく提示した動きが分からないために運動に意欲的でない児童への配慮の例

➡　動きを身に付けている児童やチームが行う見本を観察するようにしたり，ゲーム中の位置取りを確認したり，動きをICT機器などで撮影して映像で確認したりするなどの配慮をする。

◎相手コートに打ち返すことが苦手な児童への配慮の例

➡　ボールを打つ手と逆の手を前に構え，その手を引きながら打つ手を振ってボールを打つ動作を繰り返し練習するとともに，打ちやすい高さに教師や仲間がボールを持って固定して，打つ動作を確認するなどの配慮をする。

○課題の解決のために自己や仲間が考えたことを伝える。

●考えたことを伝えていることを取り上げて，称賛する。

<table>
<tr><td rowspan="..." >20分</td><td colspan="2">

相手チームを決めてゲームをする
5〜7時間は1時間で対戦する相手チームは替えずに，作戦を選んでゲームをする。
</td></tr>
</table>

6 ゲームする ○本時の相手チームを決める。 ○ソフトバレーボールの作戦を理解する。	●対戦をするチームと使用するコートを伝える。 ●ソフトバレーボールの作戦について，学習資料やICT機器を活用したり，実際に動いて示したりしながら説明する。

ソフトバレーボールの作戦の例（キャッチは1回までとするルールの場合）

○相手から返ってきたボールをキャッチ   ○仲間がパスをしたボールをキャッチ

・相手からのボールのパスをする際にキャッチをすることで，失点を少なくする。
・キャッチしたボールをその場ではじいて仲間にパスをして攻撃につなぐ。

・仲間からのボールをつなげてトスをする際にキャッチをすることで，攻撃をしやすくする。
・キャッチしたボールをその場ではじいてトスをして，打ちやすいボールをつなぐ。

○チームで作戦を選んで，ゲーム1をする。 （6分程度のゲーム）	**◆学習評価◆ 思考・判断・表現** **②自己やチームの特徴に応じた作戦を選んでいる。** ➡ ゲームをする際の自己やチームの特徴に応じた作戦を選んでいる姿を評価する。（観察・学習カード） **◎作戦を選ぶことが苦手な児童への配慮の例** ➡ 自己や仲間がどんな動きをしながらゲームをするのかを考えて話し合うように助言して，自己や仲間が身に付けている動きによってゲームができる作戦を選ぶようにするなどの配慮をする。
○チームでゲーム1を振り返り，選んだ作戦について，自己や仲間が考えたことを伝える。 ○必要に応じて作戦を選び直すなど，チームで作戦を確認して，ゲーム2をする。 （6分程度のゲーム）	●仲間の取組の考えを認めようとしている様子を取り上げて，称賛する。 **◆学習評価◆ 主体的に学習に取り組む態度** **⑤仲間の考えや取組を認めようとしている。** ➡ 練習中やゲームの振り返りで自己の考えを発表し合う際などに，仲間の考えや取組を認めようとしている姿を評価する。（観察・学習カード） **◎仲間の考えを認めることに意欲的でない児童への配慮の例** ➡ 発表を聞こうとしなかったり仲間の取組を否定することを言ったりする児童には，人はそれぞれに考えに違いがありそれを認めることが大切であることを伝えるとともに，それぞれの取組のよさを取り上げて，気付くようにするなどの配慮をする。

5分	**7 本時を振り返り，次時への見通しをもつ**
	単元の学習の振り返り ・本時の相手チームとゲーム1・ゲーム2の結果を書きましょう。 ・選んだ簡単な作戦と，その作戦でゲームをして気付いたことや考えたことを書きましょう。 ・仲間の考えや取組を認めることについて，気付いたことや考えたことを書きましょう。
	○振り返りを発表して，仲間に伝える。
	●振り返りを学習カードに記入するように伝えるとともに，気付きや考えのよさを取り上げて，称賛する。
	8 整理運動，場や用具の片付けをする
	●適切な整理運動を行うように伝えるとともに，けががないかなどを確認する。
	9 集合，健康観察，挨拶をする

本時の目標と展開④（8／8時間）

本時の目標

(1) チームの作戦に基づいた位置取りをするボールを持たないときの動きによってゲームをすることができるようにする。

(2) 課題の解決のために自己や仲間の考えたことを他者に伝えることができるようにする。

(3) ネット型（ソフトバレーボール）に積極的に取り組むことができるようにする。

本時の展開

時間	学習内容・活動	指導上の留意点
15分	1　集合，挨拶，健康観察をする 2　本時のねらいを知り，目標を立てる **ソフトバレーボール大会で楽しくゲームをして，学習のまとめをしよう** ○本時のねらいを知り，自己の目標を立てる。 3　場や用具の準備をする ○チームで協力して，準備をする。 4　準備運動をする ○チームで準備運動をする。 5　ゲームにつながる運動をする ○自己やチームに適した行い方を選んで，チームでゲームにつながる運動をする。	●学習カードを配り，立てた目標を記入するように伝える。 ●役割分担や安全な準備の仕方を確認する。 ●けがの防止のために適切な準備運動を行うように伝える。 ●チームの作戦につながる行い方を選ぶように伝える。
20分	6　ソフトバレーボール大会をする ○ソフトバレーボール大会の行い方を理解する。 ソフトバレーボール大会の行い方や約束 ・各チーム3回ゲームをします。ゲームの間にチームの話合いの時間を十分に取ることができないので，作戦などはゲームの前にチームで手短かに確認し合うようにしましょう。 ・全員が楽しくゲームができるように，元気よく気持ちのよい応援をしましょう。 ○ゲーム1・ゲーム2・ゲーム3の相手チームを確認する。 ○チームで作戦を選んで，ゲーム1をする。（6分程度のゲーム） ○チームで選んだ作戦を確認して，ゲーム2をする。（6分程度のゲーム） ○チームで選んだ作戦を確認して，ゲーム3をする。（6分程度のゲーム）	●ソフトバレーボール大会の行い方を説明する。 ●対戦をするチームと使用するコートを伝える。 **◆学習評価◆　主体的に学習に取り組む態度** ①ネット型ゲーム（ソフトバレーボール）に積極的に取り組もうとしている。 ➡　ソフトバレーボールのゲームやゲームにつながる運動，チームでの話合いなどに積極的に取り組もうとしている姿を評価する。（観察・学習カード） **◆学習評価◆　知識・技能** ③チームの作戦に基づいた位置取りをするボールを持たないときの動きによってゲームをすることができる。 ➡　作戦に応じた位置で構え，ボールの落下点に移動してボールをつないだり作戦に応じた位置に戻ったりして，ゲームしている姿を評価する。（観察）
10分	7　単元を振り返り，学習のまとめをする 単元の学習の振り返り ・ソフトバレーボール大会のゲーム1からゲーム2の相手チームと，ゲームの結果を書きましょう。 ・単元の学習の自己やチームの目標で，達成したことを書きましょう。 ・学習したことで，今後の学習や日常生活の中で取り組んでいきたいとことを書きましょう。 ○振り返りを発表して，仲間に伝える。 8　整理運動，場や用具の片付けをする 9　集合，健康観察，挨拶をする	●振り返りを学習カードに記入するように伝えるとともに，気付きや考えのよさを取り上げて，称賛する。 ●適切な整理運動を行うように伝えるとともに，けががないかなどを確認する。

2学年間にわたって取り扱う場合

【第5学年における指導と評価の計画（ネット型「プレルボール」）】

時間	1	2	3	4	5	6	7	8
ねらい	学習の見通しをもつ	ルールを工夫してゲームをすることを楽しむ			自己やチームの特徴に応じた作戦を選んでゲームをすることを楽しむ			学習のまとめをする
学習活動	**オリエンテーション** ○学習の見通しをもつ ・学習の進め方 ・学習の約束 ○プレルボール チームでラリーを続ける易しいゲーム	**プレルボール 全てのチームとゲームをする** ○ゲームにつながる運動 ・ワンバウンド円陣パス ・パスから壁へのアタック ○ゲームをする ・相手チームとゲームのルールを選び，ゲーム1をする ・相手チームを変え，ゲームのルールを選び，ゲーム2をする			**プレルボール 相手チームを決めてゲームをする** ○ゲームにつながる運動 ・ワンバウンド円陣パス ・パスから的へのアタック ○ゲームをする ・相手チームを決め，チームの特徴に応じた作戦を選んで，ゲーム1をする ・ゲーム1を振り返り，選んだ作戦を確認して，ゲーム2をする			**学習のまとめ** ○プレルボール大会 作戦を選んでいろいろなチームとゲームをする ○学習のまとめをする
評価の重点　知識・技能		① 観察・学習カード					② 観察	③ 観察
評価の重点　思考・判断・表現			① 観察・学習カード			② 観察・学習カード		
評価の重点　主体的に学習に取り組む態度	⑥ 観察・学習カード			③ 観察・学習カード	② 観察・学習カード			① 観察・学習カード

●評価規準のゲームは「プレルボール」とする。

【中学年「ミニテニス」との円滑な接続を図るための工夫（例）】

● 「チームの連携プレイによる攻撃」ができるようにするために

中学年に設定した「ミニテニス」では，相手コートから飛んできたボールを打ち返すゲームを楽しみました。高学年に設定した「プレルボール」や「ソフトバレーボール」では，チームの連携プレイによる攻撃ができるようにします。そのため高学年のはじめに設定した「プレルボール」では，相手チームからのボールを味方につないだり味方からのボールを相手コートに打ち入れたりすること，相手チームや味方からのボールの方向に素早く移動することにつながる運動や簡易化されたゲームをしましょう。

（例）ワンバウンド円陣パス
チームで円になり，ワンバウンドでパスをつなげることで，ボールが飛んできた方向とは別の方向にボールを打つことができるようにする。はじめは決めた方向に続けるようにし，慣れてきたら声をかけ合いながら，いろいろな方向にパスをする。
（例）連携プレイのうち，捕ることを1回認めるゲーム
コートに打ち入れられたボールをチームの連携プレイで3回操作するうち，捕ることを1回認めるルールにすることで，チームによる攻撃を行いやすくしたり，チームの特徴に応じた作戦に生かしたりする。

【第5学年において重点を置いて指導する内容（例）】

● 知識及び技能
チームによる攻撃は，味方からのボールをワンバウンドのパスでつないだり，相手コートに打ちつけたりすることができるようにしましょう。チームによる守備は，味方で分担したコートの守る位置を決め，相手チームからのボールに合わせて移動したり，飛んできたボールを味方にワンバウンドのパスでつないだりすることができるようにしましょう。

● 思考力，判断力，表現力等
ルールの工夫は，使うボールやサービスの打ち入れ方，得点の仕方などを相手チームと相談しながら選んで，誰もが楽しくゲームに参加できるようにしましょう。作戦の工夫は，連携プレイのうち，どのプレイのときに捕ることを入れるかを選び，チームの特徴に応じた攻撃ができるようにしましょう。

● 学びに向かう力，人間性等
練習や準備で仲間と助け合ったり，ゲームを行うために分担された役割を果たそうとしたりする態度を養い，各コートでゲームを進められるようにしましょう。その際，使用しない用具を片付け，場の整備をするとともに，安全に気を配ってゲームができるようにしましょう。

ベースボール型
「ティーボールを基にした簡易化されたゲーム」

ベースボール型は，ボールを打つ攻撃と隊形をとった守備によって簡易化されたゲームをして，集団対集団などの攻防によって競い合う楽しさや喜びを味わうことができる運動です。本単元例は，ティーボールを基にした簡易化されたゲームを取り上げて，ゲームにつながる運動とルールを工夫しながらゲームをする時間を多く設定することで，ボールを打つ攻撃と隊形をとった守備の動きを身に付けながら，自己やチームに適したルールでゲームに積極的に取り組むことができる授業を展開するようにしています。

単元の目標

(1) ベースボール型（ティーボール）の行い方を理解するとともに，ボールを打つ攻撃と隊形をとった守備によって，簡易化されたゲームをすることができるようにする。
(2) ルールを工夫したり，自己やチームの特徴に応じた作戦を選んだりするとともに，自己や仲間の考えたことを他者に伝えることができるようにする。
(3) ベースボール型（ティーボール）に積極的に取り組み，ルールを守り助け合って運動をしたり，勝敗を受け入れたり，仲間の考えや取組を認めたり，場や用具の安全に気を配ったりすることができるようにする。

指導と評価の計画（8時間）

時　間		1	2	3
ねらい		学習の見通しをもつ	ティーボールの行い方を理解し，ルールを工夫して	
学習活動		オリエンテーション 1　集合，挨拶，健康観察をする 2　単元の学習の見通しをもつ ○単元の目標と学習の進め方を理解する。 ○学習の約束を理解する。 3　本時のねらいを理解して，目標を立てる 4　場や用具の準備をする ○場や用具の準備と片付けの役割分担を理解する。 5　準備運動，ゲームにつながる運動をする ○準備運動，ゲームにつながる運動の行い方を理解する。 6　ゲームをする ○簡易化されたゲームの行い方を理解する。	1　集合，挨拶，健康観察をする　　2　本時のねらいを理解して，目 4　準備運動をする 5　ゲームにつながる運動をする **全てのチームとゲームをする** （相手チームを替えて，1時間に1～2ゲーム） 6　ゲームをする ○相手チームを決め，ゲーム1をする。 ○チームでゲーム1を振り返り，選んだ規則について考えたことを伝 ○相手チームを替え，規則を選んでゲーム2をする。	
		7　本時を振り返り，次時への見通しをもつ　　8　整理運動，場や用具の片付けをする　　9　集合，健康		
評価の重点	知識・技能		① 観察・学習カード	
	思考・判断・表現			① 観察・学習カード
	主体的に学習に取り組む態度	⑥ 観察・学習カード	④ 観察・学習カード	③ 観察・学習カード

単元の評価規準

知識・技能	思考・判断・表現	主体的に学習に取り組む態度
①ベースボール型（ティーボール）の行い方について，言ったり書いたりしている。 ②ボール操作（ボールを打つ攻撃，捕球したり送球したりする守備など）によって，簡易化されたゲームをすることができる。 ③ボールを持たないときの動き（チームとしての守備の隊形をとる，走塁をするなど）によって，簡易化されたゲームをすることができる。	①ルールを工夫している。 ②自己やチームの特徴に応じた作戦を選んでいる。 ③課題の解決のために自己や仲間の考えたことを他者に伝えている。	①ベースボール型（ティーボール）に積極的に取り組もうとしている。 ②ルールやマナーを守り，仲間と助け合おうとしている。 ③場の設定や用具の片付けなどで，分担された役割を果たそうとしている。 ④勝敗を受け入れようとしている。 ⑤仲間の考えや取組を認めようとしている。 ⑥場や用具の安全に気を配っている。

4	5	6	7	8
ゲームをすることを楽しむ		自己やチームの特徴に応じた作戦を選んで，ゲームをすることを楽しむ		学習のまとめをする

標を立てる　　3　場や用具の準備をする

5　ゲームにつながる運動をする

学習のまとめ

ティーボール大会をする
（相手チームを替えて2ゲーム）

5　ゲームにつながる運動をする

6　ティーボール大会をする

相手チームを決めてゲームをする
（相手チームを替えずに，1時間に2ゲーム）

6　ゲームをする
　○ティーボールの作戦を知る。
　○チームで作戦を選んで，ゲーム1をする。
　○チームでゲーム1を振り返り，選んだ作戦について自己や仲間が考えたことを伝える。
　○チームで選んだ作戦を確認して，ゲーム2をする。

える。

7　単元を振り返り，学習のまとめをする

8　整理運動，場や用具の片付けをする

9　集合，健康観察，挨拶をする

観察，挨拶をする

4	5	6	7	8
	③ 観察			② 観察
		② 観察・学習カード	③ 観察・学習カード	
② 観察・学習カード		⑤ 観察・学習カード		① 観察・学習カード

本時の目標と展開①（1／8時間）

本時の目標

(1) ベースボール型（ティーボール）の行い方を理解することができるようにする。
(2) ルールを工夫することができるようにする。
(3) 場や用具の安全に気を配ることができるようにする。

本時の展開

時間	学習内容・活動	指導上の留意点
5分	**1　集合，挨拶，健康観察をする** **2　単元の学習の見通しをもつ** 　○単元の目標と学習の進め方を理解する。 　○チームを確認する。 　○学習の約束を理解する。	●掲示物を活用するなどしながら，分かりやすく説明する。 ●どのチームも同じくらいの力になるように配慮して，五人を基本としたチームを事前に決めておく。
	運動の約束の例 ・用具は正しく使いましょう。　　　　　　　　　　　・チームの仲間と助け合って学習をしましょう。 ・場の安全に気を配りましょう。　　　　　　　　　・チームの仲間の考えや取組を認めましょう。 ・審判の判定に従い，フェアなプレイを大切にしましょう。	
	3　本時のねらいを理解して，目標を立てる	
	ティーボールの学習の進め方を理解して，学習の見通しをもとう	
	○本時のねらいを理解して，自己の目標を立てる。	●学習カードを配り，使い方を説明する。
20分	**4　場や用具の準備をする** 　○場や用具の準備と片付けの役割分担を理解する。 　○チームで協力して，準備をする。	●役割分担や安全な準備と片付けの仕方を説明する。 ●安全に気を配っている様子を取り上げて，称賛する。
	場や用具の準備と片付けの約束の例 ・運動をする場所に危険物がないか気を配り，見付けたら取り除きましょう。 ・運動に使う用具などは，チームで分担して，決まった場所から安全に気を配って運びましょう。 ・安全に運動ができるように，服装などが整っているか，互いに気を配りましょう。	
	5　準備運動，ゲームにつながる運動をする 　○準備運動，ゲームにつながる運動の行い方を理解する。 　○学級全体やチームで準備運動，ゲームにつながる運動をする。	●けがの防止のために適切な準備運動の行い方について，実際に動いて示しながら説明する。
	準備運動の例 　肩，腕，手首，腿，膝，ふくらはぎ，足首などをほぐす運動を行う。 ゲームにつながる運動の例 ○キャッチボール　　　　　　　　　　　　　　　　○キャッチボールリレー ・二人組でキャッチボールをする。 ・チームを2つに分けて，移動しながらキャッチボールをする。 ・他のチームとリレーで競争をする。	

6　ゲームをする
○簡易化されたゲームの行い方を理解する。

●簡易化されたゲームの行い方について，学習資料やICT機器を活用したり，実際に動いて示したりしながら説明する。

ティーボールを基にした簡易化されたゲームの行い方の例
○用具を使って，静止したボールを打って行うゲーム

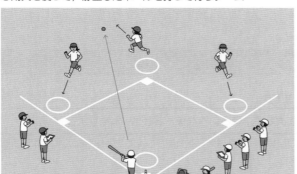

バット入れ

・先攻・後攻を決め，守りは三人がグラウンドの内野線より後ろに入り，攻めは一人ずつ順番に打席に入る。
・攻めは，ティー台に置いたボールをフェアグラウンド内に打ったら，バットをバット入れに入れてから1塁（右側）方向に走り，2塁，3塁，ホームベース（ティー台を置いた場所）の順に塁を進む。（バット入れにバットが入っていない場合は，戻ってバットを入れ直す。入れ直さなかったら得点は入らない）
・守備は，攻撃がボールを打ったら，内野にも入ることができる。攻撃が打ったボールを捕ったら，アウトベース（グラウンド内の円）にいる味方に送球をするか，自己がボールを持ったままアウトベースに走り込む。アウトベースの中でボールを持ったら，大きな声で「アウト」（アウトコール）と言う。
・攻撃には，守備のアウトコールまでに進んだ塁に応じた得点が入る。（1塁1点，2塁2点，3塁3点，ホームベース4点）
・攻撃側のプレイヤーが全員打ったら，攻守を交代する。
・両方のチームが全員打ち終わったら，得点の合計で勝敗を決める。

○相手チームを確認して，ゲームをする。
（6分のゲーム）

●対戦をするチームと使用するコートを伝える。
●安全に気を配っている様子を取り上げて，称賛する。

◆学習評価◆　主体的に学習に取り組む態度
⑥場や用具の安全に気を配っている。

➡　練習やゲームをする際に，グラウンドやその周辺に危険物がないかなど，安全に気を配っている姿を評価する。（観察・学習カード）

◎安全に気を配ることに意欲的でない児童への配慮の例

➡　グラウンドの状態や用具の配置など，安全のために気を配ることを明確にしたり，チームの仲間と安全について声をかけ合って確認したりするなどの配慮をする。

●ゲームの行い方に応じた動きを取り上げて，称賛する。

◎場やルールが難しいために運動に意欲的でない児童への配慮の例

➡　場の設定やルールをチームで一つずつ確認するなどの配慮をする。

7　本時を振り返り，次時への見通しをもつ

本時の振り返り
・ゲームをして，気付いたことや考えたことを書きましょう。
・安全に気を配ることについて，気付いたことや考えたことを書きましょう。
・単元の学習で身に付けたいことなど，自己の目標を書きましょう。

○振り返りを発表して，仲間に伝える。

●振り返りを学習カードに記入するように伝えるとともに，気付きや考えのよさを取り上げて，称賛する。

8　整理運動，場や用具の片付けをする

●適切な整理運動の行い方について，実際に動いて示しながら説明するとともに，けががないかなどを確認する。

9　集合，健康観察，挨拶をする

15分

5分

本時の目標と展開② (3／8時間)

本時の目標

(1) ボールを持たないときの動き（チームとしての守備の隊形をとる，走塁をするなど）によって，簡易化されたゲームをすることができるようにする。
(2) ルールを工夫することができるようにする。
(3) 場の設定や用具の片付けなどで，分担された役割を果たすことができるようにする。

本時の展開

時 間	学習内容・活動	指導上の留意点
10分	1　集合，挨拶，健康観察をする 2　本時のねらいを理解して，目標を立てる **ルールを工夫して，いろいろなチームとゲームをしよう** ○本時のねらいを理解して，自己の目標を立てる。 3　場や用具の準備をする ○チームで協力して，準備をする。 4　準備運動をする ○チームで準備運動をする。	●学習カードを配り，立てた目標を記入するように伝える。 ●役割分担や安全な準備の仕方を確認する。 ◆学習評価◆　主体的に学習に取り組む態度 ③場の設定や用具の片付けなどで，分担された役割を果たそうとしている。 ➡ コートの設定や用具の配置など，チームで分担した役割を果たそうとしている姿を評価する。（観察・学習カード） ◎役割を果たすことに意欲的でない児童への配慮の例 ➡ 自己の役割を確認してその行い方を説明したり，チームの仲間や教師が一緒に行うことで役割に慣れるようにするなどの配慮をする。 ●けがの防止のために適切な準備運動を行うように伝える。
15分	5　ゲームにつながる運動をする ○自己やチームに適した行い方を選んで，チームでゲームにつながる運動をする。 ゲームにつながる運動の例 ○キャッチボール ・いろいろな距離で挑戦する。 ○キャッチボールリレー ・対戦相手を決めてチームとリレーで競争をする。 ○ホームランゲーム ホームラン（4点） 3点ゾーン 2点ゾーン 1点ゾーン ・ティー台に置いたボールを得点化した距離を目標にして打つ。 ・チーム内で分担して守り，送球をつないで返球をする。 ○課題の解決のために自己や仲間が考えたことを伝える。	●全員がボール操作に慣れることができるように，十分な時間を確保する。 ●考えたことを伝えていることを取り上げて，称賛する。

全てのチームとゲームをする

相手チームを替えてゲームをして，2〜5時間で全てのチームと対戦できるようにする

6　ゲームをする 　○ティーボールのルールの工夫の仕方を理解する。	●ティーボールのルールの工夫の仕方について，学習資料やICT機器を活用したり，実際に動いて示したりしながら説明する。

ティーボールのルールの工夫の仕方の例

○攻撃側がボールを打った後，塁を回って得点をするゲーム

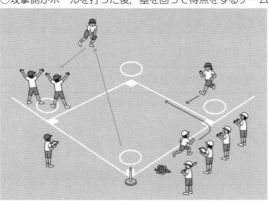

・守備は，四人がグラウンドの内野線より後ろで守りの準備をする。（攻撃側がボールを打ったら，内野にも入ることができる）
・アウトコールをする際は，同じアウトベースに守りが二人入らないとできないこととする。

○ボールを打つ用具を選ぶ
　大きなバット，軽いバット，ラケットなどの中から自己に適した用具を選んで打つ。
○打ったプレイヤーが塁に残るようにする
　打ったプレイヤーが，アウトコールを受けたときの塁に残り，次のプレイヤーが打ったら，その塁から再び塁を進む。
○本塁の角度を変える
　・直角の本塁の角度を広げると攻めやすくなり，狭めると守りやすくなる。（守りの人数も工夫する）
○守備側も得点できるようにする
　・攻撃側が打ったボールが落下する前に取ることができたら，守備側のチームにも1点などの得点を加える。

○相手チームを決め，ルールを選んでゲーム1をする。	●対戦をするチームと使用するコートを伝える。 ●チームに適したルールを選んでいることを取り上げて，称賛する。
○ゲーム1を振り返り，選んだルールについて，自己や仲間の考えたことを伝える。	

◆学習評価◆　思考・判断・表現
①ルールを工夫している。

➡　自己やチームの仲間が楽しくゲームに参加できるルールを選んでいる姿を評価する。（観察・学習カード）

◎ルールを工夫することが苦手な児童への配慮の例

➡　それぞれのルールのよさを伝えてどのルールも肯定できるようにしたり，いろいろなルールを試したりして，自己やチームに適したルールを見付けるようにするなどの配慮をする。

【ゲームを2回することができる場合】
　○ゲームの相手チームと相談して，ルールを選んでゲームをする。

7　本時を振り返り，次時への見通しをもつ	

本時の振り返り

・ゲームの相手チームとゲームの結果を書きましょう。
・選んだルールと，そのルールでゲームをして気付いたことや考えたことを書きましょう。
・ティーボールの行い方について理解したことを書きましょう。
・分担された役割を果たすことについて，気付いたことや考えたことを書きましょう。

○振り返りを発表して，仲間に伝える。	●振り返りを学習カードに記入するように伝えるとともに，気付きや考えのよさを取り上げて，称賛する。
8　整理運動，場や用具の片付けをする	●適切な整理運動を行うように伝えるとともに，けががないかなどを確認する。
9　集合，健康観察，挨拶をする	

本時の目標と展開③（6／8時間）

本時の目標

(1) ボール操作（ボールを打つ攻撃，捕球したり送球したりする守備など）によって，簡易化されたゲームをすることができるようにする。
(2) 自己やチームの特徴に応じた作戦を選ぶことができるようにする。
(3) 仲間の考えや取組を認めることができるようにする。

本時の展開

時間	学習内容・活動	指導上の留意点
10分	1　集合，挨拶，健康観察をする 2　本時のねらいを理解して，目標を立てる **自己やチームの特徴に応じた作戦を選んでゲームをしよう** ○本時のねらいを理解して，自己の目標を立てる。 3　場や用具の準備をする ○チームで協力して，準備をする。 4　準備運動をする ○チームで準備運動をする。	●学習カードを配り，立てた目標を記入するように伝える。 ●役割分担や安全な準備の仕方を確認する。 ●けがの防止のために適切な準備運動を行うように伝える。
10分	5　ゲームにつながる運動をする ○自己やチームに適した行い方を選んで，チームでゲームにつながる運動をする。 ゲームにつながる運動の例 ○ホームランゲーム ・打つときは，打ちたい得点ゾーンや方向を決めて行う。 ・守りは，ボールを素早くつないで，早く返球することを目指す。 ○作戦に応じた練習 ・方向を決めて打ち，守りがつないで返球をする練習や守備の隙をついた方向に向かって打つ練習などをする。 ○課題の解決のために自己や仲間が考えたことを伝える。	●各チームの取組を観察し，必要に応じて運動の行い方について実際に動いて示しながら説明する。 ●仲間の取組の考えを認めようとしている様子を取り上げて，称賛する。 ◆**学習評価**◆　主体的に学習に取り組む態度 ⑤仲間の考えや取組を認めようとしている。 ➡　練習中やゲームの振り返りで自己の考えを発表し合う際などに，仲間の考えや取組を認めようとしている姿を評価する。（観察・学習カード） ◎仲間の考えや取組を認めることに意欲的でない児童への配慮の例 ➡　発表を聞こうとしなかったり仲間の取組を否定することを言ったりする児童には，人はそれぞれに考えに違いがありそれを認めることが大切であることを伝えるとともに，それぞれの取組のよさを取り上げて，気付くようにするなどの配慮をする。

	相手チームを決めてゲームをする 6～7時間は1時間で対戦する相手チームは替えずに，作戦を選んでゲームをする。

6 ゲームをする
○本時の相手チームを決める。
○ティーボールの作戦を理解する。

● 対戦をするチームと使用するコートを伝える。
● ティーボールの作戦について，学習資料やICT機器を活用したり，実際に動いて示したりしながら説明する。

ティーボールの作戦の例

○守りが少ない場所をねらってボールを打つ

○打つ順番を工夫する

・左右・前後で守りが少ないほうをねらって打つ。

・塁に残るルールでゲームをする場合，打つ順番を工夫することでより多くの得点をねらうことができる。

○守る位置を決めて守る

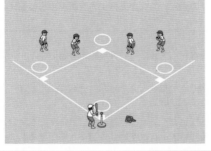

○ボールをつないで返球をする。

・左右・前後の並び方を工夫する。

・遠くまで飛んだボールは味方でつないで返球をする。

○チームで作戦を選んで，ゲーム1をする。

● 自己やチームの特徴に応じた作戦を選んでいることを取り上げて，称賛する。

○ゲーム1を振り返り，選んだ作戦について自己や仲間が考えたことを伝える。

◆**学習評価◆ 思考・判断・表現**
②自己やチームの特徴に応じた作戦を選んでいる。

➡ ゲームをする際の自己やチームの特徴に応じた作戦を選んでいる姿を評価する。（観察・学習カード）

○必要に応じて作戦を選び直すなど，チームで作戦を確認して，ゲーム2をする。

◎**作戦を選ぶことが苦手な児童への配慮の例**

➡ 自己や仲間がどんな動きをしながらゲームをするのかを考えて話し合うように助言して，自己や仲間が身に付けている動きによってゲームができる作戦を選ぶようにするなどの配慮をする。

20分

5分

7 本時を振り返り，次時への見通しをもつ

本時の振り返り
・相手チームとゲーム1・ゲーム2の結果を書きましょう。
・選んだ簡単な作戦と，その作戦でゲームをして気付いたことや考えたことを書きましょう。
・チームの話合いで発表された仲間の考えで，参考になったことを書きましょう。

○振り返りを発表して，仲間に伝える。

● 振り返りを学習カードに記入するように伝えるとともに，気付きや考えのよさを取り上げて，称賛する。

8 整理運動，場や用具の片付けをする

● 適切な整理運動を行うように伝えるとともに，けががないかなどを確認する。

9 集合，健康観察，挨拶をする

本時の目標と展開④（8／8時間）

本時の目標

(1) ボールを持たないときの動き（チームとしての守備の隊形をとる，走塁をするなど）によって，簡易化されたゲームをすることができるようにする。
(2) 課題解決のために自己や仲間の考えたことを他者に伝えることができるようにする。
(3) ベースボール型（ティーボール）に積極的に取り組むことができるようにする。

本時の展開

時 間	学習内容・活動	指導上の留意点
15 分	**1　集合，挨拶，健康観察をする** **2　本時のねらいを理解して，目標を立てる** ＞ ティーボール大会で楽しくゲームをして，学習のまとめをしよう ＜ ○本時のねらいを理解して，自己の目標を立てる。 **3　場や用具の準備をする** ○チームで協力して準備をする。 **4　準備運動をする** ○チームで準備運動をする。 **5　ゲームにつながる運動をする** ○チームに適した行い方を選んで，チームでゲームにつながる運動をする。	●学習カードを配り，立てた目標を記入するように伝える。 ●役割分担や安全な準備の仕方を確認する。 ●けがの防止のために適切な準備運動を行うように伝える。 ●チームの作戦につながる行い方を選ぶように伝える。
20 分	**6　ティーボール大会をする** ○ティーボール大会の行い方を理解する。 ティーボール大会の行い方や約束 ・各チーム２回ゲームをします。ゲームの間にチームの話合いの時間を十分にとることができないので，作戦などはゲームの前にチームで手短かに確認し合うようにしましょう。 ・全員が楽しくゲームができるように，元気よく気持ちのよい応援をしましょう。 ○ゲーム１・ゲーム２の相手チームを確認する。 ○チームで簡単な作戦を選んで，ゲーム１をする。 ○チームで選んだ作戦を確認して，ゲーム２をする。	●ティーボール大会の行い方を説明する。 ●対戦をするチームと使用するコートを伝える。 ◆学習評価◆　主体的に学習に取り組む態度 ①ベースボール型（ティーボール）に積極的に取り組もうとしている。 ➡　ティーボールのゲームやゲームにつながる運動，チームでの話合いなどに積極的に取り組もうとしている姿を評価する。（観察・学習カード） ◆学習評価◆　知識・技能 ③ボールを持たないときの動き（チームとしての守備の隊形をとる，走塁をするなど）によって，簡易化されたゲームをすることができる。 ➡　選んだ作戦に応じて守ったり，打ったら次の塁を目指して全力で走ったりしてゲームをしている姿を評価する。（観察）
10 分	**7　単元を振り返り，学習のまとめをする** 単元の学習の振り返り ・ティーボール大会をして，気付いたことや考えたことを書きましょう。 ・単元の学習の目標で，達成したことを書きましょう。 ・学習したことで，今後の学習や日常生活の中で取り組んでいきたいことを書きましょう。 ○振り返りを発表して，仲間に伝える。 **8　整理運動，場や用具の片付けをする** **9　集合，健康観察，挨拶をする**	●振り返りを学習カードに記入するように伝えるとともに，気付きや考えのよさを取り上げて，称賛する。 ●適切な整理運動を行うように伝えるとともに，けががないかなどを確認する。

【第5学年における指導と評価の計画（ベースボール型「ティーボール」）】

時間		1	2	3	4	5	6	7	8
ねらい		学習の見通しをもつ	ティーの行い方を理解し，ルールを工夫してゲームをすることを楽しむ				自己やチームの特徴に応じた作戦を選んでゲームをすることを楽しむ		学習のまとめをする
学習活動		**オリエンテーション** ○学習の見通しをもつ ・学習の進め方 ・学習の約束 ○ティーボール簡易化されたゲームをする	**ティーボール 全てのチームとゲームをする** ○ゲームにつながる運動 ・キャッチボール ・キャッチボールリレー ○ゲームをする ・相手チームとゲームのルールを選び，ゲーム1をする ・相手チームを替え，ゲームのルールを選び，ゲーム2をする				**ティーボール 相手チームを決めてゲームをする** ○ゲームにつながる運動 ・キャッチボール ・バッティングゲーム ○ゲームをする ・相手チームを決め，チームの特徴に応じた作戦を選んで，ゲーム1をする ・ゲーム1を振り返り，選んだ作戦を確認して，ゲーム2をする		**学習のまとめ** ○ティーボール大会 作戦を選んでいろいろなチームとゲームをする ○学習のまとめをする
評価の重点	知識・技能		① 観察・学習カード					② 観察	③ 観察
	思考・判断・表現				① 観察・学習カード		② 観察・学習カード		
	主体的に学習に取り組む態度	⑥ 観察・学習カード			④ 観察・学習カード		③ 観察・学習カード		① 観察・学習カード

【中学年「ティーボール」との円滑な接続を図るための工夫（例）】

● 「攻撃や守備のボール操作によって簡易化されたゲームをすること」ができるようにするために

　　中学年での「ティーボール」では，ティーに置いたボールをバットで打つ攻撃や，捕ったボールをアウトゾーンへ投げたり持って運んだりする守備をして，易しいゲームを楽しみました。高学年では，フェアグラウンド内をねらって打つ攻撃や隊形をとって得点を与えないようにする守備をして，簡易化されたゲームをすることができるようにします。

　　そのため高学年のはじめは，ゲームにつながる運動の時間を十分にとり，バッティングゲームやキャッチボールなどで，バットでボールを打つことや捕ったボールを投げることなど，攻撃と守備のボール操作に慣れることができるようにしましょう。

> （例）バッティングゲーム
> 　　ゲームにつながる運動として，チームでボールを打つ練習をする。打ったボールが飛んだ距離を得点化することで遠くに打つことに意欲をもったり，打つ方向を自分で決めて，ねらった方向に打つことを目指したりする。このときチームの仲間は守備をして，捕ったボールを送球でつないでティーの場所まで素早く戻す練習をする。
> （例）キャッチボール，キャッチボールリレー
> 　　二人組で自己の能力に応じた距離でキャッチボールを繰り返し，ボールを捕る・投げることができるようにする。できるようになったら，距離を伸ばしたり，投球を速くする，山なりにするなど投げ方を工夫したりして，いろいろな投げ方のボールを捕ることができるようにする。

【第5学年において重点を置いて指導する内容（例）】

● 知識及び技能

　　ティーボールの行い方を理解するとともに，ゲームにつながる運動を行うことでバットでボールを打つ動きや捕ったボールを投げる動きなどに慣れ，攻撃と守備のボール操作によって簡易化されたゲームができるようにしましょう。

● 思考力，判断力，表現力等

　　ルールの工夫は，使うボールやバット，アウトゾーンの位置や数，得点の仕方などを相手チームと相談しながら選んで，誰もが楽しくゲームに参加できるようにしましょう。作戦の工夫は，相手チームの守備に応じてねらって打つ方向を工夫したり，チームで守備の隊形を選んだりすることができるようにしましょう。

● 学びに向かう力，人間性等

　　練習や準備で仲間と助け合ったり，ゲームを行うために分担された役割を果たそうとしたりする態度を養い，各コートでゲームを進められるようにしましょう。その際，使用しない用具を片付け，場の整備をするとともに，安全に気を配ってゲームができるようにしましょう。

表現
「激しい感じの題材」，「群(集団)が生きる題材」

表現は，いろいろな題材からそれらの主な特徴を捉え，表したい感じをひと流れの動きで即興的に踊ったり，簡単なひとまとまりの動きにして踊ったりする楽しさや喜びを味わうことができる運動です。本単元例は，変化と起伏のある表現へ発展しやすい「激しい感じの題材」を取り上げて，単元前半は二人組などでひと流れの動きにして即興的に踊る時間，単元後半はグループで簡単なひとまとまりの動きにして踊る時間を設定することで，自己の心身を解き放して，イメージの世界に没入してなりきって踊ることができる授業を展開するようにしています。

単元の目標

(1) 表現の行い方を理解するとともに，題材の主な特徴を捉え，表したい感じをひと流れの動きで即興的に踊ったり，簡単なひとまとまりの動きにして踊ったりすることができるようにする。
(2) 自己やグループの課題の解決に向けて，表したい内容の特徴を捉えた練習や発表・交流の仕方を工夫するとともに，自己や仲間の考えたことを他者に伝えることができるようにする。
(3) 表現に積極的に取り組み，互いのよさを認め合い助け合って踊ったり，場の安全に気を配ったりすることができるようにする。

指導と評価の計画（6時間）

時 間		1	2	3
ねらい		学習の見通しをもつ	表現の行い方を理解し，題材の特徴を捉えて，ひと流れ	
学 習 活 動		**オリエンテーション** 1 集合，挨拶，健康観察をする 2 単元の学習の見通しをもつ ○単元の目標と学習の進め方を理解する。 ○学習の約束を理解する。 3 本時のねらいを理解して，目標を立てる 4 場の準備をする ○場の準備と片付けの役割分担を理解する。 5 心と体をほぐす ○心と体をほぐす運動の行い方を理解する。 6 表現「激しい感じの題材」をする ○「激しい感じの題材」の特徴を理解して，二人組で即興的に踊る。	1 集合，挨拶，健康観察をする　2 本時のねらいを理解して，目 4 心と体をほぐす 5 表現「激しい感じの題材」の特徴的な場面を踊る ○ひと流れの動きでの踊り方を理解する。 ○二人組で場面の展開に合わせて動きに変化を付けて，ひと流れの動 **【激しく○○する】** (二人組や三人組) ・動きの誇張 ・連続した動き	**【急に○○する】** (二人組や三人組) ・変化や起伏 ・メリハリ（緩急・強弱）
			6 表現「激しい感じの題材」の場面を選んで踊る ○ひと流れの動きへの工夫の仕方を理解する。 ○二人組で「激しく○○する」の踊りたい場面を選び，ひと流れの動 ○課題の解決のために自己や仲間が考えたことを伝える。	
		7 本時を振り返り，次時への見通しをもつ　　8 整理運動，場の片付けをする　　9 集合，健康観察，		
評価の重点	知識・技能		① 観察・学習カード	② 観察
	思考・判断・表現			
	主体的に学習に取り組む態度	⑤ 観察・学習カード	② 観察・学習カード	④ 観察・学習カード

単元の評価規準

知識・技能	思考・判断・表現	主体的に学習に取り組む態度
①表現の行い方について，言ったり書いたりしている。 ②題材の主な特徴を捉え，表したい感じやイメージをひと流れの動きで即興的に表現することができる。 ③題材の主な特徴を捉え，表したい感じやイメージをグループで簡単なひとまとまりの動きにして表現することができる。	①自己やグループの課題を見付け，その課題の解決の仕方を考えたり，課題に応じた見合いや交流の仕方などを選んだりしている。 ②課題の解決のために自己や仲間の考えたことを他者に伝えている。	①表したい感じやイメージを表現する運動に積極的に取り組もうとしている。 ②互いの動きや考えのよさを認め合おうとしている。 ③仲間と助け合おうとしている。 ④場の設定や用具の片付けなどで，分担された役割を果たそうとしている。 ⑤場の安全に気を配っている。

4	5	6
の動きにして楽しく踊る	グループで踊り方を工夫して，簡単なひとまとまりの動きにして楽しく踊る	学習のまとめをする

標を立てる　3　場の準備をする

きにして即興的に踊る。 **【群の動き】** （四人以上のグループ） ・集まる－離れる ・合わせて動く－自由に動く きで即興的に踊る。	5　表現「激しい感じの題材」の特徴的な場面を踊る ○簡単なひとまとまりの動きへの工夫の仕方を理解する。 6　表現「激しい感じの題材」の踊りを見せ合う ○簡単なひとまとまりの動きにした踊りを，別のグループと見せ合う。	**学習のまとめ** 5　表現発表会をする ○グループで発表するひとまとまりの動きを確認する。 ○ひとまとまりの動きを発表する。 6　単元の学習を振り返り，学習のまとめをする 7　整理運動，場の片付けをする
挨拶をする		8　集合，健康観察，挨拶をする
		③ 観察
① 観察・学習カード	② 観察・学習カード	
	③ 観察・学習カード	① 観察・学習カード

本時の目標と展開① (1／6時間)

本時の目標

(1) 表現の行い方を理解することができるようにする。
(2) 自己やグループの課題を見付け，その課題の解決の仕方を考えたり，課題に応じた見合いや交流の仕方などを選んだりすることができるようにする。
(3) 場の安全に気を配ることができるようにする。

本時の展開

時間	学習内容・活動	指導上の留意点
5分	1 集合，挨拶，健康観察をする 2 単元の学習の見通しをもつ 　　○単元の目標と学習の進め方を理解する。 　　○グループを確認する。 　　○学習の約束を理解する。	●掲示物を活用するなどしながら，分かりやすく説明する。 ●学習をするグループを事前に決めておく。
	運動の約束の例 ・場の安全に気を配りましょう。 ・互いの動きや考えのよさを認め合いましょう。 ・仲間と助け合い，分担した役割を果たしましょう。	
	3 本時のねらいを理解して，目標を立てる	
	表現の学習の進め方を理解して，学習の見通しをもとう	
	○本時のねらいを理解して，自己の目標を立てる。	●学習カードを配り，使い方を説明する。
15分	4 場の準備をする 　　○場の準備と片付けの役割分担を理解する。 　　○学級全体で協力して，準備をする。	●役割分担や安全な準備と片付けの仕方を説明する。 ●安全に気を配っている様子を取り上げて，称賛する。
	場の準備の仕方の例 ・踊る場に危険物がないか確かめて，見付けたら取り除きましょう。 ・踊りに使う用具は，仲間と一緒に準備や片付けをしましょう。 ・安全に踊ることができるように服装などが整っているか，仲間と確かめ合いましょう。	
	5 心と体をほぐす 　　○心と体をほぐす運動の行い方を理解する。 　　○学級全体や二人組などで心と体をほぐす。	●けがの防止のために適切な準備運動にもなる心と体をほぐす運動の行い方について，実際に動いて示しながら説明する。 ●運動に応じてゆったりとした曲や軽快なリズムの曲をかける。
	心と体をほぐす運動の例 ○ゆったりとした曲に合わせて，体をほぐす 　上や横へ腕を伸ばす，上体を倒す・反らす，首や手首・足首を回す，くねくねと寝転ぶ・起き上がる　など ○軽快なリズムの曲に乗って心が弾むような動作をして，心と体をほぐす 　みんなで輪になって座り，輪の中心にいる教師の動きの真似をして手拍子をしたり体を動かしたりする。 ○手の平の魔法で踊る 　二人組の一人が魔法使いになる。もう一人は，魔法使いの手の平の動きに合わせて踊る。 ・魔法使いの手の平に額を近付ける　　・手のひらの動きに合わせて体を動かす　　・跳んだり回ったり動きを工夫する	

20分	**6　表現「激しい感じの題材」をする** 　○「激しい感じの題材」の特徴を理解する。	●題材の特徴を説明する。

「激しい感じの題材」は、私たちの身近な生活はもちろん、自然や世界、宇宙など様々なことから、「激しく○○する」や「急に○○する」などの変化や起伏のある動きを含む題材です。迫力があるもの、素早いもの、目まぐるしく変わるもの、びっくりするものなどの激しさや急な変化を捉えて、全身で踊りましょう。

	○題材から思い浮かぶイメージを出し合う。	●激しい感じのイメージが思い浮かぶイラストなどを提示する。 ●出されたイメージを板書などで大まかに整理する。

「激しい感じの題材」から思い浮かぶイメージの整理の例

激しく○○する		急に○○する
・激しいバーゲンセール ・激しい火山の爆発 ・激しい大型台風接近　など	激しい感じの題材	・突然、ロボットが壊れた！ ・突然、竜巻発生！ ・突然、怒りの爆発！　など

	○出されたイメージの表したい感じを、二人組で即興的に踊る。	●激しい感じのイメージの世界に没入できる曲をかける。 ●安全に気を配っている様子を取り上げ、称賛する。

◆**学習評価**◆　主体的に学習に取り組む態度
⑤場の安全に気を配っている。

➡　表したい感じやイメージを即興的に踊る場の危険物を取り除いているとともに、仲間とぶつからないかなど、周りの安全に気を配っている姿を評価する。（観察・学習カード）

◎**安全を確かめることに意欲的でない児童への配慮の例**

➡　一緒に踊る仲間と声をかけ合って危険物がないか確認したり、踊り始める前に一緒に踊る仲間だけでなく、他の二人組との間隔も確認したりするなどの配慮をする。

	○場面の展開に合わせて、動きに変化を付けて即興的に踊る。	●出されたイメージの中から特徴をつかみやすいイメージを選び、場面が急変する展開を話す。

「激しい感じの題材」の特徴を捉えやすい場面の例
○激しく火山が爆発する

火山の火口の中で、熱いマグマがゆっくりと動いています。徐々にマグマが集まり、地下から突き上げられて、激しく火山が爆発しました！

○急にロボットが壊れる

新型ロボットは、正確な動作が自慢です。それぞれ任された作業を正確に進めています。
あれ、おかしいぞ。突然、ロボットが壊れた！大暴走を始めました！

5分	**7　本時を振り返り、次時への見通しをもつ**	

本時の振り返り
・「激しい感じの題材」を踊って、気付いたことや考えたことを書きしましょう。
・安全に気を配ることについて、気付いたことや考えたことを書きしましょう。
・単元の学習で身に付けたいことなど、自己の目標を書きしましょう。

	○振り返りを発表して、仲間に伝える。	●振り返りを学習カードに記入するように伝えるとともに、気付きや考えのよさを取り上げて、称賛する。
	8　整理運動、場の片付けをする	●整理運動について、実際に動いて示しながら説明するとともに、けががないかなどを確認する。
	9　集合、健康観察、挨拶をする	

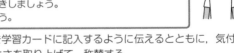

本時の目標と展開② （2／6時間）

本時の目標

(1) 表現の行い方を理解することができるようにする。
(2) 自己やグループの課題を見付け，その課題の解決の仕方を考えたり，課題に応じた見合いや交流の仕方などを選んだりすることができるようにする。
(3) 互いの動きや考えのよさを認めることができるようにする。

本時の展開

時間	学習内容・活動	指導上の留意点
10分	1　集合，挨拶，健康観察をする 2　本時のねらいを理解して，目標を立てる **表現の行い方を理解し，題材の特徴を捉えて，ひと流れの動きにして楽しく踊ろう** ○本時のねらいを理解して，自己の目標を立てる。 3　場の準備をする 　○グループで協力して，場の準備をする。 4　心と体をほぐす 　○グループで心と体をほぐす運動をする。	●学習カードを配り，立てた目標を記入するように伝える。 ●役割分担と安全な準備の仕方を確認する。 ●けがの防止のために適切な準備運動としての心と体をほぐす運動を行うように伝える。 ●運動に応じてゆったりとした曲や軽快なリズムの曲をかける。
15分	5　表現「激しい感じの題材」の特徴的な場面を踊る 　○ひと流れの動きでの踊り方を理解する。	●ひと流れの動きについて，学習資料やICT機器を活用したり，実際に動いて示したりしながら説明する。

ひと流れの動きでの踊り方の例
・表したい感じやイメージを表現する動きを、すぐに終えずにひと息くらい続けて踊りましょう。
・表したい感じやイメージを「素早く走る－急に止まる」、「ねじる－回る」「跳ぶ－転がる」などの動きで変化を付けたり繰り返したりして、メリハリ（緩急・強弱）のある動きにして踊りましょう。

| | ○二人組で場面の展開に合わせて動きに変化を付けて，ひと流れの動きにして即興的に踊る。 | ●激しい感じのイメージの世界に没入できる曲をかける。
●場面の特徴を捉えた踊りを取り上げて，称賛する。 |

「激しく○○する」の題材の特徴を捉えやすい場面の例

○ポップコーンが激しくはじける

> フライパンが揺すられて，ポップコーンが転がっているよ。フライパンがだんだん熱くなってきて，激しくはじけ出した！

・小さく体を揺すったり，しゃがんで転がったり，仲間と連なって横に動いたりする。
・両手を広げて跳んだり，連続して跳ねたり，空中でいろいろなポーズをしたりする。など

○大型台風が激しい勢いで上陸する

> こんなにいい天気なのに，間もなく台風が上陸するとのことです。段々風が強くなっていたぞ。激しい台風がやって来た！

・人や木，洗濯物などになりきって，それぞれの穏やかな動きをしている。
・台風がやって来て，激しい風に吹かれたり，飛ばされたり，逆らったりする。など

○バーゲンセールで目玉商品を激しく探す

> バーゲンセールは素敵な洋服がたくさんあるよ。あれもいいしこれもいいけれど，タイムセールで時間がない！目玉商品を探せ！

・それぞれのんびりと優雅に商品を選んでいる動きをしている。
・商品を山から探したり，人に押しのけられたり，商品を取り合ったりする。など

	6 表現「激しい感じの題材」の場面を選んで踊る	
15分	○ひと流れの動きへの工夫の仕方を理解する。	●ひと流れの動きへの工夫の仕方について、学習資料や ICT 機器を活用したり、実際に動いて示したりしながら説明する。

ひと流れの動きへの工夫の仕方の例
○表したい感じやイメージを、変化を付けたり繰り返したりして、メリハリのある動きにする。
・素早く走る－急に止まる　　・ねじる－回る　　・跳ぶ－転がる

	○二人組で「激しく○○する」の踊りたい場面を選び、ひと流れの動きで即興的に踊る。	●仲間の考えや動きのよさを認めようとしている様子を取り上げて、称賛する。

◆学習評価◆　主体的に学習に取り組む態度
②互いの動きや考えのよさを認めようとしている。

➡ 一緒に踊っている仲間や他のグループの動きや考えのよさを認めようとしている姿を評価する。（観察・学習カード）

◎互いの動きや考えのよさを認めることに意欲的でない児童への配慮の例

➡ 仲間の発表を聞こうとしなかったり仲間の動きを否定することを言ったりする児童には、人はそれぞれに考えに違いがあり、それを認めることが大切であることを伝えるとともに、それぞれの考えのよさを取り上げて気付くようにするなどの配慮をする。

	○課題の解決のために自己や仲間が考えたことを伝える。	●考えたことを伝えていることを取り上げて、称賛する。
	7 本時を振り返り、次時への見通しをもつ	

本時の振り返り
・題材の特徴を捉えたひと流れの動きでの踊り方について、理解したことを書きましょう。
・「激しく○○する」の選んだ場面と、工夫した踊り方について書きましょう。
・互いの動きや考えのよさを認めることについて、気付いたり考えたりしたことを書きましょう。

	○振り返りを発表して、仲間に伝える。	●振り返りを学習カードに記入するように伝えるとともに、気付きや考えのよさ取り上げたり踊っていたときのよい動きの発表を促したりして、それらを称賛する。

◆学習評価◆　知識・技能
①表現の行い方について、言ったり書いたりしている。

➡ 題材の特徴を捉え、表したい感じをひと流れの動きで即興的に踊る行い方について、発表したり学習カードに記入したりしていることを評価する。（観察・学習カード）

◎表現の行い方を理解することが苦手な児童への配慮の例

➡ 個別に関わり、題材の特徴の捉え方やひと流れの動きでの踊り方のポイントについて、対話をしながら確認するなどの配慮をする。

5分	8 整理運動、場の片付けをする	●適切な整理運動を行うように伝えるとともに、けががないかなどを確認する。
	9 集合、健康観察、挨拶をする	

本時の目標と展開③（5／6時間）

本時の目標

(1) 題材の主な特徴を捉え，表したい感じやイメージをグループで簡単なひとまとまりの動きにして表現することができるようにする。
(2) 課題の解決のために自己や仲間の考えたことを他者に伝えることができるようにする。
(3) 仲間と助け合うことができるようにする。

本時の展開

時 間	学習内容・活動	指導上の留意点
10 分	1　集合，挨拶，健康観察をする 2　本時のねらいを理解して，目標を立てる **グループで踊り方を工夫して，簡単なひとまとまりの動きにして楽しく踊ろう** ○本時のねらいを理解して，自己の目標を立てる。 3　場の準備をする ○グループで協力して，場の準備をする。 4　心と体をほぐす ○グループで心と体をほぐす運動をする。	●学習カードを配り，立てた目標を記入するように伝える。 ●役割分担と安全な準備の仕方を確認する。 ●けがの防止のために適切な準備運動としての心と体をほぐす運動を行うように伝える。 ●運動に応じてゆったりとした曲や軽快なリズムの曲をかける。
15 分	5　表現「激しい感じの題材」の特徴的な場面を踊る ○簡単なひとまとまりの動きへの工夫の仕方を理解する。 ○グループで，簡単なひとまとまりの動きを工夫して踊る。	●簡単なひとまとまりの動きへの工夫の仕方について，学習資料やICT機器を活用したり，実際に動いて示したりしながら説明する。

簡単なひとまとまりの動きへの工夫の仕方の例
○「はじめ－なか－おわり」の構成や群の動きを工夫して，仲間と感じを込めて通して踊る。
　①ひと流れの動きで気に入った踊りを選んで，「なか」の踊りにする。

「激しく火山が爆発する」の場合，激しく火山が噴火している場面

②「なか」の前後となる「はじめ」と「おわり」の場面と動きを相談する。

はじめ：地中のマグマがゆっくりと動いている場面　　　おわり：噴き出した溶岩が流れて固まる場面

◎**簡単なひとまとまりの動きにすることが苦手な児童への配慮の例**
➡　一番表したい感じやイメージを明確にするとともに，できたところまでを通して踊ってみながら，表したい感じにふさわしい構成になっているかを見合うなどの配慮をする。

| | ○課題の解決のために自己や仲間が考えたことを伝える。 | ●考えたことを伝えていることを取り上げて，称賛する。 |

	6　表現「激しい感じの題材」の踊りを見せ合う ○簡単なひとまとまりの動きにした踊りを，別のグループと見せ合う。 ○踊りを見せ合ったグループで，課題の解決のために自己や仲間が考えたことを伝える。	●考えたことを伝えていることを取り上げて，称賛する。

◆学習評価◆　思考・判断・表現
②課題の解決のために自己や仲間の考えたことを他者に伝えている。

➡　見せ合った踊りの課題の解決のために自己や仲間が見付けたり考えたりしたことを，発表したり学習カードに記入したりしていることを評価する。（観察・学習カード）

◎考えたことを伝えることが苦手な児童への配慮の例

➡　個別に関わり，仲間のよい動きを見付けたりよい考えに気付いたりしたことを聞き取って，仲間に伝えることを支援するなどの配慮をする。

| 15
分 | ○出された考えをもとに，簡単なひとまとまりの動きを工夫する。 | ●簡単なひとまとまりの動きの工夫の仕方について話し合いながら，グループの課題に応じた工夫をして踊るように伝える。 |

簡単なひとまとまりの動きへの工夫の仕方の例
○表したい感じやイメージにふさわしい簡単な群の動きにする。

・集まる（固まる）－離れる　　　　　　　　　・合わせて動く－自由に動く

◆学習評価◆　主体的に学習に取り組む態度
③仲間と助け合おうとしている。

➡　グループで題材の特徴を捉えて踊ったりひとまとまりの動きを工夫したりする際に，仲間と助け合おうとしている姿を評価する。（観察・学習カード）

◎仲間と助け合うことに意欲的でない児童への配慮の例

➡　仲間と関わることに意欲的でない児童には，個別に関わり，仲間と動きを見たり仲間と同じ動きで踊ったりして，グループの仲間と一緒に踊る楽しさを味わうようにするなどの配慮をする。

| | ○簡単なひとまとまりの動きにした踊りを，別のグループと見せ合う。 | ●学級全体を2つに分け，踊りを見せ合うようにする。 |

| 5
分 | **7　本時を振り返り，次時への見通しをもつ** | |

本時の振り返り
・グループでつくった簡単なひとまとまりの動きの工夫した踊り方について書きましょう。
・他のグループの踊りを見て，気付いたことや考えたことを書きしましょう。
・仲間と助け合うことについて，気付いたことや考えたことを書きましょう。

	○振り返りを発表して，仲間に伝える。	●振り返りを学習カードに記入するように伝えるとともに，気付きや考えのよさ取り上げたり踊っていたときのよい動きの発表を促がしたりして，それらを称賛する。
	8　整理運動，場の片付けをする	●適切な整理運動を行うように伝えるとともに，けががないかなどを確認する。
	9　集合，健康観察，挨拶をする	

本時の目標と展開④（6／6時間）

本時の目標

(1) 題材の主な特徴を捉え，表したい感じやイメージをグループで簡単なひとまとまりの動きにして表現することができるようにする。

(2) 課題の解決のために自己や仲間の考えたことを他者に伝えることができるようにする。

(3) 表現に積極的に取り組むことができるようにする。

本時の展開

時 間	学習内容・活動	指導上の留意点
10分	1 集合，挨拶，健康観察をする 2 本時のねらいを理解して，目標を立てる **表現発表会で簡単なひとまとまりの動きにした踊りを発表して，学習のまとめをしよう** ○本時のねらいを理解して，自己の目標を立てる。 3 場の準備をする ○グループで協力して，場の準備をする。 4 心と体をほぐす ○グループで心と体をほぐす運動をする。	●学習カードを配り，立てた目標を記入するように伝える。 ●役割分担と安全な準備の仕方を確認する。 ●けがの防止のために適切な準備運動としての心と体をほぐす運動を行うように伝える。 ●運動に応じてゆったりとした曲や軽快なリズムの曲をかける。
10分	5 表現発表会をする ○表現発表会の行い方を理解する。 ・グループで題材を選び，構成を工夫した簡単なひとまとまりの動きを発表しましょう。 ・踊りを終えて，おわりのポーズをしたら，拍手をしましょう。 ・発表をよく見て，よかったところを伝えましょう。 ○グループで発表するひとまとまりの動きを確認する。	●表現発表会の行い方を説明する。 ●積極的に取り組もうとしている姿を取り上げて，称賛する。 ◆**学習評価◆　主体的に学習に取り組む態度** **①表現に積極的に取り組もうとしている。** ➡　表したい感じをひと流れの動きで即興的に踊ったり，簡単なひとまとまりの動きにして踊ったりすることなどに積極的に進んで取り組もうとしている姿を評価する。（観察・学習カード）
15分	○ひとまとまりの動きを発表する。	●題材のイメージにふさわしい動きや工夫した構成を取り上げて，称賛する。 ◆**学習評価◆　知識・技能** **③題材の主な特徴を捉え，表したい感じやイメージをグループで簡単なひとまとまりの動きにして表現することができる。** ➡　グループで選んだ題材の表したい感じにふさわしい「はじめ－なか－おわり」の構成で，簡単なひとまとまりの動きで踊っている姿を評価する。（観察）
10分	6 単元を振り返り，学習のまとめをする **単元の振り返り** ・単元の学習の目標で達成したことを書きしましょう。 ・学習したことで，今後の学習や日常生活の中で取り組んでいきたいことを書きましょう。 ○振り返りを発表して，仲間に伝える。 7 整理運動，場の片付けをする 8 集合，健康観察，挨拶をする	 ●振り返りを学習カードに記入するように伝えるとともに，気付きや考えのよさ取り上げて，称賛する。 ●適切な整理運動を行うように伝えるとともに，けががないかなどを確認する。

2学年間にわたって取り扱う場合

【第5学年における指導と評価の計画（例）】

時間	1	2	3	4	5	6
ねらい	学習の見通しをもつ	表現の行い方を理解し，題材の特徴を捉えて，ひと流れの動きにして楽しく踊る			踊り方を工夫して簡単なひとまとまりの動きにして楽しく踊る	学習のまとめをする
学習活動	**オリエンテーション** ○学習の見通しをもつ ・学習の進め方 ・学習の約束 ○心と体をほぐす ○表現 「激しい感じの題材」の特徴的な様子をみんなで踊る	○心と体をほぐす 二人組やグループで心と体をほぐす運動をする **表現「激しい感じの題材」** ○題材の特徴を捉えて，ひと流れの動きにして踊る ・激しい感じの題材の特徴を理解する ・二〜三人組でひと流れの動きにして即興的に踊る 【大きな動き】 【素早い動き】 【力強い動き】 ○気に入ったひと流れの動きを見せ合う			**表現「激しい感じの題材」** ○表したい感じやイメージを簡単なひとまとまりの動きにして踊る ○気に入ったひとまとまりの動きを見せ合う	**学習のまとめ** ○表現発表会をする ○単元の学習をまとめる
評価の重点｜知識・技能		① 観察・学習カード			② 観察	
評価の重点｜思考・判断・表現				① 観察・学習カード	② 観察・学習カード	
評価の重点｜主体的に学習に取り組む態度	⑤ 観察・学習カード		② 観察・学習カード	④ 観察・学習カード		① 観察・学習カード

【中学年「表現」との円滑な接続を図るための工夫（例）】

● 「簡単なひとまとまりの動きにして表現する」ために

　中学年では，表したい感じを中心に，感じの異なる動きや急変する場面などの変化のある動きをつなげて，ひと流れの動きで踊ることを楽しみました。高学年では，グループで変化と起伏のある「はじめ−なか−おわり」の構成を工夫した簡単なひとまとまりの動きにして踊ることができるようにします。

　そのため高学年のはじめは，変化や起伏のある表現へ発展しやすい「激しい感じの題材」で，表したい感じやイメージを強調するように，素早く走る−急に止まる，ねじる−回る，跳ぶ−転がるなどを入れてメリハリのあるひと流れの動きにして即興的に表現する活動をして，ひとまとまりの動きの中心となる「なか」に当たる踊りを，表したい感じやイメージにふさわしい動きで表現することができるようにしましょう。

> （例）激しい感じの題材の特徴を捉え，ひと流れの動きで即興的に踊る
> ・大きな動きで表現する題材（火山の爆発，ロボットが壊れたなど）を，大小や高低のメリハリをつけて踊る。
> ・素早い動きで表現する題材（大型台風接近，竜巻発生など）で，緩急のメリハリをつけて踊る。
> ・力強い動きで表現する題材（バーゲンセール，怒りの爆発など）で，強弱のメリハリをつけて踊る。

【第5学年において重点を置いて指導する内容（例）】

● 知識及び技能

　激しい感じの特徴を捉えやすいいくつかの題材で踊ることで，題材の特徴を捉えたひと流れの動きで即興的に踊ることができるようにしましょう。また，気に入ったひと流れの動きを基にして，変化と起伏のある「はじめ−なか−おわり」の構成を工夫した簡単なひとまとまりの動きにして表現する行い方を理解し，グループでひとまとまりの動きにして踊ることにも挑戦しましょう。

● 思考力，判断力，表現力等

　自己やグループが表したい感じやイメージが表れているか，踊りを見て課題を見付けることや，表したい感じやイメージを強調するために，動きを誇張したり変化を付けたりする方法を選ぶことなど，ひと流れの動きにして即興的に表現する踊り方を工夫することができるようにしましょう。

● 学びに向かう力，人間性等

　互いのよさを生かし合って仲間と踊る楽しさや喜びを味わえるように，踊りに取り組む際には，互いの動きや考えのよさを認め合おうとすることができるようにしましょう。また，激しい感じで踊る中でも仲間とぶつからないようにしたり，踊る前に場の危険物を取り除いたりするなど，場の安全に気を配ることができるようにしましょう。

フォークダンス

フォークダンスは，日本の民踊や外国の踊りから，それらの踊り方の特徴を捉え，音楽に合わせて簡単なステップや動きで踊ることで，互いのよさを生かし合って仲間と交流して踊る楽しさや喜びを味わうことができる運動です。本単元例は，外国の踊りを取り上げて，それぞれの踊りの特徴を捉え，基本的なステップで音楽に合わせて楽しく踊って交流するとともに，踊りの由来や背景を理解することで，世界の文化に触れながら踊りで交流する力を培うことができる授業を展開するようにしています。

単元の目標

(1) 外国のフォークダンスの踊り方を理解するとともに，踊り方の特徴を捉え，音楽に合わせて簡単なステップや動きで踊ることができるようにする。
(2) 自己やグループの課題の解決に向けて，踊りの特徴を捉えた練習や発表・交流の仕方を工夫するとともに，自己や仲間の考えたことを他者に伝えることができるようにする。
(3) フォークダンスに積極的に取り組み，互いのよさを認め合い助け合って踊ったり，場の安全に気を配ったりすることができるようにする。

指導と評価の計画（5時間）

時　間		1	2
ねらい		学習の見通しをもつ	フォークダンスの踊り方を理解し，
学　習　活　動		**オリエンテーション** 1　集合，挨拶，健康観察をする 2　単元の学習の見通しをもつ 　○単元の目標と学習の進め方を理解する。 　○学習の約束を理解する。 3　本時のねらいを理解して，目標を立てる 4　場の準備をする 　○場の準備と片付けの役割分担を理解する。 5　心と体をほぐす 　○心と体をほぐす運動の行い方を理解する。 6　フォークダンスをする 　○フォークダンスの行い方を理解する。 　○学級全体やグループで簡単なフォークダンスを踊る。	1　集合，挨拶，健康観察をする　　2　本時の 4　心と体をほぐす 5　踊り方を理解して，フォークダンスをする 　○踊りの由来や背景などを理解する。 　○教師の説明に合わせてグループでゆっくり 【マイム・マイム】 ・シングルサークルで，みんなで手をつなぎ，かけ声をかけて力強くステップを踏みながら移動して踊る 6　踊りの特徴を捉えて，フォークダンスをする 　○グループで，課題に応じた練習の方法を選 　○学級全体で，音楽に合わせて楽しく踊って
		7　本時を振り返り，次時への見通しをもつ	8　整理運動，場の片付けをする　　9　集合，健
評価の重点	知識・技能	① 観察・学習カード	
	思考・判断・表現		
	主体的に学習に取り組む態度	⑤ 観察・学習カード	④ 観察・学習カード

単元の評価規準

	知識・技能	思考・判断・表現	主体的に学習に取り組む態度
	①フォークダンスの行い方について，言ったり書いたりしている。 ②フォークダンスの踊り方の特徴を捉え，基本的なステップや動きを身に付けて，音楽に合せてみんなで楽しく踊って交流することができる。	①自己やグループの課題を見付け，その課題の解決の仕方を考えたり，課題に応じた見合いや交流の仕方などを選んだりしている。 ②課題の解決のために自己や仲間の考えたことを他者に伝えている。	①フォークダンスに積極的に取り組もうとしている。 ②互いの動きや考えのよさを認め合おうとしている。 ③仲間と助け合おうとしている。 ④場の設定や用具の片付けなどで，分担された役割を果たそうとしている。 ⑤場の危険物を取り除いているとともに，場の安全に気を配っている。

3	4	5
特徴を捉えた踊り方を工夫して，音楽に合わせてみんなで楽しく踊る		学習のまとめをする

ねらいを理解して，目標を立てる　　3　場の準備をする

		学習のまとめ
と踊りながら，踊り方を理解する。		5　フォークダンスを楽しく踊って交流する ○グループで，フォークダンスをする。 ○交流の仕方を選び，みんなで楽しくフォークダンスをする
【コロブチカ】 ・パートナーと組んで軽快なステップで動きを合わせたり，パートナーチェンジをスムーズに行ったりしながら踊る	【グスタフス・スコール】 ・前半の厳かな挨拶の部分と後半の軽快なスキップやアーチくぐりなどの変化を付けて，スムーズに隊形移動しながら踊る	
		6　単元を振り返り，学習のまとめをする
んで，練習をする。 交流する。		7　整理運動，用具の片付けをする
康観察，挨拶をする		8　集合，健康観察，挨拶をする
		② 観察
① 観察・学習カード	② 観察・学習カード	
③ 観察・学習カード	② 観察・学習カード	① 観察・学習カード

本時の目標と展開①（1／5時間）

本時の目標

(1) フォークダンスの行い方を理解することができるようにする。

(2) 自己やグループの課題を見付け，その課題の解決の仕方を考えたり，課題に応じた見合いや交流の仕方などを選んだりすることができるようにする。

(3) 場の安全に気を配ることができるようにする。

本時の展開

時 間	学習内容・活動	指導上の留意点
5分	1 **集合，挨拶，健康観察をする** 2 **単元の学習の見通しをもつ** 　○単元の目標と学習の進め方を理解する。 　○グループを確認する。 　○学習の約束を理解する。	●掲示物を活用するなどしながら，分かりやすく説明する。 ●学習をするグループを事前に決めておく。
	運動の約束の例 ・場の安全に気を配りましょう。 ・手をつなぐときは，優しくつなぎましょう。 ・かけ声は明るく元気にかけましょう。　　　　　・互いの動きや考えのよさを認め合いましょう。 ・仲間と助け合い，役割を果たしましょう。 ・みんなで楽しく踊って交流しましょう。	
	3 **本時のねらいを理解して，目標を立てる**	
	フォークダンスの学習の進め方を理解し，学習の見通しをもとう	
	○本時のねらいを理解して，自己の目標を立てる。	●学習カードを配り，使い方を説明する。
15分	4 **場の準備をする** 　○場の準備と片付けの役割分担を理解する。 　○グループで協力して準備をする。	●役割分担や安全な準備や片付けの仕方を説明する。 ●安全に気を配っている様子を取り上げて，称賛する。
	場や用具の準備と片付けの約束の例 ・踊る場所に危険物がないか気を配り，見付けたら取り除きましょう。 ・踊りに使う用具などは，グループで分担して，決まった場所から安全に気を配って運びましょう。 ・安全に踊ることができるように，服装などが整っているか，互いに気を配りましょう。	
	5 **心と体をほぐす** 　○心と体をほぐす運動の行い方を理解する。 　○学級全体やグループで心と体をほぐす。	●けがの防止のための適切な準備運動の行い方について，実際に動いて示しながら説明する。
	心と体をほぐす運動の例 ○体をほぐす運動 … ゆったりとした音楽に合わせて，体の各部位を曲げたり伸ばしたり反らしたりする。 ○心をほぐす運動 … 弾むようなリズムの音楽に合わせて，ペアやグループで手をつないで関わり合う運動をする。 ・グループで　　　　　　　　　　　　　　　　・二人組で 歩いたりスキップをしたりして回る， 立つ・座る，集まる・離れる　など　　　両手をつないで揺れる，回る， 前後に移動する　など	

20分	**6　フォークダンスをする** 　○フォークダンスの行い方を理解する。	●フォークダンスの行い方について，学習資料やICT機器を活用したり，実際に動いて示したりしながら説明する。

フォークダンスの行い方の例
○フォークダンスの特徴

- 外国のフォークダンスは，踊りが生まれた地域の風土や歴史に根ざした独特の踊り方があります。
- 踊りによって音楽や踊り方が異なり，一つ一つの動作には，由来や踊りに込められた心情があります。

○踊りの隊形
・シングルサークル　　　　　　　　　　　　・ダブルサークル

○パートナーとの組み方
　踊りによっていろいろな組み方がある。

	○簡単なフォークダンスの行い方を確認して，学級全体やグループで踊る。	●簡単なフォークダンスの行い方について，学習資料やICT機器を活用したり，実際に動いて示したりしながら説明する。 ●安全に気を配っている様子を取り上げて，称賛する。

簡単なフォークダンス（例）
○ジェンカ（フィンランド）
　前の人の肩に手を置いて，列になって踊るところが特徴的な踊り。軽やかに体を弾ませながら踊ること。
○キンダーポルカ（ドイツ）
　易しいステップと指さしの動きが特徴的な踊り。パートナーと調子を合わせて踊ること。
○タタロチカ（ロシア）
　シングルサークルで軽快な足の動きとかけ声が特徴的な踊り。大きなかけ声をかけながら軽快に踊ること。

◆学習評価◆　主体的に学習に取り組む態度
⑤場の安全に気を配っている。

➡　周りの仲間との十分な間隔や場に危険物がないかなど，安全に気を配っている姿を評価する。（観察・学習カード）

◎場の安全に気を配ることに意欲的でない児童への配慮の例

➡　踊り始める前には周りを見渡すなど，安全に気を配ることを明確にしたり，仲間と安全について声をかけ合って確認したりするなどの配慮をする。

5分	**7　本時を振り返り，次時への見通しをもつ**	

本時の振り返り
・フォークダンスの行い方について，理解したことを書きましょう。
・単元の学習で身に付けたいことなど，自己の目標を書きましょう。
・安全に気を配ることについて，気付いたことや考えたことを書きましょう。

	○振り返りを発表して，仲間に伝える。	●振り返りを学習カードに記入するように伝えるとともに，気付きや考えのよさを取り上げて，称賛する。
	8　整理運動，場の片付けをする	●整理運動の行い方について，実際に動いて示しながら説明するとともに，けががないかなどを確認する。
	9　集合，健康観察，挨拶をする	

本時の目標と展開②（2／5時間）

本時の目標

(1) フォークダンスの行い方を理解することができるようにする。
(2) 自己やグループの課題を見付け，その課題の解決の仕方を考えたり，課題に応じた見合いや交流の仕方等を選んだりすることができるようにする。
(3) 場の設定や用具の片付けなどで，分担された役割を果たすことができるようにする。

本時の展開

時間	学習内容・活動	指導上の留意点
10分	1　集合，挨拶，健康観察をする 2　本時のねらいを確認する **マイム・マイムの踊り方を理解し，特徴を捉えた踊り方を工夫して，みんなで楽しく踊ろう** ○本時のねらいを理解して，目標を立てる。 3　場の準備をする ○グループで協力して，準備をする。 4　心と体をほぐす ○学級全体やグループで心と体をほぐす。 ○簡単なフォークダンスを踊る。（ジェンカなど）	●学習カードを配り，立てた目標を記入するように伝える。 ●役割を果たそうとしている様子を取り上げ，称賛する。 ●けがの防止のために適切な準備運動としての心と体をほぐす運動を行うように伝える。 ●運動に応じてゆったりとした曲や軽快なリズムの曲をかける。
15分	5　踊り方を理解して，フォークダンスをする ○マイム・マイムの踊りの由来や背景などを理解する。	●マイム・マイムの踊りの由来や背景について，学習資料やICT機器などを活用しながら説明する。

> **マイム・マイムの踊りの由来や背景などの例**
> ・マイム・マイムは，イスラエルの踊りです。
> ・砂漠地帯の開拓農民が，水源を発掘したことを祝った踊りです。水の少ない環境で生きる人たちが，水を見付けたときの喜びを感じて踊りましょう。

	○教師の説明に合わせてグループでゆっくりと踊りながら，マイム・マイムの踊り方を理解する。	●マイム・マイムの踊り方について，学習資料やICT機器を活用したり，実際に動いて示したりしながら説明する。

マイム・マイムの踊り方の例
○ステップをしながら時計回りに移動する動き

○円の中央に移動して戻る動き　　　　　　　○その場でのステップと手拍子の動き

・両手を上げながら四歩で集まり，四歩で戻る。　　　・ステップと手拍子の動きを合わせる。

> 円の中央に移動する・戻る動きのときに，「マイム・マイム・マイム・マイム・ウマイム・ベッサッソン（水だ，水だ，嬉しいな）」と，元気よくかけ声をかけましょう。

15分	6 踊りの特徴を捉えて，フォークダンスをする ○フォークダンスの練習の仕方を理解する。	●フォークダンスの練習の仕方について，学習資料やICT機器を活用したり，実際に動いて示したりしながら説明する。

> **グループでの練習の仕方の例**
> ○踊りの全体の流れを確認したい場合は，音楽に合わせて大まかであっても通して踊る。
>
>
>
> ○課題を見付けた場合は，その部分をグループでゆっくりと踊ったり，繰り返して踊ったりする。
>
>
>
> ・グループでその部分の曲を口ずさみながら重点的に踊る。
>
> **見合いや交流の仕方の例**
> ○グループ内で更に2グループに分かれ交互に踊って見合ったり，並び順を変えて踊って交流したりする。
> ○別のグループと交互に踊って見合ったり，一緒に踊って交流したりする。

	○グループで，課題に応じた練習の仕方を選んで練習をする。	●適切な練習の仕方を選んでいることを取り上げて，称賛する。

◆学習評価◆ 思考・判断・表現①
①自己やグループの課題を見付け，その課題の解決の仕方を考えたり，課題に応じた見合いや交流の仕方等を選んだりしている。

➡ 自己やグループの課題を見付け，見付けた課題の解決の仕方を考えたり，課題に応じた見合いや交流の仕方を選んだりしている姿を評価する。（観察・学習カード）

	○課題解決のために自己や仲間の考えたこと伝える。	●考えたことを伝えていることを取り上げ，称賛する。

◎活動を工夫することが苦手な児童への配慮の例

➡ 自己やグループの課題を見付けられるような話合いを促し，見付けた課題に応じた練習の行い方，見合いや交流の仕方を紹介することで，課題に応じた方法を選べるようにするなどの配慮をする。

	○学級全体で，音楽に合わせて楽しく踊って交流する。	●考えたことを伝えていることを取り上げ，称賛する。
5分	7 本時を振り返り，次時への見通しをもつ	

> **本時の振り返り**
> ・マイム・マイムの踊りの由来や背景，踊りの特徴などについて，理解したことを書きましょう。
> ・見付けた自己やグループの課題と選んだ練習の仕方を書きましょう。
> ・分担された役割を果たすことについて，気付いたことや考えたことを書きましょう。

	○振り返りを発表して，仲間に伝える。	●振り返りを学習カードに記入するように伝えるとともに，気付きや考えのよさを取り上げて，称賛する。

◆学習評価◆ 主体的に学習に取り組む態度④
①場の設定や用具の片付けなどで，分担された役割を果たそうとしている。

➡ グループで分担した場の準備や片付けの役割を果たそうとしている姿を評価する。（観察・学習カード）

◎役割を果たすことに意欲的でない児童への配慮の例

➡ 個別に関わり，分担された役割を確認してその行い方を説明したり，グループの仲間や教師と一緒に行ったりして役割を果たすようにするなどの配慮をする。

	8 整理運動，場の片付けをする	●適切な整理運動を行うように伝えるとともに，けががないかなどを確認する。
	9 集合，健康観察，挨拶をする	

本時の目標と展開③（4／5時間）

本時の目標

(1) フォークダンスの行い方を理解することができるようにする。

(2) 課題の解決のために自己や仲間の考えたことを他者に伝えることができるようにする。

(3) 互いの動きや考えのよさを認め合うことができるようにする。

本時の展開

時 間	学習内容・活動	指導上の留意点
10分	1 集合，挨拶，健康観察をする 2 本時のねらいを確認する **グスタフス・スコール踊り方を理解し，特徴を捉えた踊り方を工夫して，みんなで楽しく踊ろう** ○本時のねらいを理解して，目標を立てる。 3 場の準備をする ○グループで協力して，準備をする。 4 心と体をほぐす ○学級全体やグループで心と体をほぐす。 ○簡単なフォークダンスを踊る。（ジェンカなど）	●学習カードを配り，立てた目標を記入するように伝える。 ●役割分担や安全な準備の仕方を確認する。 ●けがの防止のために適切な準備運動としての心と体をほぐす運動を行うように伝える。 ●運動に応じてゆったりとした曲や軽快なリズムの曲をかける。
15分	5 踊り方を理解して，フォークダンスをする ○グスタフス・スコールの踊りの由来や背景などを理解する。 **グスタフス・スコールの踊りの由来や背景などの例** ・グスタフス・スコールは，スウェーデンの踊りで，貴族が国の王を称えた踊りです。 ・背筋を伸ばして姿勢をよくしたり，厳かな挨拶をしたりして，舞踏会で貴族が優雅に踊る感じで踊りましょう。 ○教師の説明に合わせてグループでゆっくりと踊りながら，グスタフス・スコールの踊り方を理解する。 **グスタフス・スコールの踊り方の例** ○ペアとペアとでお辞儀をする動き ・4ペアで四角形をつくり，中央を向く。　・2ペアが前進し，お辞儀をして戻る。　・もう一方の2ペアもお辞儀をする。 ○パートナーチェンジをしてアーチをくぐる動き，元のペアに戻って回る動き ・2ペアはスキップで前進する。別の2ペアはアーチをつくる。　・前のペアとパートナーチェンジをしてアーチをくぐる。　・チェンジしたパートナーと分かれて元の位置へ移動する。	●グスタフス・スコールの踊りの由来や背景について，学習資料やICT機器などを活用しながら説明する。 ●グスタフス・スコールの踊り方について，学習資料やICT機器を活用したり，実際に動いて示したりしながら説明する。

15分	**6 踊りの特徴を捉えて，フォークダンスをする** ○フォークダンスの練習の仕方を理解する。	●フォークダンスの練習の仕方について，学習資料やICT機器を活用したり，実際に動いて示したりしながら説明する。

グループでの練習の仕方の例
○踊るペアの順番，移動やパートナーチェンジの流れを確認したい場合は，音楽はかけずに踊りながら，グループ全員で確認する。

○前半と後半の踊りに変化を付ける工夫をしたい場合は，音楽をかけて通して踊る中で，変化のタイミングを確認する。

見合いや交流の仕方の例
○グループ内で更に2グループに分かれ交互に踊って見合ったり，パートナーを替えて踊って交流したりする。
○別のグループと交互に踊って見合ったり，一緒に踊って交流したりする。

	○グループで，課題に応じた練習の仕方を選んで練習をする。 ○課題解決のために自己や仲間の考えたこと伝える。 ○学級全体で，音楽に合わせて楽しく踊って交流する。	●適切な練習の仕方を選んでいることを取り上げて，称賛する。 ●互いの動きや考えを認めようとしていることを取り上げ，称賛する。

◆学習評価◆　主体的に学習に取り組む態度
②互いの動きや考えのよさを認めようとしている。

➡　一緒に踊っている仲間や他のグループの動きや考えのよさを認めようとしている姿を評価する。（観察・学習カード）

◎互いの動きや考えのよさを認めることに意欲的でない児童への配慮の例

➡　仲間の発表を聞こうとしなかったり仲間の動きを否定することを言ったりする児童には，人はそれぞれに考えに違いがあり，それを認めることが大切であることを伝えるとともに，それぞれの考えのよさを取り上げて気付くようにするなどの配慮をする。

5分	**7 本時を振り返り，次時への見通しをもつ**	

本時の振り返り
・グスタフス・スコールの踊りの由来や背景，踊りの特徴などについて，理解したことを書きましょう。
・見付けた自己やグループの課題と選んだ練習の仕方を書きましょう。
・互いの動きや考えのよさを認め合うことについて，気付いたことや考えたことを書きましょう。

	○振り返りを発表して，仲間に伝える。 **8 整理運動，場の片付けをする** **9 集合，健康観察，挨拶をする**	●振り返りを学習カードに記入するように伝えるとともに，気付きや考えのよさを取り上げて，称賛する。

◆学習評価◆　知識・技能
①フォークダンスの行い方について，言ったり書いたりしている。

➡　フォークダンスは踊りによっていろいろな音楽や踊り方があることや，踊りの特徴を捉えてみんなで楽しく踊ることなどについて，発表したり学習カードに記入したりしていることを評価する。（観察・学習カード）

◎フォークダンスの行い方を理解することが苦手な児童への配慮の例

➡　個別に関わり，フォークダンスの行い方のポイントについて対話しながら確認をするなどの配慮をする。

●適切な整理運動を行うように伝えるとともに，けががないかなどを確認する。

本時の目標と展開④ (5／5時間)

本時の目標

(1) フォークダンスの踊り方の特徴を捉え，基本的なステップや動きを身に付けて，音楽に合わせてみんなで楽しく踊って交流することができるようにする。
(2) 課題の解決のために自己や仲間の考えたことを他者に伝えることができるようにする。
(3) フォークダンスに積極的に取り組むことができるようにする。

本時の展開

時間	学習内容・活動	指導上の留意点
10分	1 集合，挨拶，健康観察をする 2 本時のねらいを確認する **フォークダンスをみんなで楽しく踊って交流して，学習のまとめをしよう** ○本時のねらいを理解して，目標を立てる。 3 場の準備をする ○グループで協力して，準備をする。 4 心と体をほぐす ○学級全体やグループで心と体をほぐす。 ○簡単なフォークダンスを踊る。（ジェンカなど）	●学習カードを配り，立てた目標を記入するように伝える。 ●役割分担や安全な準備の仕方を確認する。 ●けがの防止のために適切な準備運動としての心と体をほぐす運動を行うように伝える。 ●運動に応じてゆったりとした曲や軽快なリズムの曲をかける。
25分	5 フォークダンスを楽しく踊って交流する ○楽しく踊って交流する行い方を理解する。 楽しく踊って交流するときの約束の例 ・今日はみんなで，フォークダンスの世界旅行に出かけましょう。 ・これまでに学習したフォークダンスの踊り方を確認して，みんなで楽しく踊りましょう。 ・他のグループと一緒に踊ったりパートナーを替えながら踊ったりして，仲間と交流しましょう。 ○単元で学習したフォークダンスのそれぞれの踊りの特徴を確認する。 ・踊りの由来や背景 ・基本的なステップや動き ○グループで，フォークダンスをする。 ・マイム・マイム ・コロブチカ ・グスタフス・スコール ○交流の仕方を選び，みんなで楽しくフォークダンスをする。 ・他のグループと一緒に踊る ・パートナーを変えながら踊る　など	●楽しく踊って交流する行い方を説明する。 ●世界地図を掲示するなどして，世界旅行のイメージを広げる。 ●積極的に取り組もうとしている様子を取り上げて，称賛する。 **◆学習評価◆　主体的に学習に取り組む態度** **①フォークダンスに積極的に取り組もうとしている。** ➡ フォークダンスをみんなで楽しく踊って交流することなどに積極的に取り組もうとしている姿を評価する。（観察・学習カード） **◆学習評価◆　知識・技能** **②フォークダンスの踊り方の特徴を捉え，基本的なステップや動きを身に付けて，音楽に合わせてみんなで楽しく踊って交流することができる。** ➡ 基本的なステップや動きで学習したフォークダンスを楽しく踊って交流している姿を評価する。（観察・学習カード）
10分	6 単元を振り返り，学習のまとめをする 単元の学習の振り返り ・みんなで楽しく踊って交流をして，気付いたことや考えたことを書きましょう。 ・単元の学習の目標で，達成したことを書きましょう。 ・学習したことで，今後の学習や日常生活の中で取り組んでいきたいことを書きましょう。 ○振り返りを発表して，仲間に伝える。 7 整理運動，場の片付けをする 8 集合，健康観察，挨拶をする	●振り返りを発表したり学習カードに記入したりするように伝えるとともに，気付きや考えのよさを取り上げて，称賛する。 ●適切な整理運動を行うように伝えるとともに，けががないかなどを確認する。

2学年間にわたって取り扱う場合

【第5学年における指導と評価の計画（例）】

時間		1	2	3	4	5
ねらい		学習の見通しをもつ	日本の民踊の踊り方を理解し，踊りの特徴を捉えた練習や発表・交流の仕方を工夫して，みんなで楽しく踊る			学習のまとめをする
学習活動		**オリエンテーション** ○学習の見通しをもつ ・学習の進め方 ・学習の約束 ○心と体をほぐす ○日本の民踊 阿波踊りの踊り方を理解し，みんなで楽しく踊って交流する	○心と体をほぐす 二人組やグループで心と体をほぐす運動をする **日本の民踊** ○踊りの特徴を捉え，基本的な動きを身に付けて踊る ・踊りの由来や背景を理解する ・グループで踊りを練習する 【春　駒】　【ソーラン節】　【地域の民踊】 ○音楽に合わせてみんなが楽しく踊って交流する			**学習のまとめ** ○民踊交流会 学習した民踊を楽しく踊って交流する ○学習のまとめをする
評価の重点	知識・技能				① 観察・学習カード	② 観察
	思考・判断・表現		① 観察・学習カード	② 観察・学習カード		
	主体的に学習に取り組む態度	⑤ 観察・学習カード		③ 観察・学習カード		① 観察・学習カード

【低学年及び中学年での指導との円滑な接続を図るための工夫（例）】

● 「踊りの特徴を捉え，音楽に合わせて簡単なステップや動きで踊る」ために

　フォークダンスは，低学年では「リズム遊び」において，その場ですぐ覚えて踊ることができるような簡単なフォークダンスを含めて指導すること，中学年では「表現」及び「リズムダンス」において，学校や地域の実態に応じてフォークダンスを加えて指導することができます。高学年では，日本の民踊や外国の踊りの踊り方の特徴を捉え，みんなで楽しく踊って交流することができるようにします。

　そのため高学年のはじめは，児童にとって身近な日本の民踊から，それぞれの地域で親しまれている民踊や日本の代表的な民踊を取り上げ，歌詞に伴う手振り，低く踏みしめるような足取りと腰の動き，輪踊り，一人踊りなど踊りの特徴を捉え，基本的な動きを身に付けて，音楽に合わせてみんなで楽しく踊って交流することができるようにしましょう。

> （例）踊りの特徴を捉えて，音楽に合わせてみんなで楽しく踊って交流する。
> ・春駒（岐阜県）：軽快なリズムの踊り。軽快な足さばきや手振りで踊る。
> ・ソーラン節（北海道）：力強い踊り。低く踏みしめるような足取りや腰の動きで踊る。
> ・地域で親しまれている民踊：伝統的に伝わる踊りや盆踊りなど。和踊りや一人踊り，用具などの特徴を捉える。

【第5学年において重点を置いて指導する内容（例）】

● 知識及び技能

　日本の民踊の特徴を捉え，基本的な手振り，足取りや動きを身に付けて，音楽に合わせてみんなで楽しく踊って交流することができるようにしましょう。このときの踊り方は，自己やグループで工夫するのではなく，伝承されてきた踊り方を身に付けることに留意しましょう。また，踊りの由来や背景を理解し，踊りを通して日本の地域の文化に触れるようにしましょう。

● 思考力，判断力，表現力等

　踊りの特徴を捉えて踊れているか，踊りを見て課題を見付けることや，課題に応じた見合いや交流の仕方を選ぶことができるようにしましょう。また，踊りの見合いや交流で踊りの特徴が出ているかを伝えることができるようにしましょう。

● 学びに向かう力，人間性等

　踊り方を身に付けたり音楽に合わせて踊って交流したりする際に，仲間と助け合おうとすることができるようにしましょう。また，みんなで踊る際に仲間とぶつからないようにしたり，踊る前に場の危険物を取り除いたりするなど，場の安全に気を配ることができるようにしましょう。

「小学校体育（運動領域）指導の手引～楽しく身に付く体育の授業～」作成協力者名簿

（職名は令和4年3月現在）

大　庭　昌　昭	新潟大学大学院教育実践学研究科　准教授
杉　森　弘　幸	岐阜大学教育学部　教授
鈴　木　　聡	東京学芸大学教育学部　教授
高　田　彬　成	帝京大学教育学部　教授
寺　山　由　美	筑波大学体育系　准教授
日　野　克　博	愛媛大学教育学部　教授
細　越　淳　二	国士舘大学文学部　教授
水　島　宏　一	日本大学文理学部　教授
三田部　　勇	筑波大学体育系　准教授
三　輪　佳　見	宮崎大学大学院教育学研究科　教授
村　瀬　浩　二	和歌山大学教育学部　教授
山　口　孝　治	佛教大学教育学部　教授
安　江　美　保	ノートルダム清心女子大学人間生活学部　准教授
吉　永　武　史	早稲田大学スポーツ科学学術院　准教授

（五十音順）

なお、スポーツ庁においては、次の者が本書の編集に当たった。

藤　岡　謙　一	スポーツ庁政策課学校体育室　室長
塩　見　英　樹	スポーツ庁政策課　教科調査官
古　市　　智	スポーツ庁政策課学校体育室　室長補佐
斎　藤　祐　介	スポーツ庁政策課学校体育室指導係（併）保健教育係　係長
後　藤　尚　道	スポーツ庁政策課学校体育室指導係（併）保健教育係

小学校体育（運動領域）指導の手引【高学年】
～楽しく身に付く体育の授業～

令和 5 年 10 月 1 日　　　初版第 1 刷発行

著作権所有　　　　　スポーツ庁　編著

発　行　者　　　　　東京都千代田区神田錦町 2 - 9 - 1
　　　　　　　　　　コンフォール安田ビル 2 階
　　　　　　　　　　株式会社　東洋館出版社
　　　　　　　　　　代表者　錦織　圭之介

印　刷　者　　　　　東京都豊島区池袋 4 - 32 - 8
　　　　　　　　　　株式会社　シナノ

発　行　所　　　　　東京都千代田区神田錦町 2 - 9 - 1
　　　　　　　　　　コンフォール安田ビル 2 階
　　　　　　　　　　株式会社　東洋館出版社
　　　　　　　　　　電話　03-6778-7278

Printed　in　Japan

ISBN978-4-491-05362-2　　　　　定価：本体 1,900 円
　　　　　　　　　　　　　　　　　（税込 2,090 円）税 10%